我国互联网中小游戏企业的信用甄别与分享研究

涂改革　著

吉林大学出版社

·长春·

图书在版编目（CIP）数据

我国互联网中小游戏企业的信用甄别与分享研究 /
涂改革著 .— 长春 ：吉林大学出版社， 2021.10
ISBN 978-7-5692-8972-5

Ⅰ．①我… Ⅱ．①涂… Ⅲ．①中小企业—网络公司—
企业信用—信用评估—研究—中国 Ⅳ．① F492.6

中国版本图书馆 CIP 数据核字（2021）第 204464 号

书　　名：我国互联网中小游戏企业的信用甄别与分享研究
WO GUO HULIANWANG ZHONG-XIAO YOUXI QIYE DE XINYONG ZHENBIE YU
FENXIANG YANJIU

作　　者：涂改革　著
策划编辑：邵宇彤
责任编辑：李潇潇
责任校对：王寒冰
装帧设计：优盛文化
出版发行：吉林大学出版社
社　　址：长春市人民大街4059号
邮政编码：130021
发行电话：0431-89580028/29/21
网　　址：http://www.jlup.com.cn
电子邮箱：jdcbs@jlu.edu.cn
印　　刷：定州启航印刷有限公司
成品尺寸：170mm×240mm　　16开
印　　张：12.5
字　　数：218千字
版　　次：2021年10月第1版
印　　次：2021年10月第1次
书　　号：ISBN 978-7-5692-8972-5
定　　价：59.00元

本书为"产业升级与区域金融湖北省协同创新中心"项目系列成果之一。

　　互联网技术进步及网络渗透率的提高，促进了中国"互联网＋"相关产业的新发展。其中，"互联网＋文化产业"已成为经济增长热点。该趋势得益于我国拥有较高的互联网普及率及全世界最大的移动端使用群体。互联网的普及改善了我国产业结构，其将传统的线下消费方式转移为线上消费，不仅提升了消费便捷性，也增加了生产者提供产品或者服务的机会。2020年，新冠疫情严重影响了全球经济发展，并重创了经济生产、交换和消费。但疫情期间线上文娱产业的兴起部分缓和了经济下滑的趋势。线上消费模式不仅可以促进新兴文化产业的发展，也增加了游戏产业发展的机会。互联网中小游戏企业作为游戏产业的技术创新主体和发展的底层基础，将成为数字文娱发展的重要促进力量。

　　尽管在产业政策支持下中国互联网中小游戏企业有了长足的发展，但游戏产业市场结构的不均衡及政府政策的部分失灵仍然是制约互联网中小游戏企业存续质量的主要因素。其主要体现在以下几个方面：一是移动互联网红利逐渐消失。网络消费已由流量的竞争转向存量的竞争，而网络游戏在存量方面的竞争对象主要有网络教育和网络医疗，随着人们对教育和医疗重视程度的提升，网络游戏在存量竞争方面的优势并不明显。特别是随着我国人口老龄化来临，新的消费力量减小，可导入网络游戏流量与存量也相对减小。二是我国游戏产业发展的不均衡性。比如，区域发展的不均衡，我国互联网游戏产业主要集中在北京、上海及广州、深圳和福州等东南沿海城市，且不同城市的游戏产业也存在明显的差异。随着文化消费精品意识的崛起，国家对游戏版号实施的收紧政策也加剧了游戏企业之间发展的不均衡。三是互联网中小游戏企业的融资限制。这种融资限制既与移动互联网红利消失、游戏产业发展不均衡的外部环境有关，也与互联网中小游戏企业的信用能力识别有关。互联网中小游戏企业因知识密集和资本密集的技术经济特征，相应地缺乏实物性抵押资产。因而，外部投资者对这类企业通常持谨慎态度。总之，从宏观环境到微观主体，互联网中小游戏企业的存续与融资约束、信用评价高度相关。针对中国互联网中小游戏企业信用实现路径，本书从下几个部分展开理论分析和实证研究。

第一部分在对相关理论和文献研究的基础上，构建了互联网中小游戏企业信用分析的理论框架。该理论框架包括信用信息、信用甄别、信用实现、信用分享的界定和相互关系的解读。信用甄别机制是该框架的核心内容，信用甄别机制包括两方面，一方面是融资需求方信号传递机制，另一方面是信贷供给方信息甄别机制。处于信息优势的融资需求方不可能将不可观察的信息主动传递给处于信息劣势的贷款供给方，因而贷款供给方需主动建立信用的甄别机制。在信贷供给方信用甄别机制中，本书假设企业的抵押品以包括版权、商标、客户流量等在内的无形资产为主要形式，同时假设信用信息或者信息价值是信息的单调递增函数，并运用博弈树、期望效用函数等方法考察融资需求方与信贷供给方在信贷供给方风险中性、信贷利率市场化、政府规制利率水平及信贷供给方信用风险厌恶下的混同均衡和分离均衡状态。

第二部分介绍了我国互联网中小游戏企业信用实现的现状。作为文化产业的重要构成部分，互联网中小游戏企业存在的信用实现路径包括政府资本引导示范产业基金融资、内外部信贷不足促生互联网融资、化解文创融资风险的保险与担保，并结合应急性信贷配置，比较分析了我国政府部分信用的缺失。然后，以具体的联众网络游戏企业作为典型案例进行研究，探索其由小规模企业成长为大规模企业的信用实现方式。最后，归纳了我国互联网中小游戏企业的信用制度环境及信用制度的变化。

第三部分通过动态博弈理论深化互联网中小游戏企业信用实现路径的研究。为实现信贷需求与供给均衡及收益最大化，提出基于互联网中小游戏企业无形资产信用信息构建的信用分享模式。该模式不仅共享信用，还分享信用共享后的收益溢价。通过对融资需求方与信贷供给方之间的博弈进行情景仿真模拟，提出在互联网中小游戏企业与信贷供给方之间构建信用分享的必要性及完善政府规制的必要性。

第四部分采用统计分析与实证研究相结合的方法，对国内外不同资本市场板块中国互联网游戏企业的财务指标与无形资产等非财务指标进行比较研究。重点关注了新三板与国内主要板块互联网游戏企业，新三板以中小游戏企业为主，国内主要板块以大型互联网游戏企业为主。选取新三板 140 家互联网中小游戏企业的 2013 年至 2019 年样本数据，并将其按照在市、退市、ST 及非 ST

分为信用风险企业与非信用风险企业，构建了 6 个一级财务指标与 29 个二级财务指标的量表，并关注反映企业内在价值信息的无形资产指标和企业治理信息指标。为得出新三板退市及 ST 的信用风险概率，通过对初始变量的 T 检验及 Lasso-logistic 信用风险评价建模筛选出关键的解释变量，并经信用风险概率计算公式测算。同时，研究了商标、作品著作权、软件著作权、资质和专利等典型无形资产与企业经营风险的关联性，并比较了国内主要板块大型互联网游戏企业与新三板中小游戏企业相关无形资产指标的差异性。鉴于互联网中小游戏企业融资活动与政府行为高度相关，所以联系政府规制措施中直接的政府补助与间接的地方政府财政科学技术支出，比较研究了政府规制对不同风险类型企业的研发投入影响。

第五部分为对国外信用制度环境的分析和对我国互联网中小游戏企业信用实现路径的启示。信用实现的路径依赖信用制度环境，其涉及政府信用、市场信用及税收政策等。比如，美国预付部分版税的发行制度、日本人才市场优胜劣汰的筛选机制及法国的游戏产业政策。然后，比较分析了印度与韩国的互联网中小游戏企业信用制度环境，并在选择印度与韩国的互联网中小游戏企业信用实现作为典型的案例研究之后，提出了完善我国现有互联网中小游戏企业信用实现路径及其信用制度建设的建议。

本书的研究结论可归纳如下：

第一，信用分享已在游戏行业内有所实践。例如，互联网中小游戏企业以团队的无形资产获取行业内信用支持，并产生共同投入、共享收入的模式。但目前政府规制措施多以政府补贴为主，实践表明该类补贴对互联网中小游戏企业更多是"锦上添花"而非"雪中送炭"。同时，政府对互联网中小游戏企业惩罚性的规制政策也在一定程度上抑制了该类企业的创新动力。此外，信用分享还存在对融资需求方信号传递、信贷供给方主动式甄别与信用分享博弈演化的分析与判断。信用甄别与信用分享博弈演化也将改变信息信号传递方式，如改变对传统企业财务指标信号传递的依赖，创新性地使用互联网中小游戏企业的重要无形资产指标作为信用甄别与信用分享的基础信息。

第二，我国互联网中小游戏企业发展的信用实现路径主要有政府资本引导示范产业基金融资模式、内外部信贷不足促生互联网融资模式、化解文创融资风险的保险与担保融资模式。针对这些融资模式仍然存在的缺陷，提出了基于信用分享的多种融资模式：协议保证收入分享内容流量资源模式、产品差异化定位实现跨越式发展模式、"大型研发商＋中小游戏企业"资源共享模式、"大型企业＋中小型游戏企业"信用分享模式、以政府信用支持企业经营与融资创新模式及公司化国家中小企业发展基金模式。

第三，互联网中小游戏企业信用实现问题不仅是其技术经济特征决定的信用风险问题，还是信用制度环境问题。其中，影响信用制度环境的重要因素为政府行为。政府行为既包括对企业的约束，如游戏版号限制，也包括对企业的扶持，如政府补助与税收优惠。但是，目前这两类政策与互联网中小游戏企业的期望并不匹配。需重新认识政府规制对互联网中小游戏企业可持续经营的影响。

第四，新的信用环境需要新的信用解决方式。互联网中小游戏企业所处的特殊产业环境使得该类企业具备构建大数据信用共享平台的条件，如大数据技术、互联网技术等促进了互联网中小游戏企业信息的透明化，为外部投资者提供了有效甄别的信息。因而，大数据信用共享平台将改善互联网中小游戏企业信用实现的路径。

第五，实证研究结果表明：①通过构建无形资产评价指数测度出在市、退市及ST互联网中小游戏企业无形资产信用信息差异性较小，表明新三板的退市及ST互联网中小游戏企业仍存在信用能力，其中部分企业因寻找更好的融资途径而主动退市可以部分解释这一发现。综合使用无形资产指标与财务指标作为甄别互联网中小游戏企业信用能力的有效信用信息，经信用风险公式测度显示新三板的信用风险普遍较高，且在市互联网中小游戏企业比ST及退市互联网中小游戏企业的信用能力高，与实际新三板在市、ST与退市互联网中小游戏企业状态一致。所以，应将无形资产指标作为信用信息甄别的主要内容。②商标、作品著作权、软件著作权、资质和专利等无形资产显著地影响互联网中小游戏企业的流动负债、经营性现金流入和营业收入等主要财务指标。因而，信贷供给方应将无形资产作为该甄别融资需求方有价值的信用信息。③对比研究国内外上市游戏板块企业的信用风险发现，美股信用风险大于新三板信用风险，而新三板信用风险大于国内主要板块信用风险。有关互联网游戏企业的无形资产指标与主要财务指标对比分析发现，无形资产指标对大型互联网游戏企业的主要财务指标不显著。④政府补助与地方财政科学技术支出对在市互联网中小游戏企业无效，对ST及退市互联网中小游戏企业相对有效，反映了互联网中小游戏企业存在短期投机性。同时发现，互联网中小游戏企业的人力资本显著增加了企业的信用能力。因而，互联网中小游戏企业应加强自身团队建设与品牌建设。

鉴于以上主要发现与研究结论，本书就解决互联网中小游戏企业提出以下几个建议：一是加强政府扶持政策的精准性，因地制宜地制定促进"互联网+"

新兴文化产业发展的政策，并加强游戏市场信用制度的配套设施建设。二是优化市场引导政策的决策过程和实施方式，强调投资决策的流程化结合实施的公司化，并对出资结构实施股权分配。三是完善资本市场信用制度，建立完善的资本市场上市和退市制度以及信息披露机制。四是构建大数据信用共享平台改善信用实现路径。

目 录

导 论 / 001

第一章 文献综述 / 026

026　第一节 互联网游戏产业

028　第二节 信用相关问题

032　第三节 互联网中小游戏企业信用

035　第四节 信用信息不对称

038　文献述评

第二章 概念界定及机制设计 / 041

041　第一节 信用相关概念的界定

050　第二节 信用甄别机制理论

067　本章小结

第三章 互联网中小游戏企业信用实现的现状 / 070

070　第一节 信用实现路径简述

079　第二节 联众的案例研究

084　第三节 中国游戏产业的信用制度环境

088　本章小结

第四章　互联网中小游戏企业信用分享的博弈分析 / 091

092　第一节　信用分享下动态博弈分析

097　第二节　演化博弈数值模拟

107　本章小结

第五章　互联网中小游戏企业信用甄别实证研究 / 110

111　第一节　样本选择及指标设计

125　第二节　基于新三板互联网游戏企业的实证研究

133　第三节　基于国内主要板块互联网游戏企业的实证研究

142　本章小结

第六章　互联网中小游戏企业信用制度的国际比较与启示 / 145

145　第一节　互联网游戏产业信用制度环境的国别差异

148　第二节　印度互联网中小游戏企业信用实现探索

153　第三节　韩国互联网中小游戏企业信用实现探索

156　本章小结

第七章　中国互联网中小游戏企业信用实现路径 / 157

157　第一节　中国互联网中小游戏企业信用路径探索

166　第二节　中国互联网中小游戏企业信用实现政策建议

173　本章小结

结束语 / 175

参考文献 / 177

导　论

一、研究背景及意义

（一）研究背景

1.宏观产业政策背景

互联网文化产业为通过互联网技术和核心化数据参与文化内容创造、生产、流通和服务的企业集合，其可被分为两类：第一类为"传统文化产业＋互联网"，如传统的新闻、广播、电视、文学和艺术等，这些行业利用互联网技术和平台创造新兴文化业态。第二类是"互联网＋文化产业"，指以互联网技术（如网络视听节目、网络游戏、网络社交、网络信息服务等）为基础的新兴文化产业。2016年12月，国务院印发《"十三五"国家战略性新兴产业发展规划》首次将数字创意产业纳入国家战略性新兴产业发展规划，成为与新一代信息技术、生物、高端制造、绿色低碳产业并列的五大新支柱。随后中华人民共和国文化部（现中华人民共和国文化和旅游部）于2017年4月发布了《关于推动数字文化产业创新发展的指导意见》（文产发〔2017〕8号），首次明确指出数字文化产业以文化创意内容为核心，依托数字技术进行创作、生产、传播和服务，呈现出技术更迭快、生产数字化、传播网络化和消费个性化等特点。2018年4月，国家统计局印发《文化及相关产业分类（2018）》（国统字〔2018〕43号），这是为了适应当前我国互联网时代文化新业态不断涌现的新形势，对《文化及相关产业分类（2012）》进行的修订，新修订后的分类标准突出了互联网信息服务、数字内容服务、互联网文化娱乐平台等反映互联网文化产业发展形势的内容。2019年8月8日，国务院办公厅印发《国务院办公厅关于促进平台经济规范健康发展的指导意见》（以下简称《意见》）。《意见》支持社会资本进入基于互联网的文化、旅游等新兴服务领域，满足群众多层次多样化需求。因疫情防控形势好转、企业复工复产和报复性消费需求刺激，我国文化市场将逐步回归正常轨道。在2020年全国政协十三届三次会议上，深圳文化产权交易所专家顾问、国家金融与发展实验室文化金融研究中心副主任金巍解读了李克强总理关于的政府工作报告，认为扩大内需成为后疫情时期经济复苏的重要引擎，而且重点关注"互联网＋"的新兴文化产业。因而，互联网文化产业在促进社会发展和经济增长方面及复工复产方面具有重要的作用。

2. 政府产业政策

一是国家层面的游戏产业政策，如表0-1所示。国家对游戏产业的政策主要体现在如下几个方面：第一，保护市场游戏企业主体和青少年消费者，如保护游戏企业的知识产权和引导青少年健康成长。第二，将游戏产业与体育产业融合发展，不仅将电子竞技列入重点运动项目，还将"电子竞技运动与管理"纳入普通高等学校高等职业教育（专科）专业目录。第三，注重对游戏市场的培育、推动游戏产业升级及游戏产业新业态发展。

表0-1 国家层面的产业政策①

时　间	政　策	主要内容
2016.04	《关于印发促进消费带动转型升级行动方案的通知》	明确指出"在做好知识产权保护和对青少年引导的前提下，以企业为主体，举办全国性或国际性电子竞技游戏游艺赛事活动"
2016.07	《体育产业发展"十三五规划"》	将电子竞技列入运动项目重点，引导具有消费引领性的健身休闲项目发展
2016.09	《普通高等学校高等职业教育（专科）专业目录》	增补了"电子竞技运动与管理"专业
2016.09	《关于推动文化娱乐行业转型升级的意见》	提出鼓励电子竞技场所建设，支持区域性、全国性乃至国际性电子竞技赛事，引导和扶持各种电子竞技比赛与游戏游艺行业融合发展。
2016.10	《关于加快发展健身休闲产业的指导意见》	提出推动电子竞技项目健康发展，培育相关专业培训市场
2017.04	《文化部"十三五"时期文化产业发展规划》	提出推进游戏产业结构升级，推动网络游戏、电子游戏等游戏门类协调发展，促进移动游戏、电子竞技、游戏直播、虚拟现实游戏等新业态发展

二是地方政府的政策，如表0-2所示。地方政府结合各自地方发展特色，对游戏产业的政策定位具有一定差异性。上海的地方政府在扶持游戏产业发展时，将游戏产业作为文化创意产业创新发展部分，加强游戏原创内容创作及游戏产业国际化程度。浙江、安徽、江苏、湖南和福建等地立足国内，将游戏产业作为文化产业发展的重要内容进行扶持，如打造游戏产业中心、促进游戏产

---

① 资料来源：前瞻产业研究院。https://www.qianzhan.com/analyst/detail/220/180206-1f050e04.html

业的多产业融合发展、加强对游戏企业人才培训和塑造游戏品牌等。

表 0-2 地方政府的产业政策 [①]

省 市	政 策	内 容
上海	《关于加快本市文化创意产业创新发展的若干意见》	深挖动漫游戏产业市场发展潜力，强化原创内容创作，加快"走出去"和"引进来"步伐，逐步形成具有全球影响力的动漫游戏原创中心
浙江	《浙江省文化产业发展"十三五"规划》	打造全国领先的以动漫游戏为特色的数字娱乐基地和国内具有重要影响力的动漫游戏产业中心
安徽	《安徽省"十三五"时期文化改革发展规划》	加强对动漫游戏产业基地和动漫人才培训基地的指导，加强基地的孵化、交易、展示、培训等作用
江苏	《江苏省文化厅"十三五"文化发展规划》	文化创意和设计服务业发展行动计划。落实《江苏省提升文化创意和设计服务发展水平行动计划（2015-2017）》，提升以文化软件服务、建筑设计服务、专业设计服务和广告服务等为主要内容的文化创意和设计服务产业发展水平，推进与相关产业融合
湖南	《湖南省文化厅"十三五"时期文化发展规划》	优化文化产业布局。推动形成优势互补、错位发展、区域联动的产业发展格局：以"长株潭"地区为文化产业核心增长极，重点发展传媒出版、动漫游戏、影视制作、创意研发等产业，打造全国文化产业高地，增强产业辐射能力
福建	《福建省"十三五"文化改革发展专项规划》	大力发展动漫游戏产业。推动国家动漫精品工程、中国民族网络游戏出版工程、中华优秀出版物（音像电子游戏出版物）和中国文化艺术政府奖动漫奖参评。支持具有自主知识产权的动漫游戏产品研发，培育一批原创与研发能力强的动漫游戏企业，打造一批有影响的动漫游戏品牌

　　政策的主要特征为促进文化内容的原创性制作，并强调文化创意设计，即强化游戏产业的文化功能属性。这也是游戏产业链赖以生存的关键。因为只有强调游戏的文化功能属性，才能使游戏产业的发展具有意义。游戏产业不仅是文化产业的重要组成部分，也为国民经济的提升做出了重要贡献。游戏产业的规范化发展不仅具有经济效益，还具有强大的文化功能。因此，研究文化产业中游戏产业具有重要意义。互联网普及化使游戏渗透范围呈几何级增长，为游戏产业提供了海量用户的数据信息，这些信息可用于场景预测、流量预测、盈利分配及商业模式创新。总之，互联网改变了游戏产业消费结构、消费认知及商业模式等。

---

① 资料来源：作者根据公开网络资料整理。

3. 互联网游戏产业现状

党的十八大以来，我国文化市场主体数量大幅度增加，截至 2018 年末，共有文化产业法人单位 210.3 万个，比 2013 年增长了 129%，其中经营性文化产业法人单位 194.8 万个，占全部文化法人单位的 92.6%，成为推动文化发展的主体力量。我国文化产业增加值及占 GDP 的比重持续增加，增加值由 2012 年 18 071 亿元增长到 2017 年的 34 722 亿元，占 GDP 的比重由 2012 年的 3.5% 增长到 2017 年的 4.7%。2017 年，全国 5.5 万家规模以上文化及相关产业实现营业收入 91 950 亿元，同比增长 10.8%，增速提高 3.3%，继续保持较快增长。但是，截至 2018 年上半年，我国文化产业增加值占 GDP 的比重只有 4.29%，而美国为 25%、日本为 20%，韩国高于 15%，欧洲平均在 10% 至 15%。[1] 所以，我国文化产业增长空间依旧巨大。2020 年，新冠肺炎疫情对我国文化企业冲击较大，文化企业的营业收入大幅度下降，但因互联网、多媒体、人工智能等新技术使用的高渗透率，"互联网 + 文化"等新兴线上文化消费得以保持较快增长。国家统计局对全国 5.9 万家规模以上文化及相关产业企业调查数据显示，一季度该类企业实现营业收入 16 889 亿元，比上年同期下降 13.9%，其具有明显文化新业态特征的 16 个行业小类[2]实现营业收入 5 236 亿元，增长 15.5%，占规模以上文化及相关产业企业营业收入的比重为 31.0%，比去年同期高 8.1 个百分点。

自 2015 年起，中国游戏产业用户规模持续增长，但增速有所减缓。"十二五"期间，网络游戏用户达 3.8 亿，同比增长 26%。2015 年网络游戏市场规模达 1 108 亿，同比增长 1.4 倍，特别是自主研发网络游戏走出国门，收入达到 200 亿元，同比增长近 10 倍。截至 2017 年 12 月，我国境内外上市互联网企业数量达到 102 家，总体市值为 8.97 万亿人民币。其中腾讯、阿里巴巴和百度公司的市值之和占总体市值的 73.9%。上市企业中的网络游戏、电子商务、文化传媒、网络金融和软件工具类企业分别占总数的 28.4%、14.7%、10.8%、9.8%、5.9%。因而，游戏企业成为上市互联网企业的重要构成部分。

---

① 光明日报 2018 年 8 月 8 日 15 版《放大"文化 +"对中国经济的助推作用》.https://epaper.gmw.cn/gmrb/html/2018-08/08/nw.D110000gmrb_20180808_1-15.htm

② 广播电视集成播控，互联网搜索服务，互联网其他信息服务，数字出版，其他文化艺术业，动漫、游戏数字内容服务，互联网游戏服务，多媒体、游戏动漫和数字出版软件开发，增值电信文化服务，其他文化数字内容服务，互联网广告服务，互联网文化娱乐平台，版权和文化软件服务，娱乐用智能无人飞行器制造，可穿戴智能文化设备制造，其他智能文化消费设备制造。

其中，IP手游包括通过内部开发原创IP的游戏（原创IP手游）或第三方IP持有人授权IP的游戏（授权IP手游）。与采纳类似模式或同类玩法的非IP游戏相比，IP手游在市场中更容易获得玩家的广泛认可。IP手游的市场规模于2019年达到1 125亿元人民币，占2019年手游市场份额的61.9%。预计到2024年规模将突破2 000亿元。2019年，中国游戏产业用户规模同比增长1.6%，人数增至6.4亿人，消费群体以90后为主。作为互联网文化产业中重要构成部分的游戏产业也是疫情期间最主要的经济增长热点。2020年上半年中国游戏市场整体销售收入约为1 400亿元，同比增长超过20%；而海外市场表现亮眼，中国自主研发的游戏在海外市场的实际销售收入达75.89亿美元（约合533.62亿元人民币），同比增长36.32%，海外增速明显超过国内增速。

随着移动互联网应用范围的增加、智能设备的普及和用户习惯的转变，移动游戏已经成了全球游戏市场上规模最大、增长最快的部分。Newzoo的数据显示，2019年全球移动游戏市场收入为685亿美元，占全球游戏市场总收入的45%。预计到2022年，移动游戏收入将占全球游戏市场规模的40%以上。2019年中国、美国和日本是全球收入排名前三位的游戏市场，三大游戏市场的市场规模总计约为907亿美元，约占全球游戏市场总规模的60%。

中国内地的网络游戏市场由四个分部组成：移动游戏、主机游戏、客户端游戏（简称"端游"）及网页游戏。在四个分部中，移动游戏指于便携式设备操作的游戏，玩家通常先从互联网上下载，然后开始玩。移动设备的激增使消费者容易接触移动游戏，故移动游戏市场展现强劲势头，从细分市场观察，移动游戏收入占整体营销收入近七成，处于主导地位；客户端与网页游戏收入占比分别降至26.6%和4.3%。2014—2016年，中国移动游戏市场保持了连续三年超过80%的年增长率，超过端游成为国内第一大游戏市场。2017年开始，移动游戏市场规模增速将有所放缓。2018年12月游戏版号恢复发放，2019年4月国家新闻出版署明确细化游戏审批工作的要求，新游戏版号审批倾向精品游戏，2019年有1 570款游戏获审（含185个进口游戏版号）。严格的审批倒逼行业加速升级，生产环节从粗放式发展向精细化转变，游戏品质也有了一定程度的提升。艾媒咨询数据显示，中国移动游戏行业整体保持稳定提升的发展态势，2019年中国移动游戏市场规模达1660.3亿元。但网络移动游戏将发生以下几个方面的变化：①中国移动游戏供给增长受限于宏观调控、游戏版权保护以及防止未成年沉迷等方面，倒逼移动游戏走精品化道路。②基于CPU、虚拟化技术、音视频解码、网络、边缘计算五大核心技术发展，以及5G技术建设，云游戏将成为行业竞争热点。③游戏将与其他业态发生融合，如与视频、直播业态融合,拓展游戏生存空间。围绕游戏IP的创意制作及多元化价值创造将成为游戏生命力持续的重要因素(文化价值挖掘以及中小型游戏企业匹配多元化需求创意设计较为重要)。《人民日报》于2020年5月11日刊发的《激活网游产业的文化属性》对游戏提出了"既有意思又有意义,既有娱乐性又有文化性"的新要求,其强调游戏的文化属性,对游戏产业发展具有里程碑的意义。

4. 互联网中小游戏企业现状

2011年工信部发布《中小企业划型标准规定》,该文件指出文化产业领域的中小微企业一般认定标准为从业人员在300人以下企业,其中中型文化企业认定标准为从业人员100人及以上;小型文化企业认定标准为10人以上;微型文化企业认定标准为10人以下(张铮、熊澄宇,2016)。中小微文化企业兼具"中小微企业"和"文化企业"双重特点,以及轻资产、知识密集型、抗风险能力弱,政策落实的"最后一公里"为主要特征,因其数量较多,对促进就业、市场自由竞争、扩大内需和改善分配关系等具有重大的作用(王良洪,2006)。根据《全国小型微型企业发展情况报告》(2016年)的数据显示,2016年全国中小微企业数量占到企业总数近98%,几乎涵盖了国民经济的所有行业,中小微企业吸纳了全国70%以上的就业,完成了65%的发明专利和80%以上的新产品开发,创造的最终产品和服务价值相当于国内生产总值(GDP)总量的60%,纳税占国家税收总额的50%以上。可见,中小微企业对扩大社会就业、增加国民收入、促进社会稳定、增加国家税收、保证国民经济健康发展等方面均具有举足轻重的作用。

《2020年中小游戏企业发展状况调查报告》显示,游戏产业较为发达地区及中小游戏企业的主要聚集地都在北上广,如主要游戏产业园也多分布在东部沿海发达城市(见表0-3)。中小游戏企业发展现状主要体现在以下几个方面:一是企业运营时长方面,中小游戏企业中运营时长在5～10年的企业数量最多,占比36.4%,且运营5年以上的中小游戏企业总占比为70.9%,因而中小企业整体发展水平较好。二是企业员工数量分布方面。中小游戏企业中100人以内的企业占比47.2%,500人以上的企业占比23.6%,且中小游戏企业在员工数量方面存在较大差异。三是研发费用方面,51.0%中小游戏企业研发费用占营业收入的比例超过30.0%,因而大部分中小企业注重研发投入,且纯代理发行的模式日渐式微。四是销售费用方面,69.1%中小游戏企业销售费用占营业收入的比例低于20%,18.2%的企业销售费用占营业收入的比例超过50%,两极分化趋势严重,近七成中小企业的营销费用投入不足。表明中小互联网游戏企业在渠道发行方面存在不足。五是业务类型方面，中小游戏企业业务类型主要集中在移动游戏领域，有移动游戏业务的企业占比达 90.9%；有客户端游戏业务的企业占比为 30.9%；有网页游戏业务的企业占比为 23.6%；23.6% 的企业为电竞赛事运营、线下体验、游戏硬件设备销售等其他业务。因而，以互联网为基础移动游戏业务占绝对市场份额。六是核心业务方面，有研发业务的游戏企业占比为 74.5%，有运营业务的游戏企业占比为 56.4%，有游戏版权 / 授权收入及游戏推广（买量平台）业务的企业占比均为 20.0%，有电竞赛事运营业务的游戏企业占比为 14.5%，硬件设备销售等其他业务的游戏企业占比为 10.9%。因而，中小游戏企业的核心业务类型以游戏研发和运营为主，买量已不再是游戏企业核心关键业务。七是收入来源方面，90.5% 的游戏企业含有移动游戏产品内购、买断付费等产品付费业务，35.7% 的游戏企业含有移动游戏产品内置广告变现业务，23.8% 的游戏企业含有除产品付费和内置广告外的其他业务（电商、直播带货等）。因而，中小游戏企业的主要收入来源为产品内购和游戏购买，并且部分企业既在产品中内购，又在游戏中内置广告。

表 0-3　游戏产业园[①]

园区名字	城市	面积（平方米）	企业数
上海南翔游戏产业园	上海市	12000	31
天下游戏产业园	杭州市	—	42
安徽盘巢动漫游戏产业园	合肥市	15333	17
互联网游戏产业园	福州市	—	287
青岛国际动漫游戏产业园	青岛市	98000	496
星力动漫游戏产业园	广州市	55333	237

在发展过程中，中小游戏企业面临最多的问题为头部企业的市场垄断、国际关系及国家产业政策影响、相关政府扶持政策较少及缺少相关人才。在 2020 年上半年，流水 TOP50 产品中，近 50% 的产品出现 6 次，意味着每月存在近半数的产品处于不变状态，新产品进入市场越来越难。85.5% 的中小互联网游戏企业存在严重的人才缺口，具体人才缺口岗位涉及产品研发层面的高端技术人才，如高水平的主程序和策划人才等。随着国内外游戏市场的变化，

① 资料来源：前瞻产业园区数据库。

中小游戏企业积极促进国内、国外双市场战略布局，63.6%的中小游戏企业布局海外市场；在海外业务上，超过50%的中小游戏企业采取自主研发和发行产品方式，其代理发行业务逐渐减少。

互联网中小游戏企业的发展现状表明，这些企业越来越重视游戏产品的内容开发，以及对技术和人才的高度依赖，但缺少稳定的发行渠道。因游戏市场变化包括消费群体、消费结构和消费习惯培育等及互联网技术进步，中小游戏企业的业务模式也在不断地演进变化。互联网中小游戏企业虽然占据一定的市场份额且具备较好的专业能力，但是依然受到大型游戏企业市场垄断、国家产业政策不足、政府扶持不够（虽政府进行了补助，但更多地将游戏企业作为税收主体致使企业无法降低经营成本）以及前期高研发投入费用等影响。

5. 文化产业融资现状

2017年2月27日法国《2016全球艺术市场年度报告》显示，2016年中国市场的艺术品拍卖成交额达48亿美元，占全球拍卖额的38%，中国成为全球最大艺术品市场。2014—2015年文化金融资本进入文化产业分别为3 253.16亿元、3 241.8亿元。2015—2016年文化金融呈现了超常态发展，进入资本规模近万亿。"互联网＋文化＋金融"交易模式不断创新，使文化与金融、科技形成紧密的"三元动力结构"，并促进了文化产权交易市场迅速发展。但是，文化金融在缺乏市场监管下的野蛮生长，也造成了严重的金融产品乱象。因而，文化产业及"互联网＋"新兴文化业态的快速发展，也对文化产业融资提出了更高的要求。目前，文化产业融资仍面临三方面限制。

一是文化产业融资规模与文化产业地位[①]不匹配。比如，在债券市场和保险行业上，文化类融资规模与其产业在国民经济总产值中的比例不匹配（见表0-4、表0-5）。

二是社会融资渠道高风险。文化产业社会融资渠道的资金分布呈多元化，但资金流出风险偏高[②]（见表0-4）。

---

① 2017年全国文化及相关产业增加值为34 722亿元，占GDP的比重为4.2%，该指标已接近国民经济支柱产业的规模指标。

② 新元文智－文化产业投融资大数据系统（文融通）统计了2018—2019年文化企业主要社会融资渠道的资金分布显示债券、私募股权投资、上市再融资、创业投资、新三板融资、奖励众筹和股权众筹较高文化产业资金流出风险，只有信托和上市首次募资属于文化产业资金流入。

表 0-4　文化产业的融资规模与融资渠道 ①

年　份	债券（亿元）	私募股权投资（亿元）	信托(亿元）	上市再融资（亿元）	上市首次募资（亿元）	创业投资（亿元）	新三板融资（亿元）	奖励众筹（亿元）	股权众筹（亿元）
2018	1156.34	881.4	160.63	305.05	19.21	265.53	35.06	5.35	0.29
2019	843.74	562.97	243.44	155.32	140.28	44.8	12.49	2.57	0.03
同比增长（%）	−27.03	−36.13	51.56	−49.08	630.17	−83.13	−64.38	−51.96	−89.78

　　2020 年，创业股权融资难度加大及受新冠疫情冲击的双重影响，机构对文化企业投资整体持谨慎态度（见表 0-5）。

表 0-5　文化企业融资渠道变化

融资渠道	投资趋势
文化产业投资基金	一是商业模式成熟、营收和市场地位处于龙头地位成熟期文化企业。二是风口领域如直播带货、智能广告投放、智能视频生产、虚拟主播等细分领域
IPO 上市	A 股上市融资规模趋稳，瑞幸咖啡收入造假事件导致互联网文娱和数字营销服务等文化类企业在美国资本市场上市受阻。A 股文化类企业退市已进入常态化阶段，如 2020 年乐视网退市和超 20 家有退市风险的文化企业
新三板	新三板文化类企业摘牌由 2017 年的 62 家至 2019 年的 224 家，使新三板深化改革，形成"精选层、创新层和基础层"的市场结构，并匹配以差异化制度安排。2020 年文化类企业摘牌处于高位状态
债券融资	2020 年债券违约风险上升但整体可控。文化企业类债券涵盖超短期融资券、中期票据、公司债、短期融资券、可转债、非公开定向债务融资工具、企业债等七种类型。其中以超短期融资券为主

　　三是银行主导文化产业融资不足。《银行业支持文化产业发展报告（2018）》通过调查 111 家银行发现，截至 2017 年末，21 家主要银行如政策性银行、大型商业银行、邮储银行和股份制商业银行等提供达 7 260.12 亿元的文化产业贷款余额，并且贷款余额增长趋势明显，中小型银行提供贷款则相对不足。虽然大型银行通过机制与制度创新服务模式支持文化产业融资，中小型银行针对单个企业制定信贷产品以及综合性融资方案以支持中小企业融资（见表 0-6）。但是，银行主导的文化产业融资模式面临核心资产抵质押通道不畅、银行文化专营机构发展的原生动力不足和文化市场经营不规范等问题。因而，

①　数据来源：新元文智－文化产业投融资大数据系统（文融通）。

在文化资本市场化程度不高、信贷配置不均衡和政府干预的信贷体系下，需尝试并开拓新型的文化产业融资模式。

表0-6　银行主导文化产业信用体系 [①]

融资模式	银行类型	数量/家	占比/%
信贷产品创新	以中小型城商行为主	45	40.54
服务模式创新	以大型银行为主	58	52.25

6. 互联网游戏产业融资现状

因游戏产品"质押难"、游戏产业资产评估中介市场主体和担保主体的缺失、知识产权评价体系和交易体系不完善、金融机构重视有形资产和文化金融产品创新不足，游戏产业与金融的融合程度仍然较低，使中小型游戏企业的融资难问题依然非常突出。目前，游戏企业投融资主要方式为股权融资、债券融资、项目融资、并购及 IPO 等，并多以并购为主。前瞻研究院数据显示，虽然游戏行业的投融资并购事件由 2014 年的 436 件增加到 2015 年的 452 起，相应的融资规模也由 186.91 亿元增加到 203.38 亿元，但是从 2016 年至 2018 年，投融资事件降低至 2018 年的 122 起，且 2018 年的融资规模并未发生较大幅度变化。同时，游戏行业投融资越来越集中，其行业由游戏开发商投资为主。因而，中小型游戏企业面临融资门槛较高、融资渠道较少、融资规模较小等问题。最后，这些问题也抑制了我国文化创意企业效率的提高。

综上所述，互联网游戏产业蕴涵文化、技术与金融的属性。具体表现如下：一是互联网游戏产业的社会价值功能，如文化的创新与传承、文化的休闲娱乐等文化功能特质。同时，文化功能为互联网游戏产业内在价值的根本。二是互联网游戏产业存续及发展的技术支撑，如数字化技术应用、传统文化价值挖掘技术、消费场景的塑造与发掘技术、消费数据分析技术等技术性特质。这些技术的应用支撑了互联网游戏产业的升级改造。此外，需强调技术助力"内容为王"的互联网游戏产业发展，即采用更好的技术提升游戏产品的精品化程度。三是互联网游戏产业突破自身资本限制发展的信贷配置，如金融资本可适当地调整游戏产业资源的使用范围，并充当互联网游戏产业资源合理流动的桥梁，进而实现互联网游戏产业发展的规模经济和范围经济。但是，互联网游戏产业存在不同规模企业不同的技术障碍和融资瓶

[①]　根据《银行业支持文化产业发展报告（2018）》整理。

颈，尤其部分具备信用能力的互联网中小游戏的企业有存在融资需求的限制。本书考虑互联网中小游戏企业作为信用实现的研究对象因素：①互联网游戏产业产值占互联网文化产值比重较大；②互联网游戏产业信贷规模占比较高；③互联网文化产业政策与互联网游戏产业高度相关；④互联网游戏产业具备文化输出功能，并且为文化价值观塑造的重要平台；⑤互联网游戏产业的市场特征与文化产业的市场特征有异同，如相同之处为均存在市场垄断；⑥互联网游戏产业属于资本与技术密集型产业，具备互联网文化产业的特征；⑦互联网游戏产业涉及经济学理论，属于互联网文化产业的典型代表；⑧互联网游戏产业创新来源主体为中小游戏企业，且大量互联网中小游戏企业促进了市场经济的培育。基于互联网中小游戏企业发展现状，本书提出以下几个问题：

一是资金密集及技术密集型的互联网中小游戏企业发展受限于再生产环节的不连续，其原因既有外部的因素如大企业支配信用市场、银行惜贷、政府政策失灵及信用市场缺失，也有内部的因素如中小企业失信与违约。综合影响互联网中小游戏企业的内外部因素发现，在现有信用制度环境下，可从宏观上把握游戏产业发展脉络。即资本市场上游戏企业可否通过技术创新、产品创新、价值创新和再生产模式创新中的某一类或多种方式结合的创新来解决融资问题？

二是信贷供给方如何更有效地识别互联网中小游戏企业的有价值的信用信息。传统的银行和投资机构甄别中小企业信用风险能力主要从企业财务指标及专有技术、厂房、设备等实物指标来判断。而互联网中小游戏企业多以租用场地或者楼宇作为办公地点，并缺乏以实物标的为主的抵押担保物，导致银行对其信贷配给不足。为了扶持互联网中小游戏企业可持续发展，外部贷款供给方识别互联网中小游戏企业的信用信息是否应存在变化？比如，传统识别企业信用能力的主要指标为财务指标，对诸如专有技术、著作权、版权、人力资源、客户资源、品牌、团队领导等无形资产指标的关注度则不够。

三是政府信用的影响。政府信用对互联网中小游戏企业的市场失灵影响、政府政策是否具备针对性与可持续性（地方财政科学技术支出的调节效应），换言之，政府信用是倾向这类文化产业的经济贡献还是倾向文化意识形态塑造及政府信用是否兼顾该类文化产业的两项功能？

四是如何建立完善的资本市场体系与制度以促进互联网中小游戏企业在遭遇资金断裂的风险下实现重生？

（二）研究意义

1.理论意义

（1）丰富了文化产业的内涵。互联网中小游戏企业作为促进文化产业创新的市场主体，其研究有助于了解文化产业市场化经营状态。比如，新冠疫情使互联网新兴文化产业得到了更多关注，进而促生了对这类新兴文化产业的经济学原理研究及所涉及的信用理论研究，显然目前相关信用研究还未得到足够的理论支持。因互联网文化产业产品特点有别于其他产业类型，产业经济学在互联网文化产业中有不同的发展，如互联网文化的市场垄断、准公共物品、私有物品、市场失灵、双边市场、政府规制、网络经济学等问题研究。具体地讲，互联网游戏市场中大型游戏企业的市场垄断，不仅是对市场的垄断，也是对市场信用的支配。这种市场垄断地位与信用支配地位影响了市场中其他主体互联网中小游戏企业的发展。市场失灵表现在互联网中小游戏企业的信用不足，如大型互联网游戏企业信用挤占了互联网中小游戏企业的信用，致使互联网中小游戏企业的信用不足。政府规制不仅是对大型互联网游戏企业的市场势力规制，还有对互联网中小游戏企业的经营规范规制。政府的规制不限于政府对具有市场势力的大型互联网游戏企业的限制，也包括对互联网中小游戏企业扶持政策。因而，对这些问题的研究具一定的意义。

（2）拓展企业创新理论研究。本书不仅重新研究了互联网中小游戏企业理论，其包括中小企业发展理论、企业组织管理创新理论、信息经济学、价格理论、产品供求理论、融资供求理论和商业模式创新等，还拓展了信用理论研究。信用理论研究表现在对互联网中小游戏企业信用实现理论的探索，具体地表现在互联网中小游戏企业的信用能力识别得以依赖于信用信息的反馈，而反馈的机制即信用甄别的过程，信用甄别的目标为信用的实现，而信用实现的直接目标为解决互联网中小游戏企业的融资需求及信贷供给者的价值增值需求。实现这些目标的路径为信用分享，而信用的分享又建立在企业之间互补性能力与收益共享的基础之上。因而，该信用实现的过程也是创新企业组织管理结构、创新商业模式、创新融资供求理论的过程。

（3）构建了互联网中小游戏企业信用甄别的框架。该信用甄别框架为外部投资者与政府进行投资决策提供了依据。现有的研究大多局限于对互联网中小游戏企业的财务指标的甄别，而对互联网中小游戏企业的非财务指标如无形资产指标的关注度不够。本书将企业的财务指标与非财务指标进行结合，以综合识别企业的信用能力。该信用能力主要体现在对互联网中小游戏企业信用风险的识别上。同时，关注了政府补助与地方政府财政科学技术支出对互联网中小游戏企业创新投入的影响，从而也从侧面反映了政府信用对互联网中小游戏企业创新的影响。

2. 实践意义

互联网中小游戏企业的信用能力未被外部信贷供给方识别，其未被识别的重要原因如下：一是互联网中小游戏企业有限度地向外披露信用信息；二是互联网中小游戏企业的技术经济特征决定了外部信贷供给方对这类存在融资需求企业的风险态度。另外，政府信用对互联网中小游戏企业的信用能力提升具有何种效应，也是本书提出的解决互联网中小游戏企业融资不足的重要因素。其中，政府信用涉及政府补助及地方财政科学技术支出两方面的效应。本书对这些问题进行了研究，并将其纳入不同上市板块数据库集中进行比较分析，且这些研究具有一定的价值。

（1）为外部信贷供给方提供信用信息识别机制。本书梳理了信用相关的概念界定，为识别互联网中小游戏企业的信用能力提供了研究基础。外部信贷供给方依据完善识别系统去甄别互联网中小游戏企业的信用能力，而该识别系统包括信用信息、信用甄别、信用实现及信用分享。其中，互联网中小游戏企业的信用信息包括财务指标与非财务指标，并将特别关注的无形资产信用信息作为信贷供给方提供贷款的重要依据之一。具体地讲，互联网中小游戏企业融资未得到相应的支持导致互联网中小游戏企业可持续经营存在障碍，但是其存在的无形资产仍具有被挖掘的价值。信贷供给方应甄别其无形资产的价值并通过契约方式分享互联网中小游戏企业的价值增值，而作为融资需求方的互联网中小游戏企业可分享信贷供给方的信贷。该信用分享是建立在信贷供给方与融资需求方的互补性能力基础之上的，如信贷供给方以融资需求方的技术、版权与其他无形资产为条件将自身的信用能力配置到融资需求方，进而为互联网中小游戏企业的可持续经营问题提供了解决方法。

（2）为政府信用有效配置提供了参考依据。通过梳理国内外互联网中小游戏企业信用实现路径，为我国互联网中小游戏企业信用的实现提供了思路。其中，国外信用路径实现主体包括政府信用，政府信用不仅需全局考虑游戏产业与文化产业的政策精准性，还要提高政府信用的针对性与有效性。因而，在市场经济条件下，政府的信用更应注重对互联网中小游戏企业研发投入的税收优惠，而不是将互联网中小游戏企业作为税收缴纳主体，同时注重对其研发创新的直接扶持。通过比较政府信用对不同资本市场上互联网游戏企业研发投入影响发现，应加强政府补助的有效性以规避互联网中小游戏企业短期投机行为，并加强地方财政科学技术支出对当地互联网中小游戏企业的创新支持作用。

二、研究思路及方法

（一）研究思路

本书以互联网中小游戏企业为研究对象，研究其信用实现的问题，目的在于为互联网中小游戏企业可持续发展提供思路，并总结了我国互联网中小游戏企业发展的特征，为政府信用支持互联网中小游戏企业的发展提供了建议，进而优化政府信用配置以促进互联网中小游戏企业的技术创新。因而，本书的研究思路分为理论研究思路与实证研究思路，以理论研究支撑实证研究，以实证研究验证理论研究，按照这个行文逻辑展开。首先，本书在导论部分梳理了与互联网中小游戏企业相关政府产业政策、市场信用制度、多层级资本市场融资现状，以及互联网中小游戏企业的重要市场地位。同时，梳理了互联网中小游戏企业发展现状及融资瓶颈问题，并将其作为理论研究与实证研究的感性材料来源。其次，对感性的材料进行理论深加工，寻求相关理论研究支撑与匹配。对感性材料中涉及的关键词进行文献梳理，如文化、文化产业、互联网文化产业、文化创意产业、互联网中小游戏企业理论逻辑关系的梳理，又如信用、信用缺失、中小企业信用、互联网中小游戏企业信用的内在逻辑关系梳理，还有信用博弈与政府规制的文献梳理。最后，为了完善实证研究的理论基础，本书又重新对信用相关的概念进行了界定，如对信用信息、信用甄别、信用实现和信用分享的界定，并在此基础上设计了信用的甄别机制。信用甄别机制的设计是为了信用实现，如在甄别有价值的信用信息的基础上，构建互联网中小游戏企业信用实现的路径——信用分享。通过对我国互联网中小游戏企业的信用实现现状分析发现，信用分享与信用制度有关，而信用制度建设的利益相关者包括互联网中小游戏企业、大型游戏企业、政府、市场以及信贷供给方等。因而，信用分享也是融资需求方——互联网中小游戏企业与信贷供给方进行博弈后的最优化选择路径，且二者通过财务指标信息与无形资产信用信息签订契约实现动态化的博弈均衡。同时，有效无形资产信用信息与政府规制是该契约实现两者收益最大化的保障。所以，动态博弈演化的过程是基于对信用信息的有效甄别，其甄别机制也反映了融资需求方的互联网中小游戏企业与信贷供给方的信息甄别机制及信号传递机制，是对互联网中小游戏企业的信用能力或信用风险水平的甄别。

为了甄别互联网中小游戏企业的信用能力或信用风险水平，本书采用的实证研究的思路包括样本统计分析与多元回归。首先，为了了解信用信息的重要性，本书以新三板、国内主要板块、美股的财务指标与无形资产指标作为有效的信用信息进行实证研究。样本数据来自 Wind 数据库，采用的实证研究方法包括指数构建法、统计分析法、Lasso-logistic 信用风险评价和双固定效应多元回归。相关结论验证了理论研究的逻辑。所以，无形资产信用信息作为有效的信用信息应被纳入信用实现路径探索的重要先期条件。然后，基于信用甄别理论与实证研究的相关结论，如信用实现与政府、税收、市场信息相关的结论，进而梳理了我国信用实现路径及其探索路径，并介绍了我国信用实现路径的多样性与创新性，其中较多信用实现模式与信用分享具有关联性。但信用实现路径的可实施在于融资需求方与信贷供给方的有效信用信息供与求，且已有信用实现路径并未强调信用信息甄别的重要性，即未重视信用信息是构建信用分享的必要条件。其次，信用路径的实现与信用制度环境有关，进一步比较了国内外信用制度环境，如以印度相对滞后的信用制度环境限制其互联网中小游戏企业信用实现为例，以韩国政府信用、市场信用的有效性与无效性支撑韩国中小游戏企业创新为例，并阐述了信用实现路径的差异性来源。以案例形式梳理了国内外政府信用、市场信用与税费优惠政策对互联网中小游戏企业信用实现的影响，且以欧美国家的典型模式为例，分析了我国信用制度环境呈现数字化与技术化的特征及信用制度不足。最后，结合理论研究与实证研究的结论，以及对比国外信用制度环境，提出相关研究结论与政策建议。本书的基本思路如图 0-1 所示。

导论

理论研究思路

实证研究思路

文献综述

新三板   国内主要板块   美股

概念界定及机制设计

Wind数据库的财务指标与非财务指标

信用甄别

融资需求方信号传递机制

信贷供给方信息甄别机制

指数构建法   统计分析法   信用风险评价   双固定效应多元回归   实证方法

我国互联网中小游戏企业信用实现现状

信用分享及博弈演化机制

无形资产信用信息的重要性
政府规制措施的有效性
构建信用分享的必要性

信用实现路径与信用制度环境研究

互联网中小游戏企业的信用制度的国际比较与启示

结论与建议

国内互联网中小游戏企业的信用实现路径探索

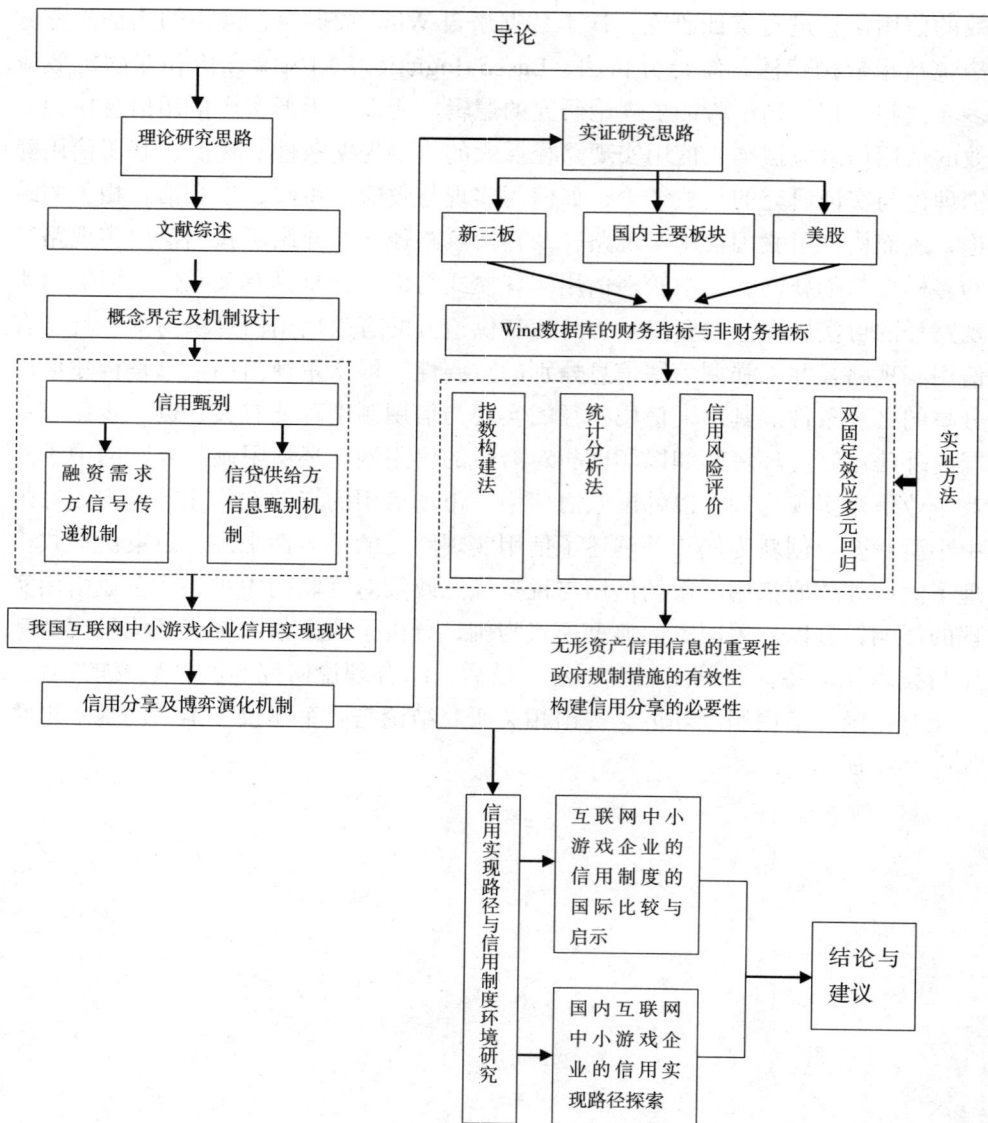

图 0-1 研究思路及逻辑框架图

（二）研究方法

1. 文献研究法

通过阅读大量文献和资料，在收集和阅读大量文化、文化相关产业如互联网游戏产业、信用与信用缺失、文化产业及中小互联网游戏企业信用及信用路径实现、信用甄别机制、政府规制等文献的基础上，总结和归纳已有研究成果，为构建本文的分析框架和理论模型做好铺垫。

2.统计分析法

（1）通过收集 A 股 118 家大型游戏企业与新三板 140 家互联网中小游戏企业，对其主要指标如资产规模、现金流、银行贷款、无形资产、商誉、版权等进行统计分析，并按照上市板块对互联网游戏企业进行分类，同时统计分析了不同地域的上市游戏企业。

（2）互联网游戏企业中大型游戏企业无论是在正常经济发展下还是新冠疫情的冲击下，均表现了内生增长性。因此，本书除统计分析该类游戏产业的主要指标特征外，还在新消费方式及大数据技术的基础上，探索了影响该类互联网游戏企业现金流和经营发展的其他类数据资产。并对该类产业的数据资产进行分类研究，为尝试数据资产版权证券化或者知识产权证券化奠定了基础。

3.综合评价法

本书对影响不同规模互联网游戏企业融资的指标进行归纳，并采用指标构建方法 Lasso 变量选择技术筛选信用评价指标体系。然后，采用 Lasso-logistic 信用评估模型对不同规模互联网游戏企业信用能力进行评价，并构建不同规模互联网游戏企业的信用评价体系。

4.计量分析法

信贷供给方为游戏产业提供的贷款不充分，其重要的原因在于信贷供给方对互联网中小游戏企业的财务信息与非财务信息缺乏足够的了解。信贷供给方需设计相应的风险评估机制，然后再设计针对互联网中小游戏企业的信贷产品。本书特别关注了互联网游戏企业是否具有版权、商标权及技术等可进行质押的无形资产，并且将该类无形资产作为信用信号识别的重要基础，在此基础上结合企业的主要财务指标构建信用分享机制。现实中，已存在相应模式对应该种思路，如针对不同规模的游戏企业信用情况设计产品或服务方案，并将其信用贷款比例作为游戏产业信贷服务的重要发展方向。再如，以信贷产品设计和创新为基础的"政银合作"方式，以及以收益权和所有权为基础的供应链金融服务模式等。因而，借鉴该种思路，中小微互联网游戏企业信用贷款的基础信息应包括企业资产规模、短期借款能力、长期借款能力、现金流、固定资产、无形资产、研发能力、应收账款规模、应收账款周转率等财务指标及其他重要的非财务指标，并通过梳理 200 多家上市互联网游戏企业来分析其信用贷款的逻辑，且信用贷款具有异质性如规模的异质性等。

本书利用新三板市场公开披露的中小游戏企业的信息，并借鉴朱宗元和苏为华等（2018）的 Lasso 变量选择技术筛选信用评价指标体系，构建 Lasso-logistic 信用评估模型并进行实证分析，目的在于将披露信息映射为企业信用信号，并进一步识别企业信用能力——利用 Stata 16 软件。本书将结合财务指标与无形资产的指标，采用动态面板数据双固定效应模型，并重点关注资本市场上以互联网为特征的游戏企业，按照文化企业上市的资本市场层级划分为大、中、小规模等级，然后构建该类文化企业风险指标体系以甄别企业信用能力。最后，以多层资本市场上市游戏企业作为研究对象，采用平衡动态面板数据双固定效应模型进行回归。实证研究的基本框架如图 0-2 所示。

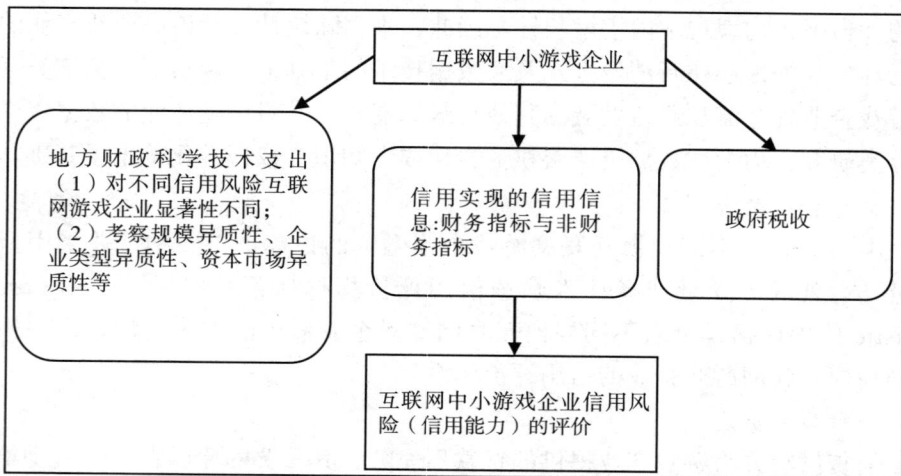

图 0-2　实证研究框架

下面进一步对实证研究框架内容进行具体说明。

一是本书非财务指标中的无形资产并非被资本市场完全公开而又明确地披露，所以笔者通过手工收集方式，并结合计算公式粗略地估算出相关无形资产信用信息。因而，本书重要信用信息的披露属于笔者主动披露方式而不是资本市场标准化的披露方式。本书主动挖掘这些数据信息，认为在向外部揭示新三板互联网中小游戏企业的信用评价体系应该更加丰富，而非传统及资本市场核准制下的财务标准体系，即应重视互联网中小游戏企业的无形资产价值。

二是从动态博弈机制到实证研究，其研究的侧重点为以无形资产为主的信用信息的披露。首先，肯定了无形资产对企业信用风险评价的价值功能。比如，无形资产信用信息与财务指标均存在信用风险评价的功能，综合运用无形资产与财务指标来共同评价各个资本板块的信用风险。其次，无形资产信用信息作为互联网中小游戏企业评价信用风险的基础条件之一，也是其与外部信贷供给方进行博弈的筹码，即互联网中小游戏企业可以有选择地向外界披露信息以获取有利于自身的最优化收益。所以，资本市场为了促进信用合理配置，必然实施可减少互联网中小游戏企业过度利己行为的信息披露制度。但是，也有部分互联网中小游戏企业为了利用资本市场以扩大经营规模、提升技术水平，积极主动地上市，却因融资限制而被迫退市。若外部信贷供给方可识别此类企业的无形资产信用信息，则可扶持该类企业成长并获取增值收益。因而，从企业信用风险评价方面来讲，无形资产具有重要的意义。再次，从无形资产与企业营业成长能力的相关性分析无形资产信用信息与信用风险评价的联系。例如，部分无形资产信用信息促进了企业营业收入增长等。同时，为了表明无形资产可支持互联网中小游戏企业的持续经营，将新三板互联网中小游戏企业的五大类无形资产按照一定计算规则分年度、分类别进行了横向与纵向的指数构建，并比较了退市与非退市企业无形资产指数的差异，结果表明退市高风险企业与非退市低风险企业间无形资产的差异性较小。这也意味着，新三板互联网中小游戏企业的信息披露存在不足，如对无形资产价值、企业退市的本质原因披露不够，继而导致了互联网中小游戏企业投机或者破产。研究了无形资产信用信息在退市高风险企业与非退市低风险企业中对企业营业成长能力的效应，结果表明部分无形资产促进了企业营业能力的增长。第四，为与大型互联网游戏企业进行对比研究，进一步研究了大型互联网游戏企业的无形资产信用信息价值，并将大型互联网游戏企业与互联网中小游戏企业无形资产通过指数进行比较分析，得出核准制下上市大型互联网游戏企业的无形资产有价值而且具有稳定性。而新三板上互联网中小游戏企业经营具有不稳定性与差异性，故其无形资产信用信息也需更大程度地被披露。此外，研究国内主要板块的大型互联网游戏企业原因在于其影响了互联网游戏行业的信用环境：①在主要板块上，大型互联网游戏企业占据信用的制高点，但是政府为了扶持互联网中小游戏企业与网络文化产业的发展，开辟了以多层资本市场为主的信用实现框架。例如，大量的互联网中小游戏企业在传统的核准制下无法进入主要资本市场而实现上市融资，却可进入审核制度相对宽松的新三板。②随着经济增长与经济结构的调整，互联网游戏行业已进入存量调整时期，同时互联网游戏行业不再是以投机为主，而是以规范经营、品牌建设为发展目标。因而，互联网游戏企业的信用实现范围从盲目且非理性圈层外的投资转为特定行业圈层内的投资。正因如此，在互联网游戏行业，大型互联网游戏企业属于互联网游戏产业的信用配给方，而互联网中小游戏企业属于信用的实现方。了解大型互联网游戏企业的无形资产信用信息及经营特征有助于为互联网中小游戏企业提供信用实现路径的方法，如在大型互联网游戏企业与互联网中小游戏企业之间构建信用分享型的实现路径。最后，政府信用主要体现在政府对互联网中小游戏企业的规制方面，采取与大型互联网游戏企业进行比较的方法，以研究政府规制的差异性，结果显示政府规制对互联网中小游戏企业的短期无效。相较于政府规制的短期无效，互联网中小游戏企业创新创业初期的人才与技术等无形资产更能发挥效用。总之，无形资产等信用信息为信用实现双方进行博弈的前提，其重要性可通过实证研究检验，且可依据这些信用信息与财务指标信用信息共同构建一份明确的合约，以规定信用实现参与主体的权利与义务，进而探索出一条实现信用参与主体各方收益最大化的路径。

三、文章结构与创新

（一）文章结构

全书共分为八个部分，各个部分主要内容如下：

导论。主要论述本书的研究背景，研究意义、研究价值及研究的主要问题；对本书的研究思路及研究方法进行了介绍；概括了本书的结构与创新点，并总结了本书的不足之处及对未来研究的展望。

第一章为文献综述。对互联网游戏产业、互联网游戏产业与文化创意产业的关系、与互联网中小游戏企业的技术经济特征相关的国内外文献进行了研究。在此研究基础上，本章节对影响互联网中小游戏企业发展的相关信用问题进行了综述，该综述包括信用及信用缺失、中小企业一般性信用、互联网中小游戏企业信用属性特征、互联网中小游戏企业内源性信用挖掘、信用博弈理论和政府规制理论等。此外，还对中小企业与互联网中小游戏企业的信用问题进行了比较研究，并对已有的文献进行分析，进而提出了本书的研究方向与研究内容。

第二章为概念界定及机制设计。根据本书的研究方向与研究内容确定了研究问题所涉及的相关概念，与本书研究问题相关的概念包括信用信息、信用甄别、信用实现与信用分享，这些关键性的概念存在逻辑上层层递进的关系。融资需求方的信用信息是信贷供给方的重要识别信号，则被识别后有价值信用信息可作为信用实现路径探索的前提条件。在数字化与技术化基础上，本章探索出了信用分享可成为信用实现的主要路径。为了更加深入理解这些概念的应用，以及为本书实证研究打下理论基础，本章提出了信用甄别机制，且该信用甄别机制从融资需求方与信贷供给方进行设计。

第三章介绍了我国互联网中小游戏企业信用实现的现状。首先，简述了互联网中小游戏企业存在的信用实现路径包括政府资本引导示范产业基金融资、内外部信贷不足促生互联网融资、化解文创融资风险的保险与担保，并结合应急性信贷配置，比较分析了我国政府信用的缺失。然后，以联众网络游戏企业作为典型案例进行研究，探索其由小规模企业成长为大型规模企业的信用实现方式。最后，归纳了目前我国互联网中小游戏企业的信用制度环境及信用制度的变化。

第四章为互联网中小游戏企业信用分享的博弈分析，本章基于企业的财务信息与无形资产信用信息构建信用分享模式，以促进融资需求方——互联网中小游戏企业的可持续经营，并满足信贷供给方的价值增值需求。融资需求方与信贷供给方通过企业财务信息与无形资产信用信息签订信用分享的契约，并以动态演化博弈优化了双方收益。所以，信用分享的目的在于收益的均衡分配，即本章收益共享是对融资需求方与信贷供给方签订信用分享契约后总收益的分配。同时，本章考察了不同情景下的仿真模拟，其中，信用分享收益会影响互联网中小游戏企业与信贷供给方的讨价还价能力，这种讨价还价能力是以互联网中小游戏企业有效信用信息披露为条件的。最后，研究了政府信用对信用分享契约可执行性的影响。

第五章为互联网中小游戏企业信用甄别实证研究。首先，该章节梳理了无形资产作为信用信息对企业经营的重要影响。其次，选取新三板 140 家互联网中小游戏企业、118 家国内主要板块大型互联网游戏企业、32 家美股互联网游戏企业作为实证研究的数据库集，从中选取主要的财务指标与非财务指标，包括主要的无形资产指标作为信用能力甄别的有效信用信息，并通过统计分析法、Lasso-logistic 信用风险评价法测度不同板块的游戏企业的信用能力。再次，通过构建无形资产信用信息指数，并采取横纵向比较方法研究在市、ST 及退市互联网中小游戏企业的无形资产信用信息的差异性，同时将重要的无形资产指标与企业主要经营指标进行多元回归分析。然后，比较分析了新三板与国内主要板块互联网游戏企业的相关性差异，如无形资产信用信息指数差异及无形资产与经营性财务指标相关性差异。最后，比较分析了政府补助与地方财政科学技术支出对不同资本市场的不同类型信用风险的互联网游戏企业影响。

第六章为互联网中小游戏企业信用制度的国际比较与启示。本章通过国外实践中的案例进行信用相关问题的阐述。首先介绍了欧美国家的政府信用、市场制度、税收优惠等对游戏企业研发创新的影响。其次，梳理了国外信用发现、信用实现的基本方式。再次，以印度和韩国作为典型案例研究互联网中小游戏企业的信用实现的途径及限制。最后，比较分析了国外互联网中小游戏企业差异性与共性部分，认为信用分享型的实现方式是一种值得探索的路径。

第七章为中国互联网中小游戏企业信用实现路径探索与相关建议。该章首先提出了与信用分享相关的六种融资模式。然后，提出了促进互联网中小游戏企业信用实现的相关政策建议，并且在政策建议的基础上补充了有关大数据信用共享平台建设的内容。

（二）研究创新

本书创新点如下。

一是本书将信用理论、信号传递理论、博弈论应用到互联网中小游戏企业的具体场景，并进行相关理论的拓展，从而丰富相关理论的研究。例如，本书采用财务指标与非财务指标作为信用信息，并对有价值的信用信息进行物化，将其作为以轻资产、实物抵押缺乏和高研发投入为特征的互联网中小游戏企业的无形抵押品，从而改进了以往以实物抵押品数量为主的模式，并创新了信用理论中抵押担保机制设计。具体地讲，信贷供给方对该类信用信息价值存在一定的预期，即如果信用信息价值越高，可用于抵押的无形资产如版权、技术、著作和商誉等越有价值。因而，信贷供给方为基于信用信息的价值提供相应的信用支持。信用信息价值越低，信贷供给方基于该低价值信息提供的信用支持越少。所以，该类信息价值的识别机制可以为信贷供给方分离出有价值的互联网中小游戏企业，也可作为改进银行对中小企业信用信贷不足的激励机制。

二是本书采用 Lasso-logistic 信用风险评价建模识别新三板互联网中小游戏企业的信用信息价值，并甄别平衡动态面板数据库中的非财务指标与财务指标的信息质量，然后采用分样本的平衡面板数据进行双固定效应回归。其在政府补助的创新扶持政策中加入地方政府创新意愿，使其作为创新补助的调节效应。地方政府创新意愿（扶持高新技术企业发展）越强烈，该项调节效应越显著。其中，地方政府的创新意愿以地方政府财政科学技术支出来表征。

三是互联网游戏产业属于文化产业中的创意类产业，而目前国内外很少对该类产业中重要市场主体互联网中小游戏企业由小到大发展的演进机制及信用在该演进中的作用机制进行研究。因而，本书深入了解信用在互联网游戏企业的生存、发展与壮大中的演变规律，并为互联网中小游戏企业的存续与发展壮大提供了启发。

四是为了响应不断完善的市场信用制度，本书对国内外信用机制介绍及多种信用实现路径的探索，开启了互联网中小游戏企业信用分享模式的探索，如中小金融机构对接互联网中小游戏企业、大型互联网游戏企业或者大型非互联网游戏企业与互联网中小游戏企业构建起信用分享机制、专业投资机构并购互联网中小游戏企业及构建互联网中小游戏企业联盟等模式。同时，互联网游戏产业的数字化与技术化正在促进信用分享网络平台的建立，如构建大数据信用分享平台等。这是因为大数据技术、互联网技术等应用更有利于抓取互联网中小游戏企业的信用信息，进而对信用信息进行有效识别，从而降低对有形抵押品的需求。此外，数据生态体系的构建也模糊了传统意义上游戏内容生产者与消费者的边界，而且在新文化生产流程中构建了循环的闭环文化生产供应链，从而保障了互联网中小游戏企业参与信用分享的能力与机会。因而，本书提出了信用分享、数据共享、价值分享的基本思路，进而也为互联网中小游戏企业信用实现的深化研究打下了基础。

四、研究不足与展望

（一）研究不足

本书研究不足之处。

一是对非财务指标如互联网中小游戏企业的无形资产研究较为狭隘。因本书数据主要来源于 Wind 数据库，受到数据可得性限制，除收集较多的财务指标外，对非财务指标如商标、作品著作权、软件著作权、资质和专利的价值缺乏分析。即本书虽整理了商标、作品著作权、软件著作权、资质和专利等无形资产指标，但只涉及其历年数量的变化，而数量的变化不等于质量的变化，所以在实证部分，对这类缺少价值分析的指标的研究不够严谨。此外，这也受到互联网游戏企业对这类重要无形资产信用信息不足的影响。除这五类主要的无形资产指标外，互联网游戏企业还受团队、品牌和管理者能力等其他非常规无形资产指标的影响，而本书研究受相关数据的可得性限制，对团队、品牌和管理者能力的研究相对不足。

二是对政府补助与政府税收影响互联网中小游戏企业内源性信用能力的差异性缺乏深度研究。不同信用风险的互联网中小游戏企业对政府补助的态度存在差异，如低信用风险企业更易将政府补助作为非必要的创新投入来源，而是更看重政府税收对其经营能力的影响。相较于低信用风险企业，高信用风险企业将政府补助作为短期救助的必要方式。因而，互联网中小游戏企业更希望政府减少税收，而不是获取效用不足的政府补助。所以，针对政府相关扶持性政策，应降低政府政策失灵的概率，提高政府的补助效率及针对性。同时，本书对政府相关规制的研究不够。

三是在研究企业信用信息甄别的实践方法时，对数字化技术构建大数据信用共享平台涉及较少。比如，在构建大数据信用共享平台时，互联网中小游戏企业将面临一些限制，腾讯、阿里和百度等巨头游戏发行商较容易使用数字化技术获取消费及消费者信息，因而其可创造新的消费需求，这是大部分互联网中小游戏企业所缺乏的能力。换言之，巨头游戏企业更容易建立大数据信用共享平台，进而与特定圈层共享、与特定中小游戏企业共享、与消费者共享、与专家学者共享，但未必与其他构成竞争关系的互联网中小游戏企业进行共享。所以，这一大数据信用共享平台的适用范围也可能仅限于固定的游戏行业圈层。因而，本书对互联网中小游戏企业如何使用大数据信用共享平台的考虑不足。

（二）研究展望

在现有研究基础上，本书将会继续在以下几个方面进行深入及拓展性的研究。

第一，研究数据的来源设计。本书的研究数据主要为资本市场上财务指标与非财务指标，来源于 Wind 数据库。然而，资本市场上披露的数据缺少真实性，如新三板对互联网中小游戏企业财务信息的披露更多为对上市企业信息披露的规范性行为，而无法真实反映互联网中小游戏企业的收入状态。并且，本书大部分数据经过线性插值、平均值及对数化清理后，失去了一定的有效性。因而，此种实证研究的基础数据存在缺陷。即使上市互联网中小游戏企业披露了其无形资产指标，如团队中总人数、技术人员占比、销售人员占比、企业年龄、董事长与总经理职位是否兼任、商标、作品著作权、软件著作权、资质和专利等，但是这些无形资产指标无法根本反映企业的内在价值与竞争力优势。所以，其不构成外部信贷供给方进行信贷供给的重要判断标准。而且，信贷供给方越来越重视互联网中小游戏企业团队中一把手的管理能力，但是在互联网游戏产业的技术经济特征下，无法准确判断团队一把手的能力是否被真实识别。对于这项重要指标，本书认为未来应将其作为互联网中小游戏企业信用实现课题研究的重要内容之一。为了更好地得到这类无形资产的信息，并将其作为获取信用分享与收入共享的先验条件，本书将对新三板的上市和 ST 及退市互联网中小游戏企业进行抽样性调研，尤其重点获取企业一把手的信息如学历、任职、工作经验、年龄及其他重要信息等。该工作形式以问卷调研形式为主。

第二，政府补助的有效性研究。目前，我国互联网中小游戏企业获取的政府补助并未提高互联网中小游戏企业的创新投入，更多的互联网中小游戏企业将其作为"锦上添花"而非"雪中送炭"的策略。较为典型的案例如上海南翔游戏产业园，该产业园建成之初，吸收了大量互联网中小游戏企业，但是在游与戏产业园过了政府扶持期后，这些游戏企业又纷纷逃离，政府扶持的初衷——促进就业、增加经济产值和技术创新的目标相背离，更多地带来了政府的短期功绩，而忽略了游戏产业的长远发展。未来为了解决政府信用的无效性问题，本书认为有必要持续跟踪并研究政府补助、地方性政府财政科学技术支出与政府税收对企业研发投入的影响，进而关注该类互联网中小游戏企业信用实现的问题。特别的是，本书将考虑如何在政府补助与政府税收之间设计合理的比例，以解决互联网中小游戏企业前期研发投入的动力来源问题。

第三，大数据共享平台建设还只是初步的构想。"互联网+"本身具有数字化特性，所以将以数据资产为核心构建游戏产业链上下游信用的关联性，如互联网中小游戏企业与消费者端信用关系是否可以成为互联网中小游戏企业信用分享的条件，而消费端的客户资源本身就是一种重要的数据资产。因而，这种新的无形资产也是互联网中小游戏企业信用识别的重要信号之一。在互联网中小游戏企业与上游发行商的关系研究中，发行商处于主导地位。这种主导地位不仅体现在市场结构的垄断，也体现在对消费者数据资产的垄断。所以，为了获得优质的信用能力或者优质的信贷资源，互联网中小游戏企业不仅要处理好与发行商的关系，还要解决与发行商数据资产共享的问题。未来这些问题均将成为互联网中小游戏企业与大数据信用共享平台建设的重点考察内容。此外，还要深入研究大数据信用共享平台建设的框架及具体的细节问题。其中，要重视文化价值对互联网中小游戏企业的影响，尤其是国家对游戏版号的限制倒逼游戏企业进行内容创新，本书认为丰富的文化遗产以及文化IP均构成了互联网中小游戏企业原始创新的重要来源。因为只有不断创新的企业，才能形成较强的市场竞争力。只有具有足够的竞争力，才能获取更好的信用能力。虽然"出海"成了目前我国互联网中小游戏企业生存突破的重要选择路径，但是本书认为其不是一项有效的长远决策。因互联网中小游戏企业"出海"的本质未改变资本的逐利性特征，本书认为在遵循市场经济的资本增值规律时，作为一个负责任的大国，也应考虑国内市场的长期有效性及文化的公益性。政府对游戏产业的规制如游戏版号的限制属于一种成熟的表现，其势必将筛选出规范经营且具有创新能力的互联网中小游戏企业，从而实现"大浪淘沙始见金"的目的。成熟的市场应是按各种生产要素贡献进行合理分配的市场，因而资本应作为重要的生产要素进行分配，而不是作为个别私利者谋取巨额垄断收益的逐利手段。资本对游戏产业是短期利好还是长期利好，政府对游戏市场的规制与调节显得较为重要。如果不谈创新，不谈长远，不谈共享，就将不利于企业的长期发展。

第一章　文献综述

本书先梳理了涉及互联网中小游戏企业相关的文化、文化产业、互联网文化产业、文化创意产业等文献研究，以明确研究对象互联网中小游戏企业的内涵与外延，进而指出了研究互联网中小游戏企业的价值与意义。

第一节　互联网游戏产业

一、互联网文化产业的界定

文化处在内外指标相互作用的动态变化过程中，如因社会、人口、政治、经济和意识形态变量产生的差异（Baldwin et al., 2006），使文化定义由过去的 170 种（Kroeber and Kluckhohn，1952），发展到现代的 300 多种独特定义（Michael，2006）。艾略特（Eliot）（1962）将文化抽象为信仰系统，且具有非计划性和非人为性。冯雪峰（2019）以非再现范式形象化地总结了文化具有系统化和动态化特征。大卫·思罗斯比（David Throsby）（2001）认为文化产业为"以具有创意的生产活动来提供文化产品和文化服务，它们具有知识产权和传递社会意义的功能"，具备原创性、知识经济和文化传承特征。进一步地，张曾芳和张龙平（2002）对文化产业进行广义和狭义区分，广义指"生产文化产品或提供文化服务以满足社会需要的各类行业门类的总称"，狭义指"生产文化产品或提供文化服务以满足社会精神需要的各类行业门类的总称，它排除指向物质生产和物质生活领域的文化活动，如某些高科技产业化活动、技术贸易和服务活动等"，且广义与狭义定义均强调文化产业的市场化和工业化。而后大卫·赫斯蒙德夫（David Hesmondhalgh）（2002）补充了大多数文化产业的前期高固定成本投入和后期的低可变现成本特征。对于我国文化及相关产业的界定，国家统计局《文化及相关产业分类（2018）》定义为"为社会公众提供文化产品和文化相关产品的生产活动的集合"，包括为实现文化产品的生产活动所需的文化辅助生产和中介服务、文化装备生产和文化消费终端生产（包括制造和销售）等活动。刘素华（2019）指出文化产业的本质是"物化的精神生产互动于人与社会再生产的现代系统"，并指出现今文化产业发展中的"文化生产力悖论"是生产的扩张与主流文化价值异化导致的，而互联网对文化产品多频复制及资本裹挟文化内容价值是生产扩张与主流文化价值异化的主要推手。同时，文化产品多频复制与文化内容价值的资本裹挟是目前以互联网为主要经济形态的文化产业发展不足的制约因素之一。

对以互联网为主要经济形态的文化产业，解学芳和解学梅等（2019）认为该类互联网文化产业是基于互联网技术和核心数据参与文化内容创造、生产、流通和服务的企业集合，并将其分为两类：第一类为"传统文化产业＋互联网"，如传统的新闻、广播、电视、文学和艺术等，这些行业利用互联网技术和平台创造新的发展空间和新的创业生态系统。第二类是"互联网＋文化产业"，指以互联网技术（如网络视听节目、网络游戏、网络社交、网络信息服务等）为基础的新兴文化产业。进一步地，我国文化部（今中华人民共和国文化和旅游部）2011年发布的《互联网文化管理暂行规定》明确了互联网文化产品范畴包括网络表演。规定所称互联网文化产品是指通过互联网生产、传播和流通的文化产品，主要包括以下方面：①专门为互联网而生产的网络音乐娱乐、网络游戏、网络演出剧（节）目、网络表演、网络艺术品、网络动漫等互联网文化产品；②将音乐娱乐、游戏、演出剧（节）目、表演、艺术品、动漫等文化产品以一定的技术手段制作、复制到互联网上传播的互联网文化产品。

研究文化、文化产业及互联网文化产业具有重要意义，其除具备社会功能外，还具备较强的经济功能（Camerer C F and Vepsalainen A，1988；Wen-Zhe Z and Shui-Nen W，2004），如文化资本的积累促进了经济增长（靳涛、林海燕，2018；封福育、李娟，2020），以及儒家文化促进了当代企业创新（徐细雄、李万利，2019）等。

二、互联网游戏产业的界定

游戏产品集合而成的游戏产业又属于文化创意产业，根据英国政府1997年提出的"Creative Industry"说法，将其定义为"通过对源自个别创意、技术及才干的知识产权的开拓及利用，以创造财富和就业机会的活动"（CITF，1998）。同时，依据创意产业"人力资本高密集性、技术含量高显性与产品附加值高增值性"的特征来判断文化创意产业的特征，文化创意产业具备了"以文化资源为核心、以知识产权资产实现为核心及重塑传统产业商业价值"的特性，则文化创意产品具备了"高创作性和创造性、高文化性和艺术性"（山口広文，2008）。不同的国家对文化创意产业的分类不同，如英国将文化创意产业分为广告、建筑、艺术和古玩市场、工艺品、设计、时装设计、电影与录像、互动休闲软件、音乐和出版、表演艺术、软件和电视广播等13类，其中互动休闲软件为游戏产业的主要内容（宋泓明，2007）。1999年，日本通商产业省将文化创业产业分为内容产业、休闲产业和时尚产业及20个子行业，其中游戏产业又被归类于休闲产业的子行业。我国在《国民经济行业分类》中将游戏产业归为文化创意产业的旅游休闲娱乐类。

作为文化创意产业的互联网游戏产业，其主要市场结构为头部大型互联网游戏企业与市场中分散众多的互联网中小游戏企业。大型互联网游戏企业已初具规模经济效应和自有研发体系建设能力，能够独自面对市场的不确定性，而互联网中小游戏企业，在外部风险冲击包括市场不确定性与突发性非市场类如新冠疫情事件的冲击下，使这类企业的可持续经营存在困难。所以，虽然互联网促进游戏产业的发展，但在遭遇不确定性情形下，也使不具有融资能力的互联网中小游戏企业生存难以为继。因而，有必要从信用及信用相关问题的角度进行更为深入的研究。

第二节　信用相关问题

一、信用含义及信用缺失的影响因素

国内外信用研究中，有学者将其分为狭义的单纯借贷活动与广义的具有契约精神的合同，并认为企业信用应是商业信用、银行信用、产品信用和服务信用等在内的与企业生产经营活动相关的信用体系（孙育红，2002）。然而，在很长的历史时期内，我国都存在企业信用度不高的状况，这种信用缺失是由不同原因造成的，有的学者如弗朗西斯（Francis）（1995）认为中国的文化特性决定了中国企业信用度不高，这种文化特性主要体现在中国人只信任家族内的人员，不相信圈外人，因而，导致所有的私营企业由家族自我管理，并形成众多规模小而缺乏实力的品牌。张维迎（2003）则认为产权不明晰和政府对经济的任意干预是中国企业不重视信誉的原因。蒋海（2002）认为不合理的信用制度安排和不健全的法制体系导致信用市场的信息不对称和信用契约的不完全是我国经济转轨时期信用关系的扭曲和普遍的道德风险行为的根源。殷宝庆（2003）认为个体理性和整体理性的矛盾、长期利益和短期利益的矛盾是企

信用缺失的根本原因。廖进球和刘志华（2005）从制度环境变化、企业产权制度和政府行为三个主要方面剖析了企业信用缺失的主要原因。

对国内外文化产业信用失衡研究多集中在对文化产业信用失衡问题的解决上，特鲁皮亚诺（Trupiano）（2005）认为以政府财政支持和税收优惠为主体的公共导向型融资不足及以私人捐赠为主体的市场导向型融资不足是意大利文化产业信用失衡的因素。豪斯曼（Hausmann）（2007）提出德国的内源性融资、第三方融资及一般预算资金的缺乏为文化产业信用失衡的原因。泰德·哈格林（Ted Hagelin）（2002）认为文化产业中的知识产权证券化等可改善信用失衡。范玉刚（2014）也指出文化产业具有八大风险，并应对文化产业中核心资产版权等无形资产的高风险实施政府扶持、联合投资、风险隔离和信用增级，以及创新文化产业风险投资、知识产权质押贷款、文化资产信托、文化资产证券化、融资租赁、公私联合融资和政府投资等措施来控制风险。周锦和水心勇（2016）认为可对文化艺术品构建对冲机制，然而大部分无形或者非物质的文化产品无法建立相应的对冲机制。周耀林和刘晗（2019）认为将互联网金融嵌入大数据平台，则可实现文化产业要素市场的互联网化，进而改善投融资体系，以解决文化融资难的问题。李苍舒和沈艳（2019）指出金融业数字化如网络借贷（P2P）、互联网保险、互联网消费金融、互联网货币基金、众筹、数字货币和第三方支付等数字化金融模式促进了企业商业模式创新，但是该创新模式存在数字金融基础设施投资建设不足、风险自担意识缺乏、企业风险控制能力较弱和政府平台监管制度不足等导致的金融风险问题。然而，目前尚缺乏对互联网文化创意产业这类新兴文化业态的数字化金融模式的研究。

游戏产业属于文化创意产业的重要组成部分，国内学者对以游戏产业为主的文化创意产业的信贷不足均有不同侧重的研究。金大勇（Dal Yong Jin）（2010）更将韩国的网络游戏视为一种文化现象，指出其具有社交属性。而潘玉香和孟晓咪等（2016）研究了文化创意产业融资约束与投资效率之间的关系，发现融资约束是文化创意产业投资不足的重要原因。胡妮和靳雅芝（2016）也指出中国网络游戏行业面临创新缺乏、市场寡头垄断、融资体系不完善等问题，其制约着我国网络游戏产业的发展。杨秀云和李忠平等（2019）研究发现我国文化创意企业的效率整体处于中等水平，其仍未进入规模报酬递增阶段，且融资约束显著抑制了文化创意产业技术效率的提升。然而，市场化程度越高越能减缓融资约束对技术效率的抑制作用并能平息其风险波动，并建议实施定制化的文化创意产品设计。

已有研究表明信用问题涉及文化习惯、产权、政府干预、信用制度安排、法律体系、个体理性和整体理性矛盾及短期利益和长期利益矛盾等方面。在具体到文化产业信用问题及实现路径时，信用的实现与政府财政支持、税收优惠、内源融资、外源融资、知识产权、互联网金融大数据平台建设、金融数字化等有关。同时，当涉及本书重点研究的游戏产业时，通过梳理国内外文献发现游戏属于文化现象，其发展被融资约束限制。并且，中国互联网游戏产业面临创新缺乏、市场寡头垄断和融资体系不完善等问题，以及互联网游戏产业尚未进入规模报酬递增的阶段，其技术创新能力也被融资所约束。因而，这是互联网中小游戏企业面临的外部整体困境，其基本与信用有关。所以，还需要深入了解互联网中小游戏企业信用及其实现路径问题。

二、中小企业的信用问题及影响因素

互联网中小游戏企业信用与一般中小企业信用相比既具有共性又拥有个性。一般中小企业存在的信用问题，互联网中小游戏企业基本都有，但是互联网中小游戏企业的信用问题又具有自身的独立性。本书研究了互联网中小游戏企业与一般性中小企业信用存在的共性问题。

一是信用缺失问题。小规模企业存在融资问题最先出现在麦克米伦于1931年提交给英国政府的《麦克米伦报告》，该问题也被称为"麦克米伦缺口"，他认为企业的规模是影响企业融资方式和融资难易程度的主要因素。对于中小企业融资困难的成因，国外学者研究发现信贷市场上信息不对称引发的道德风险与逆向选择，使市场出清利率高于银行最优利率（Stiglitz and Weiss，1983）。此种状态下，银行为了控制信贷风险，规避高风险贷款业务，进而致使信贷发生错配。因而，中小企业将成为银行回避信贷的弱势群体。有学者认为小微企业融资难的原因是信息的不透明和不对称（Berger et al.，1998），并且信息不对称导致了信贷供给方提供信贷的意愿降低（Banerjee et al.，2004）。所以，贝克（Beck）和戴莫古克·康特（Demirguc-Kunt）（2006）通过对比不同国家对中小企业银行贷款融资的比例，发现中小企业比大企业的确低了13%。总之，这是中小企业存在自身融资的局限性和外部融资约束限制导致的（王霄，2002）。有的学者从企业资本结构和融资渠道理论角度进行分析，认为信用制度缺失才是中小企业融资难的关键（张杰、尚长风，2006）。此外，抵押担保不足、财务不规范、产业属性及所有制观念等也是中小企业融资不畅的主要因素（杨楹源等，2000）。一般认为金融机构缺位、银行惜贷、信用缺失、信用担保不足和政策不足是目前中小企业融资困难的主要原因（白石，2004；郭娜，2013）。所以，已有研究表明对于中小企业信用缺失引发的信贷风险，不可控因素是中小企业融资困难的根本原因。而信用缺失主要是信息不对称和信用担保不足导致的。此外，林江鹏和石涛等（2013）认为中小企业信用缺失不仅是资金短缺的问题，还是信用认知缺失的问题。因而，也有些研究开始关注企业无形资产如人力资本对信用的影响，如王卫星和张佳佳（2018）认为管理者的背景特征也会影响中小企业的信用风险。

二是信用路径问题。国内外对信息不对称和信用担保不足问题的主要解决路径从以下几个方面进行考虑：第一，发展中小金融机构。因中小金融机构在小额信贷业务上具有信息和成本优势（Banerjee et al.，1994），国内学者也赞成大力发展中小金融机构以解决中小企业融资难的问题（林毅夫、李永军，2001；郭斌、刘曼路，2012）。第二，发展第三方担保机构。若中小企业处于不同信贷市场机构下的良序经营状态，担保机构为抵押物不足的中小企业提供担保将降低银行信贷风险，进而实现信贷的合理配置(Besanko and Thakor，1987)。还有学者从企业之间互助联保、缓解逆向选择等角度研究担保机构的功能优势（彭江波，2008；陈其安等，2008）。第三，建立声誉制度。陈燕和李晏墅（2005）认为完善资信评级制度和信息披露制度、建立激励与惩罚机制以培育企业声誉资本等为弥补信用缺失的有效制度安排。第四，发展互联网金融模式。比如，以信息经济学理论为基础，通过互联网信息平台整合企业信息和增加违约成本解决中小企业融资问题（赵岳、谭之博，2012）。互联网金融的优势还在于降低信息处理成本、提高金融资源的有效配置（谢平、邹传伟，2012）。然而，黄子健和王龑（2015）认为金融放贷机构要求信用缺失的小微企业去提供它们自身无法提供的信用能力证明属于中小企业融资悖论，并认为互联网金融模式可凭借大数据创造的"信用能力"和"信用抵押"来破解融资悖论，进而消除信贷市场中的逆向选择和道德风险。汪海粟等（2018）认为政府信用配置不当与不公是中小企业信用被大企业挤占的根本原因，并建议构建大中小企业间和不同所有制间信用分享关系与信用分享型知识产权证券化。此外，还有其他诸如中小企业信用评级指标体系构建研究（侯昊鹏，2012）和"互联网＋小微企业"融合研究（李晓磊，2019）等研究思路。

三是政府政策的有效性问题。在发达国家，政府通过制定不同的政策来扶持中小文化企业的发展，美国提供财税、政策性基金；日本采取政府主导、政府与民间资本共同投入模式；英国建立多层次多目标政策支撑体系等（叶文辉，2016）。因我国文化产业与金融存在天然的排斥性，所以政府主导建立新型文化企业融资机制具有必然性（陈孝明、田丰，2015）。根据韦斯顿和布里格姆的企业生命周期理论，企业的资产和融资规模会在发展、成长、成熟和衰退的阶段不断变化。而中小微文化企业一般处于生命周期的中前期，处于这个阶段的文化企业需大量的资金支持，但因企业初始自有资金有限，加之该类企业一般为轻资产类型及融资双方信息不对称问题使该类企业融资困难。同时，"资本缺口"现象将长期出现在中小微企业（Macmillan，1931）。该资金缺口使中小微企业在面临边际收益大于边际成本的项目时，因资金供给的短缺而无法进行投资。此时，政府作为提供公共物品的部门，可通过提供政府扶持贷款，来有效弥补中小微企业的资金缺口，进而提升企业经济效益和社会福利（方晓霞，1999）。

文献研究归纳了中小企业信用缺失含义及主要影响因素，其中主要制约中小企业信用发展的因素为信息不对称，并开始关注信用信息中的无形资产对信用的影响。同时，本书提出了中小企业信用的实现路径如发展中小金融机构、第三方担保机构、建立声誉机制、发展互联网金融模式、大中小企业间和不同所有制间信用分享关系和信用分享型知识产权证券化、中小企业信用评级指标体系构建、"互联网＋小微企业"融合和政府扶持等信用实现路径。这些中小企业信用问题以及可能的信用实现路径也是互联网中小游戏企业的信用问题及信用实现路径，但是互联网中小游戏企业的信用问题及信用实现路径又存在个性化的特征。

第三节　互联网中小游戏企业信用

一、互联网中小游戏企业信用特征属性

互联网游戏产业个性特征为互联网技术创新、互联网商业模式创新赋予的新特征，且互联网游戏产业中的中小企业具有文化产业属性。互联网中小游戏企业具有个性化的特征，其主要表现在以下几个方面。

一是互联网中小游戏企业信用的产业属性。按照政府的产业政策分类，具有核心竞争力的项目扶持产业具有竞争力的任务型政策，以及宏观调控优化产业资源配置的扩散型政策（Ergas，1987），并结合现代网络经济的特点，可将游戏产业政策归为扩散型政策。但是，政府政策效率易受到各种网络信息源的干扰，这种干扰导致政府政策如规制政策失效。再加上网络游戏产品属于精神消费类产品，使消费者的消费偏好差异在大样本群体里不存在较大的差异性。所以，游戏市场结构易出现垄断的市场结构。

二是互联网中小游戏企业信用的网络属性。互联网游戏企业的网络产品具

有网络效应与非网络效应，对于具有网络效应的游戏产品，其质量与服务供给和市场网络规模正相关（Orsini and Lambertini，2001）。而具有非网络效应的游戏产品不具有替代性消费价值（Sherif and Cantril，1947）。此外，强网络效应的游戏产品易形成技术壁垒和技术标准造成市场惰性（Joseph Farrell and Garth Saloner，1985）。这也是目前网络游戏产品头部企业越来越集中，中小企业越来越分散的主要原因。这种由网络效应天然形成的市场特征，应由政府政策或政府的相关规制引导。

三是互联网中小游戏企业信用的规模属性。互联网中小游戏企业信用实现的规模属性主要体现在网络游戏产品定价与互联网游戏企业的资产专有性两个方面。具体来说，网络游戏产品的定价行为是市场竞争的主要手段，该市场定价行为中存在大量的动态定价（Xie and Sirbu，1995）、信息不对称下低价锁定客户策略（Cabral and Salant，1997）、垄断厂商的低价锁定与收取版本升级费（Yang，1997）、垄断厂商低价阻止进入策略（Fudenberg and Tirole，2000）和非线性的最优两部收费（Sundararajan，2003）等。中小游戏企业采取低价进入市场的定价策略受其产品前期开发、运营投入大和知识产权得不到保护等的限制。

在互联网游戏产业中，专用性资产是大型网络游戏企业寻租的主要来源（Williamson，1985）。同时，网络游戏的技术门槛较其他类型网络文化产品高，一般的大型网络游戏企业具有许多项技术专利，因而从技术层面上来说，在市场定位、产品更新、定价行为和研发投入方面，大型网络游戏积累专用性资产比中小型企业积累专用性资产具有更大的优势。此外，其他学者（傅瑜等，2014）总结了互联网产业存在着传统产业不具备的特征：①互联网经济属于注意力经济，且供给方规模经济和需求方规模经济决定了市场结构；②双边市场的网络效应与平台用户规模创造了互联网平台效应，则该平台效应可产生赢者通吃的单寡头垄断；③颠覆性技术和商业模式易打破原有垄断结构。所以，虽然该互联网经济特征制约了中小游戏企业的信用发展，但是其中的颠覆性技术和商业模式也为中小游戏企业提供了潜在的信用发展机会。

综上所述，互联网中小游戏企业信用实现的个性化方面可从产业属性、网络属性如互联网游戏产品的网络特性、规模属性如互联网游戏产品多元定价机制和互联网游戏企业的资产专有性等方面进行分析。

二、互联网中小游戏企业信用能力培育

互联网中小游戏企业想获得外部贷款供给方的信贷供给，除了外在信用制

度完善、市场环境优化外，还需提升其内在价值，因为越是优质的互联网中小游戏企业，越有可能获取可持续经营的信用能力。而对传统文化价值的再造将提升中小游戏企业的信用能力。同时，对传统文化价值升级再造，将衍生更多网络文化产品。另外，互联网化、数字化及精品化也提升了传统文化价值链的高附加值，从而创造了中小游戏企业分享文化价值增值的环境，进而也促进了互联网中小游戏企业获取更好的信用能力。所以，要重视对传统文化遗产的升级保护，实现游戏产业内容价值创造来源的精品化，只有保障文化创意产业——游戏产业价值来源的精品化，才能保障文化创意产业——游戏产品的精品化，才能使互联网中小游戏企业获取优质的外部信贷。

一是信用能力来源的技术性和有效性，其主要体现在数字化技术为互联网游戏 IP 价值来源——游戏产业上游文化价值再生产创新，并以数字化技术结合传播技术、虚拟现实技术为价值创造提供空间（黄永林、谈国新，2012；Georgiev G N，2019；Not E et al.，2019）。闵祥鹏（2015）也认为游戏产业文化价值生产的数字化使上游文化产业具备经济价值。进一步的，数字媒体技术发展和媒介融合推动文化遗产数字化传播发展，使文化价值成长和价值增值得以实现（汪海波等，2017）。

二是须处理好游戏 IP 价值来源的三类问题。第一类是对价值来源主体区别设置进行权益保障以解决知识产权保护问题（于成杰等，2015）。第二类是对文化价值生产数字化的传播因价值主体供需结构失衡而存在文化的内涵和价值挖掘不够、文化价值信息的符号化重构不足及文化价值生产数字化传播形式单一等问题（汪海波等，2017），可构建文化价值信息资源关联模型（刘美杏、徐芳，2019）及智能软件技术创新多维传播路径（José Manuel Naranjo et al.，2018；Cuomo S et al.），以及适用于我国的文化价值生产数字化长期保存方案（翟姗姗等，2019）。第三类是对文化价值活态性难以展现、可利用性差和资源共享困难等问题，王龙（2017）认为"互联网＋"技术可构建文化价值生产的数字化平台，以推动传统文化和现代科技的有机融合，进而优化传统文化价值保护方式。李瑛和彭端（2019）也指出"互联网＋"技术不仅创新了传统文化价值保存方式，还使传统文化价值具备开拓市场经济价值的可能性。所以，现代智能科技、互联网技术和数字化技术创新了文化产品和商业模式（徐丽芳、陈铭，2019；余吉安等，2020；郝挺雷，2020）。技术进步与上游文化遗产保存和开拓、文化产品生产流程的再塑造，不仅使互联网中小游戏企业被纳入整个文化再生产的闭环供应链，也增强了互联网中小游戏企业通过文化生产价值链进行信用分享和信用实现的能力。

为促进互联网中小游戏企业增强内在信用能力，以获取外部信贷支持，本书通过对传统文化价值数字化保护以及互联网动态技术应用进行分析，认为其改善了传统文化价值生产和释放的路径，也是增强互联网中小游戏企业信用能力的内生路径。但是，无论是通过外部关联路径的建设还是通过内生价值路径的重塑，均离不开互联网中小企业在资本市场与其他相关信用主体的信用互动和互助。同时，无论从互联网中小游戏企业融资需求方还是信贷供给方进行研究，都需要在个体理性人假设下，对互联网中小游戏企业的相关信号进行识别，以明确其信号作为信贷供给方提供信贷是否具备有效性。

第四节 信用信息不对称

为解决互联网中小游戏企业信用问题，有必要对互联网中小游戏企业信贷供给方进行研究，并围绕信用实现以构建互联网中小游戏企业与其外部信贷供给方的动态演化博弈机制。但为更好地贴近实际情况，信用博弈机制需将政府的相关职能纳入其分析的框架中，如政府对可靠性低的一方惩罚等以降低信息不对称引致的逆向选择和道德风险。涉及的相关文献研究主要有以下两个方面。

一、信用博弈理论

阿克洛夫（Akerlof）（1970）在《"柠檬市场"：质量不确定性和市场机制》中提出旧车市场模型，强调了市场中信息不对称的后果以及解决信息不对称的机制，成为现代微观经济学中信息经济学的经典理论。信贷的供给和需求在于信贷供给方与融资需求方基于外部信息建立的博弈机制。而关于信息经济学中的博弈论，杜金岷和林永亮等（2001）很早就用博弈论机制分析了市场经济对社会信用的需求及市场经济条件下社会信用供给的问题，并强调制度、政府干预及社会分工对社会信用供求平衡的作用。其中，在信用制度方面，陈建南（2003）以博弈论研究我国银行借贷的信用制度环境存在的不足。曲玥和张群（2006）运用博弈论分析了信用失衡的制度成因。在政府干预方面，田侃和崔萌萌（2007）对信用主体的博弈进行分析，认为政府能够在信用扭曲和信用危机等问题上发挥核心作用。而在社会分工方面，吴庆田（2012）认为信用信息可通过共享方式实现信贷供给与需求均衡。在传统的解决中小企业信用问题的博弈机制设计方面，陈晓红和刘剑（2004）分别从静态博弈、一次动态博弈和无限重复博弈方面进行研究，发现中小企业提供有效信用的关键在于建立信用信息识别档案及事后惩戒机制。王性玉和张征争（2005）运用博弈论机制研究了大型金融机构对贷款对象的信息筛选机制，并明确信用担保、中小金融机构放贷与贴息贷款是解决中小企业信贷不足的主要方式。顾海峰（2007）在信息不对称机制下研究了中小企业信用担保风险的内部控制问题。在我国社会转型期间，社会流动性由弱流动性社会向强流动性社会转变，因而"信用困境"有了新的内涵。洪玫（2010）以博弈论为基础，构建"信用行为决策模型，"得出有效的第三方监督惩罚机制与有效的市场利益调节机制，可在与市场经济和现代社会相匹配的社会信用制度下，实现社会信用的有效均衡。随着信息技术的发展，杨丰梅和王安瑛等（2017）运用电子信息平台，基于博弈论研究了电商平台失信的监管机制。杨立和赵翠翠等（2018）以信息经济学和博弈论为基础，建立了 P2P 借贷信用信息不对称的理论模型，并设计了引入社交网络信用信息以缓解借贷信用风险的机制。

　　银行是中小企业外部信贷的重要供给方，伯格和尤德尔（2002）对银行信用供给信息筛选机制分为四大类型：第一类为财务报表型贷款。该类贷款决策及贷款条件是基于融资需求方的财务报表信息，适用范围主要为大型企业及历史久远的中型企业，而且是信息透明的大中型企业。对于其他中小型企业，则该类信贷供给不适宜。第二类为抵押担保型贷款。该类信贷供给取决于融资需求方的抵押品数量与质量，这种抵押担保成为信用分析的替代机制，并被广泛应用在中小企业中。但是，担保手续烦琐和交易成本高昂排除了不满足条件的中小型企业。第三类为信用评分技术。即采用数理统计模型与信息技术对客户进行信用评价并做出决策的新技术。该项评分技术于 20世纪 80 年代被用于金融机构的小额贷款，但是对信息系统和数据提出了较高要求。第四类为关系型贷款。该类信贷为信贷供给方通过多渠道长期接触积累与融资需求方的相关信息而做出的信贷供给决策。这类信贷供给除了关注融资需求方的相关财务经营信息，也会通过长期接触获取融资需求方的相关无形资产的信息如供应商和客户资源等。所以，对第四类关系型贷款，常永胜（2004）认为可构建一种信用互助和重复博弈的新制度安排以缓解中小企业信用问题。唐莹和邓超（2018）通过问卷调查形式研究发现银行的能力信任与诚实信任有助于提升小微企业信贷的可获得性。何重达和尹训东等（2019）也认为对银行贷款建立信贷信息共享可降低其信息不对称，进而降低融资需求方的违约风险。

二、政府规制理论

信息不对称、公共物品、垄断和外部性的存在，使市场运行可能出现无效率或不均衡，政府规制可作为一种矫正性手段以解决该类市场无效的问题（Richard,1974）。政府规制是指政府为达到某种目的而凭借其法定权利对社会经济主体施加具有约束力限制和规范的一整套工具，其规制包括各级政府颁布的法律、正式或非正式法令与强制性规则，即政府授予管治权的非政府机构或自我管制机构颁布的各种规则及实施（丁美东，2001）。政府对互联网游戏企业的规制效用主要体现在减少市场垄断、防止规制俘获和规范经营等方面。其中，减少市场垄断和防止规制俘获主要为规制大型互联网游戏企业相关行为的结果，而规范经营主要体现在对互联网中小游戏企业市场经营方面的规制效果。

互联网中小游戏企业处于的产业环境及网络效应与政府规制政策具有较高的相关性，即易形成垄断的市场结构。例如，政府规制虽然促进了规模效应和高新技术特征网络产业的发展，但也导致互联网游戏产业形成市场垄断。尤其是大型互联网游戏企业，其以人力资本作为专项资产成本结构的长培育期（Sorenson，2001）、高新技术成果的准公共物品属性（Arrow，1962）、网络产业研发活动收益溢出效应和网络消费的惰性等特征强化了创新产品进入门槛等（Nelson，1982），并增加了该类游戏产业通过自身调节实现其充分竞争的难度，所以需政府给予适当的规制。

在涉及互联网游戏产业领域的规制时，其规制主要内容为垄断问题（Fisher，2000；Katz and Shelanski，2005）。政府规制对互联网中小游戏企业传导包括三部分：第一部分是减少市场失灵。市场失灵主要表现在互联网游戏产业市场结构被大型网络游戏企业所决定，即大型互联网游戏企业对市场的垄断，挤占了中小互联网游戏企业的信用空间与发展空间。所以，吴汉洪（2018）考虑了以互联网为主要形式的产业规制，比如采取更适当的反垄断执法态度（在司法方面采取审慎适度的执法），基于互联网构筑产权改革与保护、资源配置、企业家精神弘扬等方面的全新体制及从网络经济、双边市场、平台经济的角度理解互联网经济并加强对互联网平台的经济监管。此外，梯诺尔（Jean Tirole，2014）以数理统计模型研究了政府相关最优化的干预政策，并以"市场力量与规制理论"对类似问题进行了重要研究。第二部分是减少政府扶持无效的情况。拉丰与梯诺尔（1986）以个体理性约束与激励相容约束为条件设计委托代理机制激励企业，并通过政府补助与奖惩的方式激励企业提高信息的透明度。但是，根据既有市场主体具有俘获对其进行限制的规制系统倾向的规制俘获理论（George，1971），则该类激励机制存在政府规制俘获（Tirole，1986）。所以，赵倩和杨秀云等（2014）认为政府对该类产业的不同发展阶段应实施不同且具有前瞻性的扶持政策。第三部分为对文化价值观的规范。网络游戏产业与其他产业最大的不同在于网络扩散效应较为明显，如网络游戏产业在提升人们休闲娱乐与劳逸结合方面具有很大的优势，但是游戏产业在诱导青少年过度沉迷娱乐方面也具有很强的力量（高英彤、李东阳，2017）。所以，对于网络游戏产品"双刃剑"的特点，政府需衡量好互联网游戏产业的文化休闲娱乐功能与国民精神培育（宫倩等，2015）。而政府在这方面的规制更多体现在对意识形态的把控和社会组织管理秩序的正确引导（刘胜枝、张小凡，2015），所以要加强对互联网中小游戏企业的规范经营。

综上所述，政府对互联网中小游戏企业的规制主要体现在以下方面：一是对市场结构规制如针对大型互联网游戏企业市场势力而引发市场结构不均衡的规制，该不均衡结构易造成市场势力和政府规制俘获，所以对大型互联网游戏企业的规制不仅是保护游戏市场发展，也是间接地维护互联网中小游戏企业发展生态。二是对互联网中小游戏企业的直接规制，这种规制主要体现在如何更好地促进互联网中小游戏企业规范经营上。

现有文献研究存在以下不足：一是已有的研究多聚焦在社会信用及信用制度方面，但涉及层次不清、领域宽泛、信用内涵不够与时俱进等；二是政府对信用的影响研究不够具体，以及对政府功能的定位也缺乏认知，且政府规制与信用之间的联系也缺乏分析。此外，对信用的研究也多聚焦在中小企业，而对以轻资产和知识密集型特征的互联网中小游戏企业研究不足；三是互联网中小游戏企业的信用问题多受制于网络游戏产业垄断特征以及自身是否合规经营等，但缺少从收益共享角度探索互联网中小游戏企业信用实现的问题。本书将以收益共享模式构建融资需求方与信贷供给方的动态博弈矩阵，并基于信用分享下收益共享模式对互联网中小游戏企业及信贷供给方进行研究。

文献述评

根据上述文献研究可知，国内外学者对文化及文化相关产业的界定，以及互联网游戏产业的界定进行相关研究，并对以互联网为主要形式的游戏产业做了阶段性的研究，互联网中小游戏企业作为互联网游戏产业的重要组成部分与一般中小企业具有类似的发展现状，如信用实现路径的开拓性不足。所以，本书将一般性中小企业信用问题作为共性问题，其也属于互联网中小游戏企业面临的主要问题，然后梳理相关的国内外文献。针对互联网中小游戏企业信用实现的个性化问题，从产业属性、网络属性与规模属性的角度进行了研究，并指出了基于全产业价值链升级互联网游戏产品生产流程是增强互联网中小游戏企业信用能力的内生路径。在互联网中小游戏企业信用实现路径探索过程中，本书继续研究了互联网中小游戏企业的信用甄别问题及基于互联网游戏产业特征的政府规制问题。这些研究已取得了一系列富有理论与实践意义的成果，但是依然存在以下几点不足。

一是产业链信用分享或供应链融资已成为互联网游戏产业融资的重要选择，除了继续创新为互联网游戏企业融资服务的银行信贷、政府补助和并购等外，还应全局把握互联网游戏产业融资路径创新以促进文化企业持续发展。互联网中小游戏企业融资难、融资贵、融资慢的本质为缺少渠道资源，而大型游戏企业均具有自身渠道资源，因而在原本较强的研发能力基础上能够轻易地获取外部融资渠道以扩大经营。相比之下，互联网中小游戏企业一般较难获取外部融资渠道，除国家有关繁荣文化产业的政策倾斜外，互联网中小游戏企业也较少能够获取当地政府和银行及相关机构的资金支持。对于银行信贷不足和其他高风险融资渠道背景下，互联网中小游戏企业应将产品业务置于整个产业链上，如通过业务往来、文化 IP 往来、渠道资源分享等，构建"大企业＋中小企业信用分享型"的融资模式。具体地讲，大企业为互联网中小游戏企业提供渠道资源，而中小型企业与大企业签订版权代理协议或者以应收账款为抵押等途径获取持续发展机会。这种依靠产业链内生的融资创新模式，不仅能保障游戏产业健康发展，也减少了政府干预和市场失灵等。所以，信用分享是促进互联网游戏产业发展的一种全新且值得探索的方式。

二是除探索信用实现的创新路径外，本书的研究还不应放弃传统信贷供给方如银行、中小金融机构和机构投资者等功能，并为这些相对传统的贷款供给方重新构建一种机制，然后在这种机制下，信贷供给方基于融资需求方有价值的信用信息为其提供信用贷款，进而使以轻资产、知识密集型和研发高投入型的互联网中小游戏企业得以存续。本书在研究一般性中小企业信用时，较为关注中小企业信息不对称的问题，并将中小企业抵押产品作为信用风险控制的主要标的。但是，互联网中小游戏企业的个性之处在于缺乏有形抵押产品。因而，为解决该类企业实物抵押产品缺乏的问题，本书以该类企业收集的所有财务信息和非财务信息作为识别企业价值的主要信息甄别对象。这是以往对中小企业信用研究，尤其是互联网中小游戏企业信用研究所缺乏的。所以，本书也将这种信用甄别机制作为解决互联网中小游戏企业信用实现问题的重要方法。

三是新冠疫情导致互联网文化产业产生了诸多的变化，如促进了新兴文化业态的诞生、文化 IP 的精品化和网络经济新形态的产生。同时，产生了其他新的问题如价格理论、融资供求理论、市场竞争理论、政府信用、信用制度环境、信用评价制度及传统文化与互联网文化产业之间的联系。而目前的研究不足在于互联网中小游戏企业与传统文化价值再造的关联性不足。互联网游戏产业对产品内容研发尤为重视，并且对游戏产品的 IP 价值挖掘也相当重视。这些价值发挥是建立在消费者文化消费需求基础上的，因而重视对文化价值尤其是精品文化价值的挖掘，也将增强互联网中小游戏企业的产品创新能力。而产品创新能力的提升更可能使企业获取可持续经营的外部信贷。

四是互联网游戏企业除考虑创新不同规模游戏企业质押品，如版权质押贷款设计、商标权质押和艺术品质押外，对于数字经济发展带动互联网游戏企业的发展，还要考虑这些互联网游戏企业拥有的大量数据资产的价值。在这个移动网络流量资源价值越来越大的时代，如何通过数据分析市场份额、应用场景及消费者数据的二次开发也越来越重要。因而，在互联网游戏市场上搭建数据平台，进而管理数据资产、使用数据资产及使用数据资产吸引外部融资提升企业存续空间等，均应成为探讨互联网中小游戏企业信用路径实现的主要内容。

第二章　概念界定及机制设计

第一节　信用相关概念的界定

信用属于一种社会关系，该社会关系与商品经济有关。例如，在商品经济中产生的借贷关系，且此借贷关系的维系属于以偿还本息为条件的价值运动。英国经济学家图克在《对货币流通规律的研究》中的定义"信用，在它的最简单的表现形式，是一种适当的或不适当的信任，它使一个人把一定的资本额，以货币形式或以估计为一定货币价值的商品形式，委托给另一个人，这个资本额到期后一定要偿还"得到了马克思的赞同。且"这个运动，以偿还为条件的付出——一般地说就是贷和借的运动，即货币或商品的只是有条件让渡的这种独特形式的运动"。

信用诞生于原始社会末期和奴隶社会初期，其随着生产力水平和商品生产交换时间与空间的不均衡而得到发展，如不同区域的生产力水平与商品生产具有差异性，不同的差异性产生了贫富差距，而贫富差异产生了交换的需求，在交换过程中产生了借贷关系。信用诞生的过程离不开财富与信用的规范化，因为只有个体拥有一定的财富基础，才能通过交换或者借贷换取其他类型的财富，进而丰富自身的生活状态。同时，为了在更大范围内进行交换及商品生产，需将不同区域的不同个体进行统一，即用法律和制度将不同的信用关系规范化。因而，被规范化后的信用便具有了专业化、法律化、经济化和市场化的特征，并且信用最终也成了整个社会化的产物。从商品交易环节来看信用是一方对另一方的信心，并且一方认为一方对另一方较为理解，从而对另一方的行为做出准确的判断（Mayer，1995）。在该交易环境中，信用也是一方对另一方的能力、诚实度、安全性和可靠性的量化信念（Tyrone，2003）。

企业的信用实现逻辑分为四个部分：第一是信用信息。信用甄别主要对象为企业的信用信息，该信用信息的研究范畴随着信息技术及互联网普及不断被延伸。信用信息的甄别在于解决由信贷供给方与融资需求方之间的信息不对称引致的风险问题。第二是信用甄别。信用甄别一般建立在信用信息基础之上，通过一定的技术手段及其他实地考察等方式，构建信用甄别的评价指标体系。第三是信用实现。信用甄别的直接目的在于使融资需求方获取匹配或者适合的信贷及信贷供给方提供科学合理的信贷，从而使融资需求方与信贷供给方在信贷的供与求中实现各自期望收益的最大化。第四是信用分享。信用实现需借助可行性的途径，如在融资需求方与信贷供给方之间建立一种信用分享机制，该机制不仅分享信用，还分享该信用配置后的收益增值。

另外，还要区分融资需求方与信用供给方。在一定条件下，融资需求方与信用供给方的边界比较模糊。融资需求方可能成为信用供给方，如融资需求方以自有资产为融资需求方进行抵押获取增信。此时，融资需求方既是融资需求方又是信用供给方。因而，信用供给方非信贷供给方。本书主要研究融资需求与资金供给的关系，并界定了信贷供给方。首先，信贷行为为大型企业、投资机构、基金和银行等信贷供给方以融资需求方的信用能力为条件向融资需求方提供信贷的行为。其次，信贷供给方的行为是根据第三方信用评级机构信用甄别后的信用信息做出信贷供给的行为。该评级机构既包括市场性的金融评级机构，也包括以中国人民银行征信系统主导的全国性评级系统。其中，金融评级机构的信用评级基础包括企业的信用评价报告和信用评价标准体系，中国人民银行征信系统包括全社会的个人与企业的信用信息，其信息主要来源于商业银行等金融机构。这种第三方的信用评级机构不直接参与信贷供给，而是间接地为信贷供给方提供融资需求方的信用信息，以便实现信贷的有效配置。本书融资需求方主要指互联网中小游戏企业，信贷供给方主要是指与互联网中小游戏企业可构建信用分享的大中型互联网游戏企业、投融资机构等直接信贷创造主体。同时，关注第三方信用评级机构对信用配置的功能。

一、信用信息

有关"信息"的定义有100多种，英国《信息安全管理体系规范及应用指南》（BS7799-2:2002）将信息定义为"一种资产，类似其他重要业务资产，对组织具有价值，因而需要妥善保护。"（陈伟，2004）。企业的信用信息大致分为四类：科学技术信用信息、市场信用信息、生产信用信息和外部宏观信用信息。第一类为科学技术信用信息，是指企业生产经营与科研实验等创新活动所创造的高新技术和技术诀窍形成的主要产权，该产权包括专利权、版权、技术机密和软件著作权等。第二类为市场信用信息，其指企业拥有与市场相关联的信用信息，该信用信息包括客户关系、合同和品牌等。第三类为生产信用信息，其指企业生产经营活动所记录的信息，该信息包括加工信息、原材料信息、存储信息和传输信息等，这类信用信息便于企业成本控制。第四类为外部宏观信用信息，其指企业所存续的宏观环境信息，包括社会新发展信息、政策法规信息、技术经济信息和行业信息等。

信用信息属于企业拥有和控制的一项特殊资产，其既有一般物质资产的特征，又有无形资产的特征。信用信息特征的特殊性表现在共享性、高附加值、高风险和强时效性四个方面。共享性是指信用信息使用的非排他性，即使受到知识产权保护的信用信息在一定范围内与一定条件下也具有非排他性，如以收取使用费、信用信息置换信用支持等方式，减少信用信息使用的独占性。信用信息的高附加值主要体现在信用信息的知识密集型、资本密集型、技术密集型特征所带来的潜在巨大经济利益，如品牌的成功、专利使用、软件著作权的投入使用等，这类信用信息的边际成本很低。信用信息的高风险性是指信用信息在公共介质中处于流动状态，信用信息复制成本较低导致其安全保障存在问题。此外，信用信息还具有强时效性，尤其是信用信息的使用随着技术的更迭及商业模式的创新等存在短周期性。

因信用信息的使用边界较为宽泛，本书将重点放在反馈企业信用能力的信息上。该信用信息包括科学技术信用信息形成的专利权、版权、技术机密和软件著作权等，以及市场信用信息的客户关系、合同和品牌等，还有外部宏观信用信息中的社会新发展信息、政策法规信息、技术经济信息和行业信息等。同时，信用信息包括企业的主要财务信息。本书的信用信息的范围仅限于互联网中小游戏企业财务信息、非财务信息（包括无形资产信用信息）和行业信息。但是，互联网中小游戏企业考虑披露信用信息的成本问题，因而相关的信贷供给方将通过得到信用信息进行信贷的供给行为。

二、信用甄别

信贷供给方在为互联网中小游戏企业提供信用时，需对互联网中小游戏企业的信用信息进行识别，进而甄别其信用的风险水平。首先，要区分信息甄别与信用甄别。王健（2008）定义信息甄别为"不拥有私人信息的一方采取行动来获取和分析拥有私人信息一方（代理人）的信息，或诱使拥有信息的一方揭示其私人信息的过程"。同时，信息甄别要与信号传递进行区分，信息甄别与信号传递属于一种信号机制的两个方面，两者的主要差异体现在以下方面：在信号传递过程中，拥有私人信息的一方先行动；在信息甄别过程中，缺少或者不存在私人信息的一方先行动。信号传递、信息甄别不等于信用甄别，信用甄别更强调对企业信用风险评价所采用的技术方法，信息甄的目的是判断企业信息价值是否有效，而信用甄别是通过一定的技术手段对相关信息进行整合、处理并解释信息背后所反馈的企业信用能力。

国内外有关学者创新了信用风险甄别模型，周江涛和吴旺延（2009）采用距离判别法对企业财务信息数据构建模型。郝蕾和郭曦（2009）基于信息经济学模型分析了互助担保额与政府担保额对银行甄别中小企业信用风险的有效性。崔晓玲和钟田丽（2010）通过构建信用担保融资契约模型，并将模型中的担保费率和反担保措施价值作为甄别企业信用风险的主要信息。刘骅（2014）以财务数据为基础，并综合运用灰色关联与Topsis模型对融资平台信用风险关键指标因素进行有效甄别。相关学者开始关注信息的不同类型，并将信息分为"硬信息"和"软信息"，"硬信息"是指不具有个性化的特征，易于量化、编码和传递的信息，"软信息"是指难以按照标准化方法进行量化、处理和传递的信息（Stiglitz and Weiss，1981）。目前，一般性信息研究的来源仍为企业历史数据的"硬信息"。李霖魁和张成虎（2017）研究了融资需求方的社会资本作为虚拟抵押品的重要功能性，以及社会资本作为P2P网络借贷的信用甄别的重要信息。赵沛和叶方冰（2019）基于"拍拍贷"历史交易数据，检验了P2P平台信用认证信息的甄别效用。也有不少学者以更加技术化的手段对企业信息进行处理和信用甄别（方匡南、陈子岚，2020；赵雪峰等，2020）。

信用甄别的基本流程如图2-1所示。首先，信用发现的方式有信息甄别与信号传递两种。其次，信贷供给方通过对企业的信息进行甄别，筛选出能够有效体现企业价值的信用信息，并将其作为信用判断的基础。再次，将体现企业价值的所有有效信息通过技术手段进行过滤和提炼，为信贷供给方识别企业信用风险提供直接依据。最后，信贷供给方基于自建的信用评价标准体系和行业信用评价指标体系为融资需求方提供信贷。

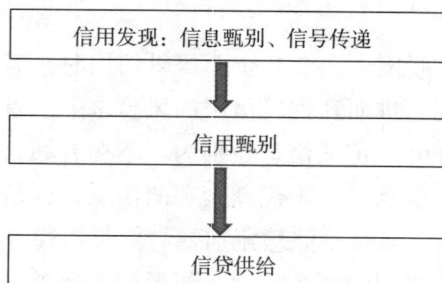

图 2-1 信用甄别的基本流程

三、信用实现

信用的实现与信用的概念、功能及主要途径具有较大的关联性。根据信用的基本概念可知信用主体通过一种较为合适的途径实现信用的基本功能，且信用主体存在不同的目标。具体地讲，从微观个体的信用实现、中观企业的信用实现到宏观国家层面的信用实现，不同信用主体的信用实现均存在不同的目的。微观个体的信用实现是为了保障个体存续和实现其资本与财富的进一步拓展，中观企业的信用实现一般为了扩大企业经营规模以便获取市场势力和规模经济，宏观国家层面的信用实现是为了国家经济增长、国际竞争力提升、产业高端附加值增加和科技创新增强等。信用实现并不是单一的，其还具有重要的内涵。该内涵具有时间性、空间性和实践性，时间性体现在信用上是人类社会不同历史阶段的产物，尤其是不同历史阶段中社会经济发展的结果。空间性是指信用并不局限于某一固定的空间，而是在不同人类历史阶段中存在不同的国家与地区，即使开始存在一个地方，但是随着人类对财富的渴求，信用被延伸至美洲大陆等其他信用较为落后地区。比如，欧洲为较早的信用诞生地区，且欧洲较早的殖民运动将其较为先进的生产关系、生产力水平和商业信用关系移至美洲地区。这也能看出，信用是在人类社会关系中基于人类的欲望形成的一种新型商品或者服务交易关系，且该信用进一步促进了财富与资本的形成。实践性是指当人类在生产、交换与消费中产生交往时，信用便存在了基础，并且信用是建立在大量的相关生产、交换和消费的活动基础之上的。但是，信用对不同的社会发展阶段及不同的信用服务主体存展现不同的信用形态，而且信用具备促进人类社会财富积累向资本转化的重要动能。

根据陈元（2020）从资本与财富角度对信用演进及主要形式进行研究，得到了信用实现的基本内涵。该基本内涵包括信用主体、财富、资本及主要信用形态。在初级发展阶段上，个人和中小企业积累了少量的财富，该积累的少量财富产生了初级的信用，而初级信用产生了初级的资本。这个阶段的信用形态也是初级资本借贷的主要存在方式，如个人及中小企业拥有大量小额分散的短期债务、中小企业流动资金贷款和中小企业集资募股。到中级发展阶段时，当初的中小企业因积累更多的财富而成为大中型企业，于是该阶段的大中型企业产生了中级信用的基础条件，进而促进中级财富转化为中级资本。这个阶段的信用形态是大中型企业中级资本借贷的主要存在方式，如大中型企业信用存在方式以流动资金贷款、固定资产贷款和股权融资为主，其中较为重要的方式为股权融资。第三个阶段为高级发展阶段，这个阶段已涉及国家层面，且以大型项目为主，国家或者大型企业形成了巨量的财富，这个阶段的财富形成了高级信用的基础，从而促进了高级财富向高级资本的转化。该阶段国家层面的信用形态以大额股权融资为主，比如美元外汇储备为美元信用对我国储蓄的证券化即美国高级财富积累的结果。不同阶段个体与组织信用实现的演进流程，如图2-2所示。

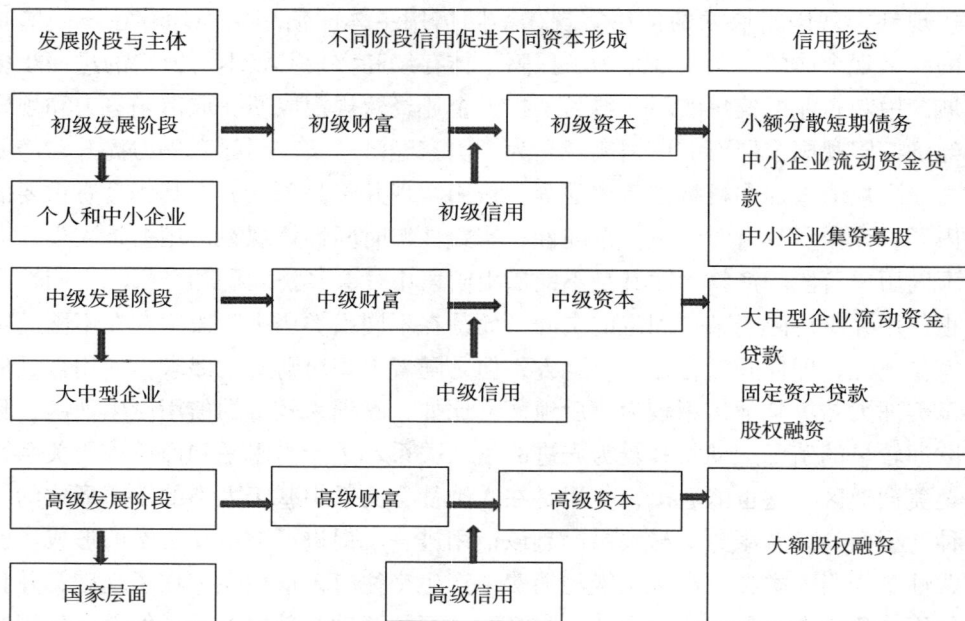

图 2-2　不同阶段个体与组织信用实现的演进流程

互联网中小游戏企业在由初级发展阶段向中级发展阶段发展的过程中，个体也由中小型规模向大中型规模转变。互联网中小游戏企业信用促进了财富转化为资本，且其信用形态的表达方式为信用实现的主要路径。然而，在现实的社会中，因政府政策无效、市场运行制度不足及企业间信息不对称等限制了互联网中小游戏企业向更高阶段发展。比如，在政府政策无效及市场运行制度不足的情况下，银行因互联网中小游戏企业的信息不对称而不愿提供贷款，进而影响了该类企业的可持续经营。因而，有必要将政府政策、市场运行制度和企业间信息等作为企业信用关系的重要考察内容，并将这些考察对象作为主要信用信息来源用以甄别企业信用能力，再构建信用分享模式以解决企业因信息不对称引致的不良信用关系。

除资本与财富角度理解信用实现外，信用实现应包括两种假设：一是信用实现具备结构性。二是信用实现具备差异性。信用实现的结构性与信用结构有关，如信用的结构主要包含三部分：一是商业信用；二是银行信用；三是证券信用。这三部分组成了企业信用的基本架构。商业信用是指企业之间经济交换行为产生的信用关系，即售货方允许购货方延时支付货款的行为，从另一方面而言为售货方向购货方提供了信用，这种信用关系被称为商业信用。一般来说，商业信用的基本方式包括赊销、预收货款、应付票据和应付账款。商业信用的优点为方便快捷，但是其缺点为受商品数量、企业规模、产业资本、商品流转方向、商品流转周期等影响，甚至具有分散性和不稳定性等缺点。银行信用是银行业存款类金融机构为工商企业和个人提供贷款，则银行业存款类金融机构为债权人，工商企业和个人为债务人。银行信用的优点如下：一是银行信用提供方将社会闲散资金集中进行借贷，进而克服了商业信用受产业资本规模限制的问题；二是银行信用资金可从产业循环中独立出来，不受个别企业资金数量限制，将小额可贷资金聚集以满足大额资金借贷需求，并可将短期借贷资本转换为长期借贷资本以满足长期货币需求，进而减少了资金流转方向的约束。因而，从规模、范围、期限与资金使用方向上改进了商业信用的不足，且银行信用是以商业信用为基础的。三是银行业存款类金融机构通过整合信息资源降低了交易的信息不对称和交易成本，进而降低了信用风险及增加了信用过程的稳定性。但银行信用服务对象一般以大型企业为主、以拥有政府背景为主，而对中小民营企业服务相对较弱，即银行信用关系具有所有制歧视、规模歧视等特点。证券信用为证券信用交易买卖双方互相给予信用，包括证券商给予客户贷款贷券信用、有银行贷款发放以证券为担保的贷款、证券买卖信用选择权，且证券信用一般随着证券市场的兴衰而变化。证券信用的基本方式为股份制信用，该信用有助于创业初期企业进行融资。但证券信用的缺点在于证券市场的不完善导致投机行为盛行，因而应加强证券市场制度建设、促进证券市场具备充分的流动性。

商业信用、银行信用和证券信用构筑了企业的基本信用结构，该三个部分具有共同协调企业融资的功能。但该三个部分在企业发展的不同阶段起到不同的关键性作用，在互联网中小游戏企业向大型企业发展时，互联网中小游戏企业的规模、技术等限制使银行信用、证券信用的功能无法充分发挥作用，所以此阶段的互联网中小游戏企业更多以自有资金或者通过与上下游企业构建新型的商业信用关系实现其发展壮大的目标。特别的是，在我国资本市场核准制度及多层次资本市场尚未建立的情况下，证券信用促进互联网中小游戏企业发展的功能有限。当互联网中小游戏企业依靠某一项重大技术创新或者创新性的商业模式实现更大规模的发展时，银行信用与证券信用将成为互联网游戏企业向更大规模、更高阶段发展的关键。因而，在我国特定的资本市场制度下，互联网中小游戏企业更多依赖于自有资金与商业信用实现的发展。在三类信用中，商业信用以应收账款抵押、知识产权抵押、资源共享、技术共享等方式为主，这些方式依据的是商业交往中以双方的互补能力、资源、技术为基础构建的信用分享关系。当然，商业信用中构建的信用关系也是为了更好地获取银行信用或证券信用。比如，中小企业与大型企业构建信用分享型的商业信用关系，提升了政府信用、银行信用对中小企业的关注度和贷款强度，也提高了通过证券信用实现融资的可行性。

在构建新型的信用实现方式时，还应注重对信用实现主体的信用风险评价。因而，还应明确信用实现与信用风险评价的关系。解决互联网中小游戏企业的信用实现方式是建立在对其信用信息了解的基础上，而信用信息一定程度上能反映出企业的信用能力或者信用风险水平。在市场经济环境下，因信息不对称而导致的信用相关主体选择性地披露信用信息以获取最大化的机会主义收益，所以互联网中小游戏企业的信用信息可以反映其信用风险，而其信用风险又通过自评报告及他评报告进行甄别评价。

四、信用分享

共享模式已成为我国经济发展中商业模式创新与变革的主要趋势，在更大的经济生产范围中，共享经济也成了产业结构调整与高质量发展的内生动力。2019 年我国共享经济市场交易额为 32 828 亿元，比上年增长 11.6%，直接融资额约为 714 亿元，共享平台员工数 623 万，共享经济的主要发力点在创意设计、出租车、餐饮、住宿和医疗等新业态。在我国经济下行压力下，共享经济成为"十四五"期间的重要推动力。此外，共享经济也促进了商业信用关系的创新，如促进了信息数据共享、信用分享的新型商业信用关系发展。

共享经济的重要平台载体为互联网。阳镇和许英杰（2019）研究认为知识密集型企业的信息更容易通过互联网平台进行共享，但是该共享平台因信息不对称风险而难以为继。因而，可通过构建信用风险管理体系减少共享平台的信息不对称。该体系应包括信息审核机制、信用评价体系、信用保障机制、在线争议处理机制和联合监管机制等，并使用该信用风险管理体系中的企业信用信息作为信用分享的基础条件。其中，信息审核机制包括供需双方身份、交易和评价内容，信用评价体系包括双方交易历史、交易能力和信用现状，信用保障机制包括动态保证金、第三方资金托管和商业保险，在线争议处理机制为第三方参与，联合监管机制包括平台、政府和行业协会协调运行。

信用的分享主要为信用数据的共享。目前，我国信用评价无论是宏观上还是微观上均存在不足。宏观上，中国人民银行征信系统主导的信用体系尚未将个体的网络消费、日常生活和社交信息等纳入评价体系。微观上，以腾讯、百度、阿里巴巴等为主的互联网巨头不仅掌握着中国的信息型数据、交易型数据和关系型数据，还具备信用数据共享体系建设的能力。但是，信用数据的"孤岛现象"使信用分享范围受限。张新和张玉明等（2020）认为信用分享的实现在于促进信用数据的共享。例如，传统解决信贷之间信息不对称的主要方式为抵押担保、股权融资和知识产权证券化等，但对于互联网中小游戏企业而言，其面临抵押担保不足、股权融资不畅及知识产权证券化经验不足的问题。为了解决互联网中小游戏企业信贷不足的问题，可先对其进行信用信息识别、信用甄别等发现其信用能力，然后再有效地配置信贷，其中信用分享的方式是目前学术研究较为关注的一种重要方式。刘春志和张雪兰等（2016）引入信用信息分享机制以纾解中小企业"融资难"的困境，发现信用信息分享显著增加了信贷供给。汪海粟等（2018）认为可通过"信用分享型"企业集群知识产权证券化和"信用共享性"产业集群知识产权证券化的方式解决科技型中小企业"融资难"的问题。占济舟和许甜甜（2020）从供应链的商业信用角度阐释了其商业信用可缓解中小企业如零售商的融资困境。其中，商业信用是指延期支付，具体指上游供应商为下游零售商纾解资金困境的一种短期融资服务，且该供应链商业信用主要服务对象为缺乏固定资产抵押和信用记录的中小微企业。

理论上，信用是一种能力或资源，在市场经济条件下分享应具有特别假设，一是能力具有互补性；二是能力具有共益性；三是共享合理有效性，比如，大企业的渠道与小企业的研发为两种具有互补性的信用能力，而信用在大企业与中小企业之间存在不均衡的配置，可依据两者互补性的信用能力进行信贷配置，以此实现各自收益的最优化（汪海粟等，2018）。同时，信用分享作为解决信息不对称的主要方式，应明确信用分享的动机。互联网中小游戏企业作为资本密集型与知识密集型的市场主体，其信用分享是基于其特定的技术经济特征的。具体而言，该类企业存在大量的待识别无形资产，但因缺少资金导致其无形资产无法形成有形资产，并影响其可存续的问题。如果以互联网中小游戏企业稀缺的无形资产作为信用分享的基础，则可解决该类企业的融资需求问题。因而，该信用分享的动机便是解决融资需求方的资金问题及满足信贷供给方的价值增值需求。

此外，信用分享还应考虑以下几个问题：第一为政府信用配置。汪海粟等

（2018）认为信用分享的关键在于政府信用的合理配置，并从信用过剩、信用不足的角度分析信用分享机制的存在性。韩凤芹和赵伟（2020）研究认为中小企业信用风险主要由微观风险和宏观风险构成，并指出宏观风险是微观风险的因素，可通过政府补偿降低宏观风险，进而实现信用的有效配置。第二为新技术如区块链技术应用。庄雷（2019）提出了基于区块链技术结构构建信用共治网络体系，以及基于分布式系统的社会信用网络的数字信用共治理念和设计流程，并将信用体系的信息共享基础集群化。张路（2019）认为产业链上核心企业与中小企业的协同创新可促进经济高质量发展，尤其在技术、融资和知识产权等领域可构建创新协同的生态系统。其中，区块链技术中的链式交易的计算自证可推动产业链信用分享机制创新。第三为信用监管。为了降低市场经济中的信息不对称，提升信用体系服务质量，需创新信用监管模式。倪楠（2020）认为信用监管属于信用经济下市场监管现代化的内在要求，需重构市场监管领域的征信体系、评信体系和用信体系，并完善相关配套制度如建立企业信用更正、更新和修复机制；加强信用立法、促进信用法制化；构建以区块链技术为基础的信用监管现代化体系。

　　本书信用分享的研究主要集中在以下方面：一是以产业链上核心企业与互联网中小游戏企业的信用；二是第三方信用评价机构为大型互联网游戏企业和大型投资机构提供信用信息以构建的信用分享关系，以及将合作型互联网中小游戏企业构建的联盟模式作为信用实现的主要模式；三是将互联网中小游戏企业的无形资产与财务指标作为构建信用分享的信息基础。本书通过理论研究认为信用分享的有效性在于降低企业之间的信息不对称，从而实现信用的有效配置与收益共享，进而促进产业协同发展。此外，互联网中小游戏企业的信用分享设计为其他类型的中小企业信用实现提供了借鉴思路，如科技型中小企业的信用实现问题。

第二节　信用甄别机制理论

　　产业组织里政府政策失灵、市场垄断、价格理论、博弈理论等理论基础为新兴文化产业理论的构建基础。对于互联网文化产业信贷供求博弈理论可进行如下分析，互联网中小游戏企业向外部信贷供给方披露高质量信用信息或者低质量信用信息，披露的高质量信用信息获取非专业信贷、披露的高质量信用信息获取专业信贷、披露的低质量信用信息获取专业信贷、披露的低质量信用信息获取非专业信贷。同时,其获取信贷的效益不同:一是披露的高质量信用信息获取非专业信贷阻碍了互联网中小游戏企业存续;二是披露的低质量信用信息获取专业信贷增加了互联网中小游戏企业机会主义收益,如乐视网和暴风影音以欺诈行为获取资本市场支持;三是披露的低质量信用信息获取非专业信贷,因此配置易造成信用体系的暴雷,致使该匹配状态一般不具有可持续性;四是披露的高质量信用信息获取专业信贷,才符合信贷有效配给原则。如何规避信贷错配,实现信贷有效配置,从而建立有效的文化产业市场信用机制?首先,本书考察了互联网中小游戏企业的外部信用制度环境,如政府政策(包括地方政府对文化创意企业的扶持)与资本市场监督管理。其次,也考虑了互联网中小游戏企业的内部信用能力,如技术创新、客户资源、人力资源及数据资源等无形资产。然后,通过设计互联网中小游戏企业信息披露的奖惩机制,增大了有机会主义收益倾向的互联网中小游戏企业的违约成本。

一、信贷供给方信息甄别机制

(一)企业风险识别机制

信用市场供给与需求信息不对称导致中小企业信贷错配,为了解决信贷错配问题,根据斯彭斯(Spence)(1973)的信号传递模型,构建具有不完全信息动态博弈特征的信号传递模型,该模型主要研究劳动力市场上企业如何以人工受教育程度识别生产力水平。黄少安和张帅等(2015)对该模型的拓展至银行信贷风险识别,如应用贝斯特(Bester)(1985)抵押品数量作为分离银行信贷供给的信号甄别机制。互联网中小游戏企业作为本书具体研究的对象,具有轻资产、有形抵押物少、知识密集型和前期高研发投入等特点。针对这类企业,无法以有形抵押物品作为信用识别的信号。因而,有必要结合更加全面的企业信息,包括财务信息和非财务信息进行甄别机制设计。根据互联网中小企业信贷供给对象的重要性分为银行、中小金融机构、第三方担保机构、大型企业并购及其他各类投资机构,其中银行、中小金融机构较为重要,这些统称为重要的贷款供给方。为了研究方便,本书采用财务信息与非财务信息披露的信用信息作为无形抵押品,如互联网中小游戏企业以版权、软件著作权、商标、客户资源和专有技术等无形资产作为抵押物。无形资产抵押品与有形抵押品的区别在于无形资产需要未来变现,而有形抵押品可以及时变现,无形资产未来变现存在不确定性。因而,也有必要结合企业财务信息与非财务指标以识别无形资产的质量,降低无形资产抵押物风险。此时,本书改进了以有形抵押物品数量作为甄别信用风险的指标,替代性地以信息质量作为甄别信用风险的重要指标。如果信用信息质量高，则企业高质量的无形资产可以作为抵押品进行贷款，如果信用信息质量低，则企业低质量的无形资产不可以作为抵押品进行贷款。然后，也可尝试其他如知识产权证券化等为互联网中小企业的融资问题提供解决路径。

（二）无形资产抵押品信息甄别模型

1.信贷供给方风险中性假设模型

构建信贷供给方风险中性假设的信息甄别模型。

假设1：存在完全竞争的抵押贷款市场，经济中存在大量同质的信贷供给方，信贷供给方不存在超额利润。

假设2：信贷供给方属于风险中性者。

假设3：在抵押市场上，贷款利率市场化，不同的信贷供给方可自行设定贷款利率。

假设4：企业可获得足够的抵押品，但该抵押品以无形资产如版权、商标、客户流量等为主要形式。

假设5：融资需求方与信贷供给方基于信息不对称签订契约，信贷供给方无法全面了解企业信息包括信息质量。

假设6：信用信息价值是信用信息的单调增函数。

为了符合假设，本书主要研究以游戏产品生产为主营业务的互联网游戏企业，属于同质企业，但是该类企业的主要财务信息和非财务信息不同。对于企业的风险，可将其定义为投资项目的成功概率，用 ρ 来表示。为了简化分析，该类产业市场中存在两类风险的企业：一是低风险型企业，以 ρ_1 来表示；二是高风险型企业，以 ρ_2 来表示。这些企业中存在一定比例低风险型或者高风险型企业，用 λ 表示低风险型企业的比重，$\lambda = p(\rho = \rho_1) \in (0,1)$。并假设企业投资一项项目，因自有资金限制只能向信贷市场寻求信贷供给方的融资，初始项目投资为 B，若投资成功企业获得净收益为 R；若投资失败企业获得净收益为 $-B$；若企业没有获得信贷支持，则获得净收益为 0。本书无法像 Bester（1985）以抵押品数量作为企业风险类型甄别的信号，但可向信贷供给方提供有价值的信用信息 $s(\theta)$，此类信用信息包括无形资产信用信息（刘小清，2004）。信用信息价值 $s(\theta)$ 经过评估可作为抵押品抵押给信贷供给方，高质量的信用信息具有高价值，因而将以有价值的信用信息作为抵押物。高质量信用信息以 $s(\bar{\theta})$ 表示，低质量信用信息以 $s\left(\underline{\theta}\right)$ 表示，$s(\theta)$ 满足 $0 \leqslant s\left(\underline{\theta}\right) < s\left(\bar{\theta}\right) \leqslant B$，所以本书将信用信息价值作为内生化的甄别信号。信贷供给方只有确定信用信息的质量后，才决定贷款利率，因而贷款利率与 $s(\theta)$ 有关，即 $i(s(\theta))$。一般来说，贷款利率 $i(s(\theta))$ 与 $s(\theta)$ 是反向关系。风险类型为 ρ 的企业提供信息 $s(\theta)$ 所花费的成本由函数 $C(s(\theta), \rho)$ 决定，该函数为二阶连续偏导数，其中，$s(\theta) > 0$，$C(0, \rho) = 0$，相关的一阶偏导与二阶偏导数 $s_\theta(\theta) > 0$，$C_s(s(\theta), \rho) > 0$，$C_{ss}(s(\theta), \rho) > 0$，$C_\rho(s(\theta), \rho) < 0$ 且 $C_{s\rho}(s(\theta), \rho) < 0$，根据之前的理论分析，信用信息的质量 $s(\theta)$ 越大，可越好充当信贷供给方的抵押品。低风险型企业的单位成本和边际成本均越低，则其将提供越高质量的信用信息使该类企业获取更低的贷款利率；高风险型企业提供信用信息的成本较高，其可能不愿意为公开更多的信息而获得更低的贷款利率。因而，本中可将企业信用信息作为甄别不同风险类型企业的重要信号。

$u(i, s(\theta)/\rho)$ 为企业效用函数，该函数表示风险类型为 ρ，企业选择提供信息价值为 $s(\theta)$、贷款利率为 i 且企业接受贷款的效用，$u(i, s(\theta)/\rho)$ 等于企业的期望收益减去公开信息成本，这里的成本多指企业公开信息失去的机会成本。$u(i, s(\theta)/\rho) = E(\rho) - C(s(\theta), \rho)$，其中 $E(\rho) = \rho \cdot (R - B \cdot i) + (1 - \rho) \cdot (-s(\theta))$，如果企业不接受贷款，则企业效用为 0。因信贷市场为相对充分竞争的，信贷供给方无法获取超额利润，且假定信贷供给方为风险中性类型，因而信贷供给方的期望利润为无风险收益，则 $E[\rho \cdot (B \cdot i) + (1 - \rho) \cdot (s(\theta) - B)] = B \cdot i_f$，其中 i_f 是无风险利率。

进一步来说，本书采用博弈树（图 2-3）来描述信贷供给方与融资需求方之间动态博弈过程，随机的自然行动决定该企业属于高风险类型还是低风险类型，企业根据自身的风险类型来提供信用信息 $s(\rho)$，并将其传递给信贷供给方，信贷供给方再依据所观测到信用信息确定贷款利率 $i(s)$，最后，企业决定是否接受信贷供给。

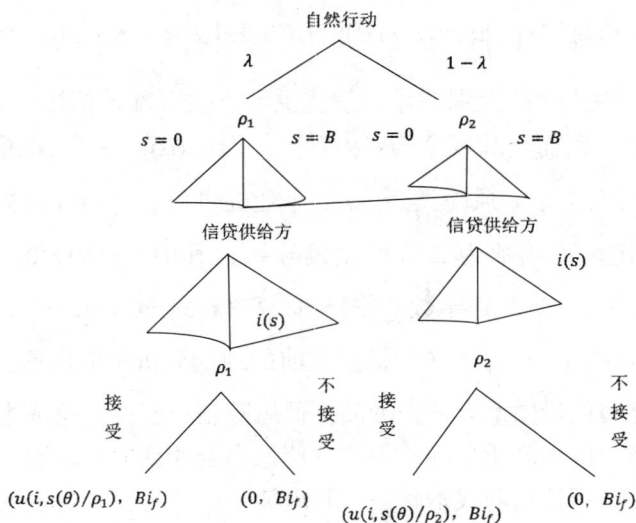

图 2-3 博弈树

上述博弈树过程显示企业的策略为（$s(\rho)$，接受贷款）及（$s(\rho)$，不接受贷款）；信贷供给方的策略为 $i(s)$。本书将使用精炼的贝叶斯纳什均衡（BNE），该概念简单表述为一个策略组合和一个信念函数 $\mu(\rho/s) \in [0,1]$，并满足三个条件：一是给定信贷供给方信贷利率 $i^*(s/\rho)$，企业的策略是最优化的选择；二是 $\mu(\rho/s)$ 是通过贝叶斯法则从企业的策略中推导而来的；三是给定 $s(\theta)$ ¡¢ $\mu(\rho/s)$ 信贷利率均是纳什均衡下的利率。

推导最优化的信贷利率 $i^*(s(\theta))$，以信贷供给方的期望效用函数表示其利润水平，并给定一个信念水平 $\mu(\rho/s(\theta))$，其表示信贷供给方甄别融资需求方信息质量为 $s(\theta)$ 时，该企业风险被认定为 ρ 的概率。则

$\mu(\rho_1/s(\theta)) \cdot [\rho_1 \cdot (B \cdot i(s(\theta))) + (1-\rho_1) \cdot (s(\theta)-B)] + \mu(\rho_2/s(\theta)) = 1$，所以信贷供给方的期望利润为

$$E[\rho \cdot (B \cdot i) + (1-\rho) \cdot$$
$$(s(\theta)-B)] = \mu(\rho_1/s) \cdot \left[\rho_1 \cdot (B \cdot i(s(\theta))) + (1-\rho_1) \cdot (s(\theta)-B)\right] + \quad (2-1)$$
$$\mu(\rho_2/s) \cdot \left[\rho_2 \cdot (B \cdot i(s(\theta))) + (1-\rho_2) \cdot (s(\theta)-B)\right]$$

为了保障信贷供给方的最低利润，其期望利润为该信贷供给方的无风险收益，则

$$\mu\left(\rho_1 / s(\theta)\right) \cdot \left[\rho_1 \cdot \left(B \cdot i\left(s(\theta)\right)\right) + \left(1 - \rho_1\right) \cdot \left(s(\theta) - B\right)\right] + \mu\left(\rho_2 / s(\theta)\right) \cdot$$
$$\left[\rho_2 \cdot \left(B \cdot i\left(s(\theta)\right)\right) + \left(1 - \rho_2\right) \cdot \left(s(\theta) - B\right)\right] = B \cdot i_f \qquad (2\text{-}2)$$

通过整理上述相关等式可得

$$i^*\left(s(\theta)\right) = \frac{i_f}{\mu\left(\rho_1 / s(\theta)\right) \cdot \rho_1 + \mu\left(\rho_2 / s(\theta)\right) \cdot \rho_2} \qquad (2\text{-}3)$$

图 2-4 为信贷供给方的最优策略函数（$i^*\left(s(\theta)\right)$，$s(\theta)$），一般先研究企业即融资需求方的组合偏好（$s(\theta)$，$i\left(s(\theta)\right)$），两种风险类型企业的无差异曲线如图 2-5 所示。

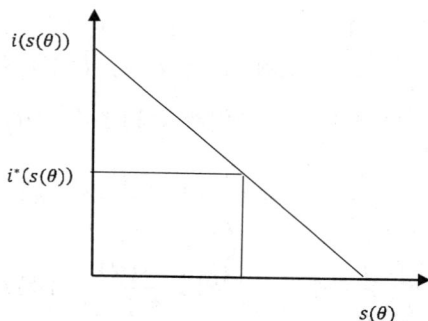

图 2-4　信贷供给方的最优策略函数

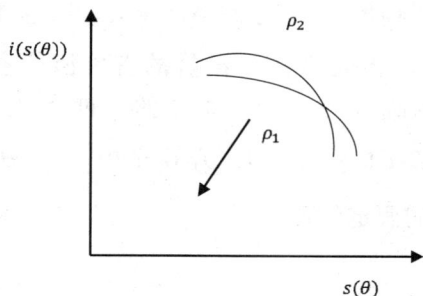

图 2-5　两种风险类型企业的无差异曲线 [①]

①　图 2-5 中的 ρ_1 表示低风险企业的无差异曲线；ρ_2 表示高风险型企业的无差异曲线；箭头所指方向为效用水平增加的方向。

从图 2-5 可以看出，在两种风险类型企业的无差异曲线中，风险低型企业无差异曲线斜率较小，无差异曲线位置位于左下方，其代表效用水平高。然后，本书再研究可能出现两种不同的均衡状态，一种是分离均衡状态，该状态表明两种不同风险类型的企业选择不同的信用信息披露质量。第二种为混合均衡状态，该状态表明两种风险类型的企业选择相同的信用信息披露质量。

在第一种分离状态中，$s(\rho_1) \neq s(\rho_2)$，为了使研究对象更具有实际意义，要保证 $s(\rho_1) > s(\rho_2)$。进而可以为信念函数 $\mu(\rho/s(\theta))$ 赋值：

$$\mu(\rho_1/s(\theta)) = \begin{cases} 1, s(\theta) = s(\rho_1) \\ 0, s(\theta) = s(\rho_2) \\ 0, s(\theta) \neq s(\rho_1) \bigcup s(\theta) \neq s(\rho_2) \end{cases} \quad (2-4)$$

$$\mu(\rho_2/s(\theta)) = \begin{cases} 0, s(\theta) = s(\rho_1) \\ 1, s(\theta) = s(\rho_2) \\ 1, s(\theta) \neq s(\rho_1) \bigcup s(\theta) \neq s(\rho_2) \end{cases} \quad (2-5)$$

因而，可以确定信贷供给方的最优决策利率 $i^*(s(\theta))$ 如下：

$$i^*(s(\theta)) = \begin{cases} \dfrac{i_f}{\rho_1} + \left(\dfrac{1}{\rho_1} - 1\right) \times \left(1 - \dfrac{s(\theta)}{B}\right), s(\theta) = s(\rho_1) \\ \dfrac{i_f}{\rho_2} + \left(\dfrac{1}{\rho_2} - 1\right) \times \left(1 - \dfrac{s(\theta)}{B}\right), s(\theta) = s(\rho_2) \\ \dfrac{i_f}{\rho_2} + \left(\dfrac{1}{\rho_2} - 1\right) \times \left(1 - \dfrac{s(\theta)}{B}\right), s(\theta) \neq s(\rho_1) \bigcup s(\theta) \neq s(\rho_2) \end{cases} \quad (2-6)$$

将（2-6）式三种情形绘制到 $s(\theta) - i(s(\theta))$ 坐标系中，如图 2-6 所示。应先确定融资需求方是否接受信贷的有价值信息披露临界点，该临界点为企业效用为 0 的临界点，即图 2-7 的中曲线 4。该无差异曲线满足：$u(i, s(\theta)/\rho) = \rho \cdot (R - B \cdot i^*(s(\theta))) + (1-\rho) \cdot (-s(\theta)) - C(s(\theta), \rho) = 0$，该无差异曲线的位置也只是初步的假定位置。

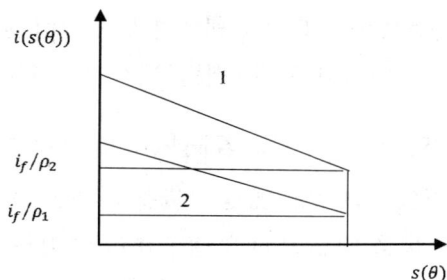

图 2-6 贷款供给方最优决策函数[1]

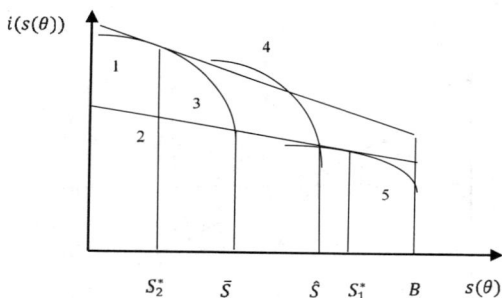

图 2-7 两种风险型企业的分离均衡状态[2]

假定 $s(\rho_1) = S_1^* > \hat{S} > \bar{S}$，$s(\rho_2) = S_2^*$，若高风险型企业无差异曲线图 2-7 中的曲线 4，高风险型企业将披露真实有价值的信息 S_2^*，以获取较高的效用水平。低风险型企业也会真实披露有价值的信息 S_1^*，以获取较高的效用水平。因高风险型企业选择不接受信贷，其效用水平为 0，如果高风险型企业伪装成低风险型企业并进行价值信息披露 S_1^*，则其获取的效用水平小于 0。因而，高风险型企业将披露真实有价值的信息，低风险型也是如此，两者出现了分离均衡。

---

[1] 图 2-6 中，线 1 表示企业向信贷供给方提供信息 $s(\theta) = s(\rho_1)$ 时，信贷供给方的最优决策函数；线 2 表示企业向信贷供给方提供信息 $s(\theta) = s(\rho_1)$ 或 $s(\theta) \neq s(\rho_1) \cup s(\theta) \neq s(\rho_2)$ 时，信贷供给方的最优决策函数。

[2] 图 2-7 中，线 1、2 同前一图；曲线 3 表示高风险型企业获取信用贷款时可实现的最大效用水平；曲线 4 表示高风险型企业效用水平为 0 的无差异曲线；曲线 5 表示低风险企业获得信用贷款时能够实现的最大效用水平。S_2^* 为曲线 3 和直线 1 的切点横坐标；$\bar{S}$ 为直线 2 与曲线 3 的交点横坐标；$\hat{S}$ 为直线 2 与曲线 4 的交点横坐标；S_1^* 为直线 2 与曲线 5 的切点横坐标。

进一步来看，假设信贷市场的信贷利率并非完全市场化，政府会对每种类型的信贷供给方规定一个贷款利率的上限。当存在一个信贷利率上限$\hat{i}$后，继续假设$s(\rho_1) = S_1^* > \hat{S} > \bar{S}$，$s(\rho_2) = S_2^*$，若高风险型企业表现真实信息价值时，即披露真实的信息价值S_2^*，在政府规定的贷款利率上限水平下，无法发生信用的供求匹配行为。高风险型企业将评估不接受信用贷款与隐藏真实信息价值；若高风险型企业选择隐藏真实信息，伪装成低风险型企业S_1^*将获取比 0 还小的效用水平，出于理性考虑，高风险型企业将不接受任何信用贷款。而此时的低风险型企业将继续披露真实价值信息S_1^*，从而使两者出现分离均衡（见图 2-8）。

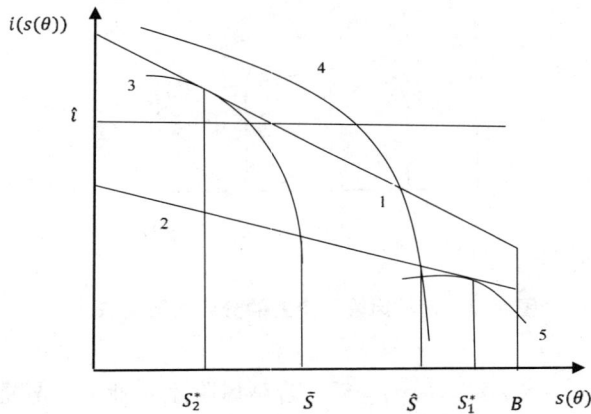

图 2-8　两种风险类型企业分离均衡

但是，如果假定$s(\rho_1) = S_1^* < \hat{S}$，$s(\rho_2) = S_2^*$，则高风险在评估不接受信用贷款与伪装成低风险类型企业的效用时，将发现伪装成低风险型企业的效用水平大于 0。即高风险认为伪装成低风险型企业并按照低风险型企业披露信息有利可图，选择披露S_1^*，而低风险型企业将继续披露S_1^*。如此，两种风险类型的企业便披露相同的有价值的信息，分离均衡将消失（见图 2-9）。

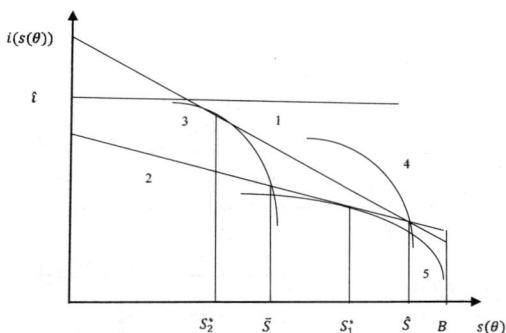

图 2-9　两种风险类型企业分离均衡消失情形

　　然后，本章将继续探讨混同均衡的情形，即两种风险类型企业都选择披露信息 $s(\rho_1) = s(\rho_2) = s^*$。依据完美贝叶斯纳什均衡，贷款供给方的信念函数将从均衡策略中获取，信贷供给方根据可观察到信息 s^* 对融资需求方给予不同风险类型的概率判断，如认为企业风险类型为 ρ_1 的概率为 λ。因而，可对信贷供给方的信念函数赋值：

$$\mu\left(\rho_1 / s(\theta)\right) = \begin{cases} \lambda, & s(\theta) = s^* \\ 0, & s(\theta) \neq s^* \end{cases} \tag{2-7}$$

$$\mu\left(\rho_1 / s(\theta)\right) = \begin{cases} 1-\lambda, & s(\theta) = s^* \\ 1, & s(\theta) \neq s^* \end{cases} \tag{2-8}$$

进而可得到信贷供给方的最优策略 $i^*\left(s(\theta)\right)$：

$$i^*\left(s(\theta)\right) = \begin{cases} \dfrac{i_f}{\lambda\rho_1 + (1-\lambda)\rho_2} + \left(\dfrac{1}{\lambda\rho_1 + (1-\lambda)\rho_2} - 1\right) \times \left(1 - \dfrac{s(\theta)}{B}\right), & s(\theta) = s^* \\ \dfrac{i_f}{\rho_2} + \left(\dfrac{1}{\rho_2} - 1\right) \times \left(1 - \dfrac{s(\theta)}{B}\right), & s(\theta) \neq s^* \end{cases} \tag{2-9}$$

　　将式（2-9）绘制在 $s(\theta) - i(s(\theta))$ 坐标系中（见图 2-10）。假设 $s^* = S_1^*$，$S_1^* < \bar{S}$，此时高风险型企业选择 $s^* = S_1^*$ 时的效用水平将高于不选择 s^* 最大的效用水平，所以高风险型企业将选择 s^*。低风险型企业也将继续选择披露 s^*，如此两者便出现了混同均衡（见图 2-11）。

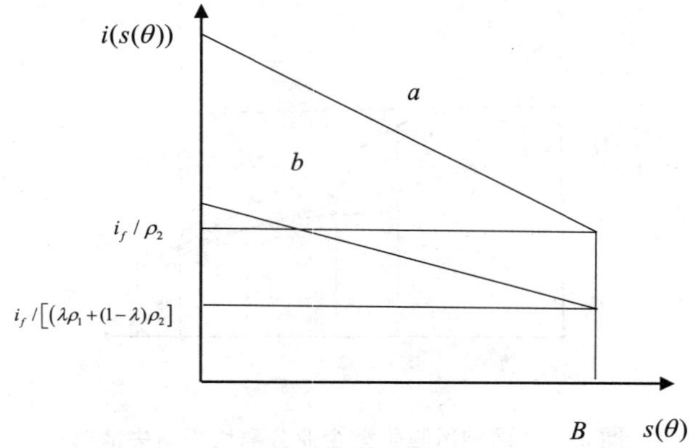

图 2-10　信贷供给方的最优策略函数 [1]

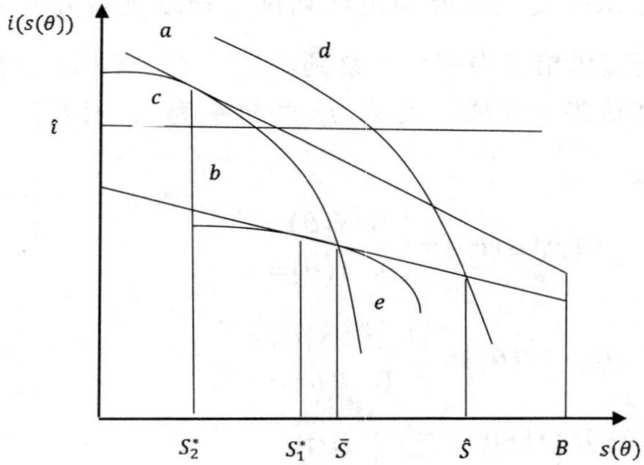

图 2-11　两种风险类型的混同均衡 [2]

2.信贷供给方风险厌恶模型

现实中，信贷供给方一般是风险厌恶型。风险厌恶型的信贷提供方要求对其期望利润加上一个风险升水，即 $E[\rho \cdot (B \cdot i) + (1-\rho) \cdot (s(\theta) - B)] = B \cdot i_f + P(s(\theta))$

---

[1]　图 2-10 中线 a 表示企业披露的信用信息为 $s(\theta) = s^*(\theta)$ 时，信贷供给方的最优策略反应函数；线 b 表示企业披露的信用信息 $s(\theta) \neq s^*(\theta)$ 时，信贷供给方的最优策略反应函数。

[2]　图 2-11 中线 a、b 同前一图；曲线 c 为高风险型企业获取信贷可实现的最大效用水平；曲线 d 为高风险型企业效用水平等于 0 的无差异曲线；曲线 e 为低风险型企业获取信贷后可实现的最大效用水平；S_2^* 为直线 a 与曲线 c 的切点横坐标；S_1^* 为直线 b 与曲线 e 的切点横坐标；$\bar{S}$ 为直线 b 与曲线 c 交点的横坐标；$\hat{S}$ 为直线 b 与曲线 d 的交点横坐标。

，$P(s(\theta))$表示厌恶风险的信贷供给方对风险要求的升水。假设$P(s(\theta))$满足$s(\theta)>0$，$P(B)=0$，相关偏导数$s_\theta(\theta)>0$，$P_s(s)<0$，$P_{ss}(s)<0$，则基于风险厌恶型引入信念函数的信贷供给方的最优决策$i^*\left(s(\theta)\right)$为

$$i^*\left(s(\theta)\right)=\frac{i_f}{\mu\left(\rho_1/s(\theta)\right)\cdot\rho_1+\mu\left(\rho_2/s(\theta)\right)\cdot\rho_2}+$$
$$\left(\frac{1}{\mu\left(\rho_1/s(\theta)\right)\cdot\rho_1+\mu\left(\rho_2/s(\theta)\right)\cdot\rho_2}-1\right)\times \qquad (2-10)$$
$$\left(1-\frac{s(\theta)}{B}\right)+\frac{P(s(\theta))}{[\mu\left(\rho_1/s(\theta)\right)\cdot\rho_1+\mu\left(\rho_2/s(\theta)\right)\cdot\rho_2]B}$$

信贷供给方风险厌恶下最优决策对应的曲线如图2-12所示。

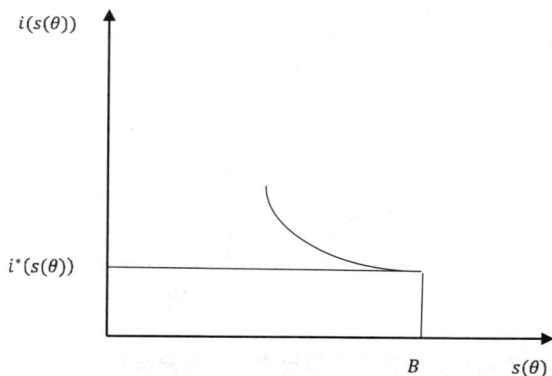

图 2-12　信贷供给方风险厌恶下最优决策

假设信贷供给方风险厌恶下信念函数赋值为

$$\mu\left(\rho_1/s(\theta)\right)=\begin{cases}1,s(\theta)=s(\rho_1)\\0,s(\theta)=s(\rho_2)\\0,s(\theta)\neq s(\rho_1)\bigcup s(\theta)\neq s(\rho_2)\end{cases} \qquad (2-11)$$

$$\mu\left(\rho_2/s(\theta)\right)=\begin{cases}0,s(\theta)=s(\rho_1)\\1,s(\theta)=s(\rho_2)\\1,s(\theta)\neq s(\rho_1)\bigcup s(\theta)\neq s(\rho_2)\end{cases} \qquad (2-12)$$

因而，可以推导出信贷供给方的最优策略$i^*\left(s(\theta)\right)$：

$$i^*\left(s(\theta)\right)=\begin{cases}\dfrac{i_f}{\rho_1}+\left(\dfrac{1}{\rho_1}-1\right)\times\left(1-\dfrac{s(\theta)}{B}\right)+\dfrac{P(s(\theta))}{\rho_1 B},\ s(\theta)=s(\rho_1)\\[4mm]\dfrac{i_f}{\rho_2}+\left(\dfrac{1}{\rho_2}-1\right)\times\left(1-\dfrac{s(\theta)}{B}\right)+\dfrac{P(s(\theta))}{\rho_2 B},\ s(\theta)=s(\rho_2)\\[4mm]\dfrac{i_f}{\rho_2}+\left(\dfrac{1}{\rho_2}-1\right)\times\left(1-\dfrac{s(\theta)}{B}\right)+\dfrac{P(s(\theta))}{\rho_2 B},\ s(\theta)\neq s(\rho_1)\cup s(\theta)\neq s(\rho_2)\end{cases}$$

$$(2-13)$$

信念函数赋值下信贷供给方最优策略函数对应的曲线如图 2-13 所示，两种信用风险下分离均衡对比对应的曲线如图 2-14 所示。

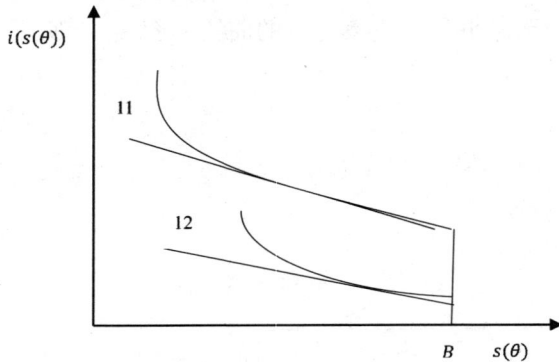

图 2-13　信念函数赋值下信贷供给方最优策略函数[1]

---

[1]　图 2-13 中，曲线 11 表示企业向信贷供给方提供信息 $s(\theta)=s(\rho_1)$ 时，信贷供给方的最优决策反应函数；曲线 12 表示企业向信贷供给方提供信息 $s(\theta)=s(\rho_1)$ 或 $s(\theta)\neq s(\rho_1)\cup s(\theta)\neq s(\rho_2)$ 时，信贷供给方的最优决策反应函数。虚线为前图 1、2。

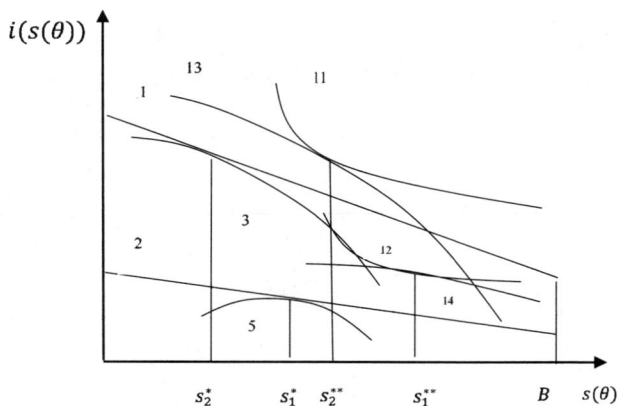

图 2-14 两种信用风险下分离均衡对比 [①]

根据图 2-13，可判断在风险厌恶型与风险中性型两者之间，高风险型融资需求方——企业，在信贷供给方风险厌恶型下，更愿意选择不接受信用贷款。此时，高风险型企业能够实现最大的效用水平要小于信贷供给方风险中性下企业实现的最大效用水平。即信贷供给方风险厌恶使融资需求方——企业更容易选择不贷款。这表明贷款供给方的风险厌恶程度越高，更容易分离出两种不同风险类型的企业，从而实现两者的分离均衡。

二、融资需求方信号传递机制

（一）机制设计

融资需求方信号博弈主体包括融资需求方互联网中小游戏企业与信贷供给方，融资需求方向信贷供给方反馈其经营能力 q 的信用信息为 θ。信贷供给方接受该信用信息的信号，并根据先验知识对融资需求方的经营能力形成预期 $E(q)$，进而选择一部分互联网中小游戏企业进行信贷支持。然后，融资需求方根据信贷供给方反馈的信息，按照信贷市场的利率价格和信贷成本决定下一期的信号释放。两者博弈的具体过程如图 2-15 所示：

---

① 图 2-14 中 1、2、3、5 如前图，曲线 11、12 如前一图 11、12；曲线 13 表示高风险型企业获取信贷后可实现的最大效用水平；曲线 14 为低风险型企业获取信贷后可实现的最大效用水平。S_2^*、S_1^* 同前文；s_2^{**} 为曲线 11 与曲线 13 的切点横坐标；s_1^{**} 为曲线 12 与曲线 14 的切点横坐标。

企业经营能力q	企业向贷款供给方显示经营能力的信用信息s	信贷供给方甄别信号并预期融资需求方的经营能力E(q)	企业根据信贷市场反馈调整经营能力及信号释放
T=1	T=2	T=3	T=4

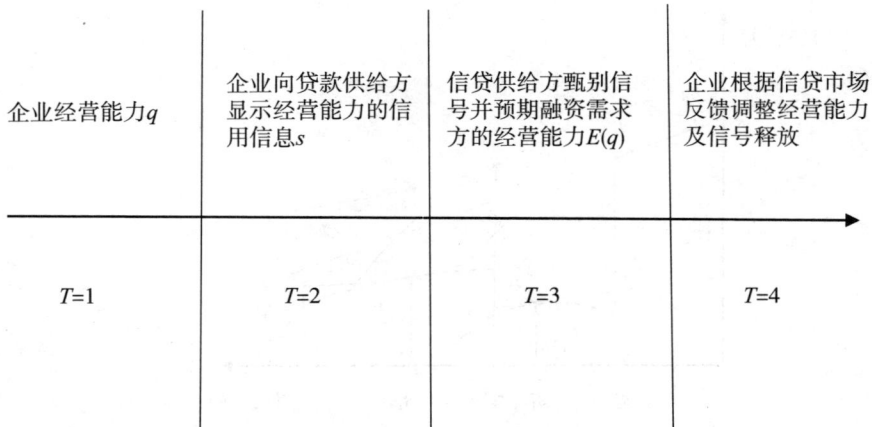

图 2-15 信号传递博弈过程

企业内部经营信息属于企业私有信息，企业可向外界如信贷供给方提供反映企业经营能力的信息，但是信息对于以互联网为主要经营模式的企业来说具有一定的成本，其中包括机会成本。该成本函数$c(q,\theta)$是关于q和θ的函数，并满足$\dfrac{\partial C_h}{\partial \theta} < \dfrac{\partial C_l}{\partial \theta}$，$h$表示高质量融资需求方，$l$代表低质量融资需求方，其不等式意味着高质量融资需求方的信息披露成本较低，且满足单交点分离条件。

如果经营类型为连续分布，则其单交点条件为$\dfrac{\partial^2 C(q,\theta)}{\partial q \partial \theta} < 0$，$c(q,\theta)$是关于$\theta$凸向原点单调递增且关于$q$的单调递减函数，如此可保证信息质量高的企业信息披露成本较低。首先，贷款供给方无法判断整个企业的经营能力，信贷供给方针对企业所在的行业信息分布具有一个先验的函数$f(q)$。信贷供给方根据融资需求方提供的信息来推测融资需求方的风险概率为$\mu(q/\theta)$，然后，信贷供给方依据期望$E(q)$来选择企业进行信用供给。企业进行信息披露的期望收益减去信息披露的成本要大于混合策略企业，这里的混合策略是指企业不向信贷供给方提供信息或者隐藏真实的企业经营信息，而信贷供给方只能依据该类企业所在行业的信息进行判断。信贷供给方依据混合策略对该类企业的期望收益为$\bar{\pi}$，则

$$E(q) - c(q,\theta) > \bar{\pi} \tag{2-14}$$

假设企业信息披露的成本$c(q,\theta) = m\dfrac{\theta}{q}$，$m$为大于 0 的常数，且$q > 0$，则

融资需求方的期望收益 $E(q) = q\mu(q/\theta)$，则融资需求方的期望利润：

$$\pi = E(q) - c(q,\theta) = q\mu(q/\theta) - m\frac{\theta}{q} \qquad (2-15)$$

则可推导出融资需求方分离均衡的条件：

$$\frac{\partial^2 C(q,\theta)}{\partial q \partial \theta} = -\frac{2m}{q^2} < 0 \qquad (2-16)$$

信贷供给方对信用信息 θ 形成一个预期函数 $q^{\wedge}(\theta)$，以表示信贷供给方对信用信息选择意愿 $E(q) = q^{\wedge}(\theta)$，所以融资需求方的期望利润：$\pi = q^{\wedge}(\theta) - m\frac{\theta}{q}$。使融资需求方企业利润最大化的一阶导数：

$$\frac{\partial \pi}{\partial \theta} = \frac{\partial q^{\wedge}(\theta)}{\partial \theta} - \frac{m}{q} = 0 \qquad (2-17)$$

在均衡状态下，融资需求方选择披露有价值的信用信息 θ，融资需求方能够从信用信息 θ 来判断企业经营能力状况 q，而信贷供给方的信念与行为又较为一致，所以 $\hat{q}(\theta(q)) = q$，则对其 θ 求导得 $\frac{\partial q^{\wedge}(\theta)}{\partial \theta} = (\frac{\partial \theta}{\partial q})^{-1}$。将其代入上式可得融资需求方信息披露的分离均衡战略：

$$\theta^* = \frac{q^2}{2m} + C \quad (C \text{为常数}) \qquad (2-18)$$

由式 2-18 可得，$q^* = \sqrt{2m(\theta - c)}$。

高质量企业为实现均衡分离而选择最低信用信息披露边界为 $q^* - c(q,\theta) = \bar{\pi}$，$q^*$ 为均衡条件下，企业选择的经营能力披露。$\bar{\pi} = E(q/q \leqslant q^*)$ 为信贷供给方对能力小于 q^* 的期望收益，因而其边界条件如下：

$$q^* - c(q,\theta) = E(q/q \leqslant q^*) = \frac{\int_0^{q^*} qf(q)\mathrm{d}q}{F(q^*)} \qquad (2-19)$$

将式代入上式可知：

$$q^* - m\frac{\theta}{q^*} = \frac{\int_0^{\sqrt{2m(\theta-c)}} q\frac{q}{\lambda}\mathrm{d}q}{\int_0^{\sqrt{2m(\theta-c)}} \frac{q}{\lambda}\mathrm{d}q} \qquad (2-20)$$

解得：$C = -\frac{1}{2}\theta$。将该方程的解代入前式得 $\theta^* = \frac{q^2}{3m}$。

该贝叶斯分离均衡中信贷供给方后验概率为$\mu\left(q^*/\theta\right)=1$，$\mu\left(q\neq q^*/\theta\right)=0$。该式意味着融资需求方信息披露为$q^*$，信贷供给方认为该企业为高质量型企业的概率为1，如果信息披露未达到q^*，则信贷供给方认为该企业存在不同程度的信用风险。

为保证企业经营有效q，需要披露的信用信息为$\dfrac{q^2}{3m}$。因而，可以得出越要想保持企业经营能力有效，越需要多披露企业的信用信息。信贷供给方通过企业披露的信用信息来判断企业经营能力，进而为了控制信贷风险，对其提供一定额度的信贷。

结论：当高风险型企业与低风险型企业分离，且满足信贷供给方信用供给时，企业披露的信用信息越多及低风险型企业披露的信用信息不易模仿，信用市场的匹配才越能均衡。

如果市场中存在大量的高风险型企业，则披露信息的机会成本都太高，企业无法获取利润。信贷供给方也无法通过企业披露的价值信息对其经营能力进行判断，信贷供给方只能根据市场上行业平均的信息价值进行判断，则市场将产生逆向选择问题，出现"柠檬市场"，市场上的企业经营将提供低质低价的产品和服务。政府强制互联网游戏中小游戏企业披露经营信息在于规范市场服务与产品，引导互联网游戏产业经营规范与健康发展。

推论：如果所有的企业都不能披露足够的有价值信息s^*，则市场不能区别高风险与低风险信用的企业，进而无法促进市场良性发展。

（二）信用信息披露收益

在信贷完全竞争市场上，信贷供给方能够了解企业信用能力信息，所以企业不会主动披露体现其信用能力的相关信息，主动披露相关信息会增加企业经营成本，对社会来说是一种效率损失。但是，现实市场中信贷市场发展的不充分导致信息不对称，融资需求方也不会主动披露信息以获取外部信贷，融资需求方会先斟酌信息披露的价值，再适当披露以获取对自身有利的外部信贷资金。假设企业经营能力的函数为$q(a,\theta)$，a是企业不向外披露的有价值的信息，这部分信息可由企业自主控制，其能够反映企业控制信用的能力，θ是企业向外披露且能够被信贷供给方获取的信息。均衡状态下：

$$\hat{q}(s)=q(a,\theta) \tag{2-21}$$

企业经营能力也是a的增函数，所以$\dfrac{\partial q}{\partial \theta}>0$，根据上式构造$a$的函数：

$a = A(\hat{q}, q)$，则 $\hat{q}(\theta) = q(A, \theta)$。然后对其微分可得

$$\frac{\mathrm{d}\hat{q}}{\mathrm{d}\theta} = \frac{\mathrm{d}q}{\mathrm{d}\theta} + \frac{\mathrm{d}q}{\mathrm{d}A}\frac{\mathrm{d}A}{\mathrm{d}\theta} \qquad (2-22)$$

$\frac{\mathrm{d}q}{\mathrm{d}A} > 0$ 意味着企业经营能力是其信用能力控制的增函数，$\frac{\mathrm{d}A}{\mathrm{d}\theta} > 0$ 意味着向外披露有价值的信息越多，被纳入企业可控制的信用能力也就越大。所以 $\frac{\mathrm{d}\hat{q}}{\mathrm{d}\theta} > \frac{\mathrm{d}q}{\mathrm{d}\theta}$，说明在均衡时，融资需求方能够控制自有信用能力。企业向外部信贷供给方披露信息获得期望收益大于已披露信息的收益，此种情形下，企业向外界披露有价值信息有一定的好处。另外，也说明能够自主控制部分信用能力的企业属于低风险的融资需求方，披露有价值的信息可获得增加其可持续经营能力的信用能力。

假设缺少控制能力的高风险企业，即 $A = 0$ 或者 $A < 0$，$A = 0$ 表明没有自有控制的信用能力，$A < 0$ 表明企业拥有被动信用能力，如企业存在大量的关联交易及应收账款坏账等，则 A 越大，企业的经营能力越差，越存在经营风险，即 $\frac{\mathrm{d}q}{\mathrm{d}A} < 0$。此状态下的企业无法向外部提供有价值的信息，即使伪装成低风险类型企业向外部提供有价值的信息越多，获取的外部信贷越多，即 $\frac{\mathrm{d}A}{\mathrm{d}\theta} > 0$，但是综合两项乘积发现 $\frac{\mathrm{d}q}{\mathrm{d}A}\frac{\mathrm{d}A}{\mathrm{d}\theta} < 0$，意味着 $\frac{\mathrm{d}\hat{q}}{\mathrm{d}\theta} < \frac{\mathrm{d}q}{\mathrm{d}\theta}$，此时企业向信贷供给方提供信息披露获取的期望收益小于已披露收益，即该类企业存在隐藏真实经营能力，向外部信贷供给方提供信息以获取外部信贷的能力。然而，此时企业获得的外部信贷并未增加其经营能力，只增加了其信用能力。同时，增加了企业未来的经营风险。然而，处于信息优势的融资需求方不可能将不可观察的信息主动传递给处于信息劣势的贷款供给方，需贷款供给者主动建立信用甄别机制。

本章小结

为了解决互联网中小游戏企业信用实现问题，本章梳理了信用的相关研究，认为信用属于一种社会关系，并且这种社会关系被嵌入商品经济交易活动中。信用与生产力水平高度相关，随着生产力水平的提升，人们积累的财富越来越

多，使自身具备以物易物、以货易物及以物抵押的能力，该种能力可以维持个人正常的借贷关系，从而解决个人短期或者长期的交易不可持续问题。这种能力也被称为信用能力。同时，财富的增加与信用的规范化扩大了信用的应用范围，并使信用成为整个社会的产物。此外，信用的实现与信用结构有关，信用结构主要包括商业信用、银行信用和证券信用三个部分，每个部分在企业不同的发展阶段起到不同的关键性作用，因而信用结构决定了不同规模与不同发展阶段企业的信用差异。不同企业信用差异的根本原因为信用能力或者信用风险水平的差异，所以在信用实现之前应对企业的信用风险进行甄别。

在商品经济中，本书将信用的研究聚焦于企业层面，并将企业信用实现的逻辑分为信用信息的识别、信用的甄别、信用实现及信用实现的主要途径——信用分享机制设计。同时，本书对融资需求方与信贷供给方进行了相关的区分，融资需求方主要为互联网中小游戏企业，信贷供给方主要分为自我增信的融资需求方、直接的信贷供给方如大型互联网游戏企业、投资并购机构和政府补助等、间接的信贷供给方。本书研究的信贷供给方主要集中于直接的信贷供给方、间接的信贷供给方，其中间接的信贷供给方为得到第三方信用评级机构对融资需求方信用甄别后信用信息的信贷供给方。融资需求方自我增信是指企业通过研发创新提升产品或者服务质量等途径增加企业内在信用能力，在涉及本书的互联网中小游戏企业自我增信方面，互联网中小游戏企业通过提升游戏研发创新能力、增加游戏原创内容的创新开发及重构游戏产业链的文化 IP 内容生产体系等途径增强其内在信用能力。直接的信贷供给方主要涉及"大型游戏研发商＋中小游戏企业"资源对接模式、"大型企业＋中小型游戏企业"信用分享模式、投资机构的并购及政府补助等。第三方信用评级机构属于间接的信贷供给方，本书将该第三方信用评级机构纳入大数据信用共享平台体系建设规划中。

信息是信用甄别和信用实现的基础，有必要将信用信息引入本书的研究中，国内外对信用信息的定义尚未明确，但是对其进行了明确的分类。该分类包括科学技术信用信息、市场信用信息、生产信用信息、外部宏观信用信息。信用信息既有物质资产又有无形资产的特征，该特征还具有共享性、高附加值、高风险和强时效性的特殊性。因而，信用信息的特殊性决定了信用信息具有不同层次的质量。

为了明确本书研究的理论基础，本章区分了信息甄别、信号传递、信用甄别和信用实现的相关表述，并认为信用甄别更多是指通过一定的技术手段认知企业信用的过程。信用甄别后的最终目的是信用实现，因而从资本与财富的角度对不同信用主体的信用实现内涵进行了有区分度的阐述，甚至将信用结构分为商业信用、银行信用与证券信用，并认为该信用结构为企业信用差异的前提的来源。同时，在正视互联网中小游戏企业与大型互联网游戏企业的信用差异下，认为互联网中小游戏企业可通过构建起信用分享型的信用关系实现融资。信用分享在共享经济时代具有重要的意义与功能，其不仅能促进经济结构调整，还能促进经济高质量发展。目前，学术研究成果显示信用分享机制已经成为中小企业信用困境解决的主要方式。但是，信用分享还面临政府信用配置不科学、区块链技术应用实施及信用监管问题。

本书主要研究的理论基础包括信贷供给方信息甄别机制、融资需求方的信号传递机制，其中信贷供给方可通过主动式建立起信用的甄别机制，也可通过与第三方信用评价机构合作获取企业的信用评价报告与信用评价得分。主动式信用甄别机制为信贷供给方以企业的版权、商标和客户流量等无形资产作为抵押品，并甄别企业信用信息的质量，然后将信贷供给方区分为风险中性和风险厌恶两种类型。在信贷供给方风险中性情形下，以博弈树、期望效用函数、贝叶斯纳什均衡、信念函数等方法研究了融资需求方与信贷供给方的混同均衡、分离均衡下的最优策略选择。在信贷利率市场化与分离均衡下，高风险型企业与低风险型企业均选择披露有价值的真实信用信息。在政府对信贷市场的规制利率水平下，对高风险型企业选择披露与不披露信息的效用水平，以及低风险型企业选择披露与不披露信息的效用水平进行比较，则出现分离均衡和混同均衡的不同状态。在信贷供给方信用风险厌恶情形下，高风险型企业更不愿意选择接受信贷的供给，进而与低风险型企业呈现分离均衡的状态。

融资需求方信号传递机制是从融资需求方的角度分析信贷供给方对其显示经营能力的信用信息的甄别过程。并得出结论：当高风险型企业与低风险型企业分离，且满足信贷供给方信用供给时，企业披露的信用信息越多及低风险型企业披露的信用信息不易模仿，信用市场的匹配才能均衡。当企业隐藏真实的经营能力，向外部信贷供给方提供信息以获取外部的信用能力时，虽增加了企业的信用能力，但也增加了企业未来潜在经营风险。而且，处于信息优势的融资需求方不可能将不可观察的信息主动传递给处于信息劣势的贷款供给方，贷款供给方需主动建立信用的甄别机制。

但是，现实中信用相关主体的信用行为发生并非完美地符合研究理论假设与结论，如银行未必完全从自身风险厌恶程度提供信贷，而是对一些大型企业或者具有国有背景的企业，不计风险代价地进行信贷配给。乐视网破产和永城煤电债券违约就是事实案例。因而，该章的理论模型相对比较理想化，可为现实信用匹配混沌状态的解决提供一种相对理想化的解决方案。

第三章　互联网中小游戏企业信用实现的现状

互联网中小游戏企业作为游戏产业的重要市场主体，也是文化产业的重要组成部分。因而，有关文化产业发展的融资模式也适合互联网游戏产业。但是，传统的信用路径均存在不同程度的限制，这些限制与技术进步、信用评价制度、知识产权证券化发展不足有关。本章以联众网络游戏企业作为案例，研究其初创、成长、壮大、衰落的过程中相关的信用变化，这个过程中既存在与技术进步有关创业机遇，也存在信用评价制度不足导致发展瓶颈的问题。

第一节　信用实现路径简述

一、政府资本引导示范产业基金融资

陈孝明和田丰（2013）提出了以产业投资基金投资契合文化产业高风险、高收益特征为理念，以产业投资基金投资契合文化企业中小规模为方向，以产业投资基金契合文化产业知识型无形资产富集的资产结构为组建模式和以产业投资基金专家型管理方式弥补金融配套服务不足的文化产业基金模式。文化产业基金运作流程如图 3-1 所示。从图中可以看出，文化产业基金运作模式存在创业阶段、发展阶段和成熟阶段，创业阶段中的政府资本、银行保险资本、文化产业资本和其他产业资本等互相组合成立文化产业投资公司，对项目进行筛选、评估并投资。文化产业基金投资项目在运营过程中需要相关部门的监管，最后于成熟阶段可实现各类资本增值。

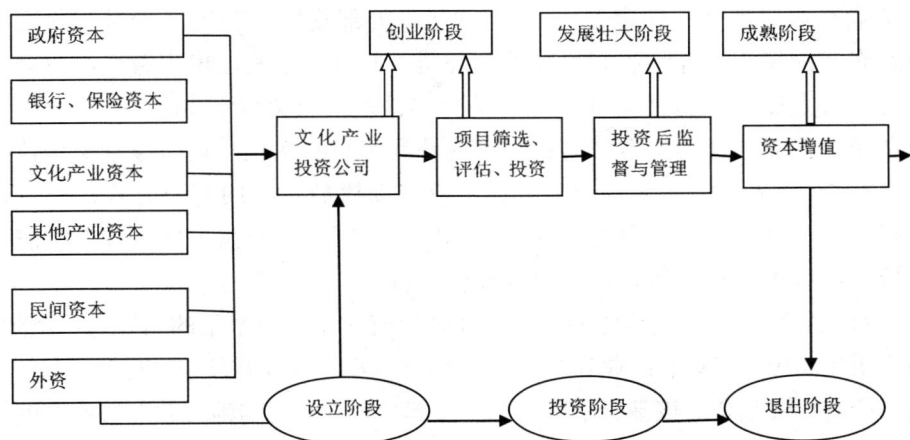

图 3-1 文化产业基金运作流程

我国文化产业基金包括以政企合作为主的发展基金、企业合作的股权投资基金及以企业设立的股权投资基金（见表 3-1）。

表 3-1 不同类型产业基金状况[①]

产业基金类型	募资规模	投资方向
以政企合作为主的发展基金	一般不低于100亿元	旅游基础设施建设、旅游景区开发、旅游新业态、旅游全产业链的延伸开发等
以政府设立为主的基金	一般不低于10亿元	文化旅游产业
企业合作的股权投资基金	一般不超过100亿元	专项投资省级 IPTV 集成播控平台、新媒体行业、网络文化产业、数字广播电视产业、影视、文化娱乐、文化创意及文旅融合产业项目等
企业设立的股权投资基金	一般不超过10亿元	大文娱行业、文化产业和影视产业的投融资以及收购兼并、数字版权服务、数字营销服务、影院、影视 IP、文化创意和文化传媒等

互联网游戏产业的产业基金类型以企业合作的股权投资基金和以企业设立的股权投资基金为主，这些外部投资者的投资阶段也已由盲目投资阶段（传统文化产业基金）向理性投资回归。具体而言，在盲目投资阶段，外部投资者的团队呈年轻化，且该团队以成立第一家游戏公司进行变现为目的，此时的外部投资者缺乏行业内信用认证。在回归理性投资阶段后，外部投资者开始产生关

---

① 数据来源：作者根据公开网络资料整理

于游戏企业"品牌"的意识，在2017年，外部投资者开始减少对互联网中小游戏企业的投资，并将利润归置于母公司，并且现阶段已出现游戏产业融合的趋势，如友爱互娱打造游戏产业基地为当地政府带来税收和经济产值。然而，打造游戏产业基地的根本目的在于拿地及利用政府文化产业引导基金赚钱。甚至，从2019年以后，游戏公司开始不断更新讲故事的内容与方式，通过其他途径予以变现，进而获取更多的资源。所以，即使政府大力促进线上经济，游戏资本继续也紧跟政府政策以获取投机收益。

对互联网中小游戏企业而言，应加强政府文化产业基金的引导与示范效应，刘光明（2019）将政府产业基金分为三大类：第一类为国家主导发起设立的战略新兴产业投资基金。该基金由国家部委发起，中央政府与地方政府协作实施，其资金主要投向生物医药、新能源、节能环保和集成电路等战略新兴产业领域，该基金具有规模庞大且无区域限制的特点。2015年以来，已成功运作的基金包括国家科技成果转化引导基金、国家新兴产业创业投资引导基金、国家集成电路产业投资基金、国家先进制造产业投资基金和国家中小企业发展基金等。该类基金的主要功能在于促进地方创业投资资本集聚和规划区域性产业布局。第二类为地方政府发起设立的产业投资基金。该类基金由地方财政出资设立，专门投资本地区的传统产业改造项目和战略新兴产业，然后再通过地方政府成立地方子基金、设立市场化子基金及与市县级政府合作设立区域基金等方式吸引社会资本以支持本地区的新兴产业，进而促进地方产业转型升级。第三类为机构与地方政府合作的产业投资基金。该基金由地方政府与金融机构共同设立，专门服务本地区的产业投资领域。该类产业基金以公司制形式为主，具备市场灵活性与先导性，并通过与地方政府合作以促进经济转型升级和新兴产业发展。

政府产业基金的作用机制主要表现在以下三个方面：一是资本引导效应。比如政府产业基金对投资意愿较低的私人投资基金声誉效应和认证作用（Lerner and Watson，2008），并且政府产业基金降低了创业投资过程中的信息不对称（Brander et al.，2015）。二是创新创业引导效应。因私人创业投资基金创新创业的成果易被模仿致使资金供给不足（Yan et al.，2015），但政府产业基金制度性的利益重新分配降低了初始投资的风险问题（Cumming，2007）。三是产业引导效应。政府产业基金可引导创业资本的行业配置（Clarysse et al.，2009），从而培育地区高新技术产业。在游戏产业领域中，政府也改变了以往直接补贴的策略，而是采取设立动漫游戏产业风险补偿基金、文创产业投资引导基金动漫游戏专项和融资贴息等间接扶持方式扶持游戏创意产业的发展，并更加重视资金的使用效率。

二、内外部信贷不足促生互联网融资

互联网中小游戏企业作为高科技型的中小企业，缺乏足够的实物抵押品。因而，这类企业获取外部信贷的能力相对较弱。但是，因互联网中小游戏企业的科技创新能力相比传统企业强，而且其为市场创新主体的重要构成部分，受到了国家创新政策的鼓励。因而，本书不得不重视该类企业可持续发展的问题。互联网初创游戏企业主要融资困境包括以下几个方面：一是传统银行机构对中小游戏企业的所有制歧视。传统银行以资产规模、担保能力和信用水平等来决定是否给予中小游戏企业贷款，但以民营企业为主的互联网中小游戏企业，在信用获取时无法与大型国有企业进行竞争。二是缺少直接的融资渠道。虽然我国也在不断地改进资本市场结构，如增加中小板块、创业板块和新三板，并实施了注册制，但是缺少知识产权资本化的评价体系及实施了较严格的审核制度，增加了互联网这类科技含量高的企业进入资本市场的难度。三是缺少专业的金融融资机构。缺乏专业的金融融资机构的根本原因是缺少配套的信用担保体系，我国的信用担保机构大多是服务大型国有企业的政府担保机构，缺少民间资本参与，并且与中小游戏企业信用担保体系相适应的风险管控机制不足。

除外部信贷不足外，中小游戏企业内部也缺乏信贷支撑的条件，具体表现为互联网初创游戏企业与商业银行之间存在信息不对称，商业银行无法就企业的经营能力和风险控制水平进行有效的预期判断，所以对于处于信息劣势方的商业银行而言，无法轻易向互联网游戏企业提供贷款。这也是由该类企业的技术经济特征所决定的，如互联网中小游戏企业的资产结构以知识产权和专利技术为主，但以知识产权和专利技术进行质押的配套市场尚未建立。又如，初创企业尚未建立的完善财务制度和信息披露机制及未来产品和市场需求的不确定性均增加了其通过银行系统审核的难度。

互联网中小游戏企业在直接融资渠道与间接融资渠道均缺乏的情形下，可考虑互联网融资模式。互联网金融相比传统的金融服务的创新之处体现在以下几个方面：一是技术的革新。该革新的技术应用包括通过互联网移动网络技术和网络平台为客户提供定制化的服务。二是在普惠金融的理念下，互联网金融服务对象已普及化，不再局限于国有大型企业，并且对互联网中小游戏企业也具有重要的服务功能。针对互联网中小游戏企业的技术经济特征，大数据、互联网和云计算机等技术的应用得到了该类企业所在上下游的消费与供给信息，并对这些数据信息进行分析得出企业主体信用状态和无形资产的价值，进而基于产业链利益共享模式，减少了信贷供给方与互联网中小游戏企业之间的信息不对称。互联网融资模式的应用分为以下几类：

一是创新股权融资平台。该类平台由政府与相关证券交易所联合建设，并通过在线平台选取符合路演条件的优质企业，借助证券交易所下属平台整合风险投资、私募股权投资和境内外上市公司等投资机构，以"现场路演＋网上直播"的方式为有潜力的互联网中小游戏企业提供融资对接服务，并通过证券交易所的大数据匹配企业与投资机构。

二是线上线下相结合的金融特色支行。政府与地方性银行联合成立特色支行，并在风险评估、金融产品设计和信贷流程等方面进行创新。然后，推出"知识产权质押贷""专利技术质押贷"等实现轻资产的知识产权和专利技术等资本化。

三是规范网贷企业的经营发展。政府的网贷平台"十二禁令"的推出，使国内 P2P 网贷总体向好、风险降低，并使之再次成为中小企业融资的重要主体。因而，在符合法律法规的地区，可建立互联网金融行业协会以促进行业间信息流通，并加强行业自律，以及积极推动银行、保险公司和小贷公司等机构与 P2P 网贷企业合作，进而为互联网中小游戏企业提供多元化的融资渠道。

四是互联网银行模式。即采用纯线上运营的模式，并利用大数据信息技术替代传统银行的人工审核和经验判断。因而，该互联网大数据技术打破了银行与企业之间的信息不对称，同时可依靠社交平台、电子商务平台和搜索引擎等收集海量的数据资源，并有针对性地为互联网中小游戏企业设计金融服务产品。

三、化解文创融资风险的保险与担保

甄烨和王文利等（2018）将保险业的融资模式分为两大类：第一类为文化创意企业投保模式，该类文化创意企业投保模式参与主体有文化创意企业、保险公司、银行、评估机构。然而，保险公司和银行之间互有利益关系，如银行收购保险公司或者保险公司收购商业银行构成利益共同体。第二类为银行投保模式，该类融资模式的主要参与主体分为文化创意企业、银行和保险公司。两种模式中存在侵害文化创意企业利益行为及无法避免中小微文化企业跑路的问题。现实中，保险业在化解文创企业融资风险方面产生了以下几种融资模式（见表3-2）：

表3-2　互联网游戏产业信用路径[①]

路　径	参与主体	扶持对象	限制性
虚拟财产险	保险公司、动漫企业	动漫企业	—
政银保	保险公司、政府委托投资公司、银行文创支行、小微文创企业	小微文创企业	政府委托投资公司推动
互联网综合金融服务	文化企业、保险和银行等金融机构	企业具体金融服务业务：消费、投资、小额贷款、分期付款、保险、租赁、回购交易和质押融资等	行业高风险特征和互联网金融监管机制、风险预测机制、密钥管理及加密技术限制

（一）动漫产业虚拟财产保险

随着动漫产业的高速发展，主要风险在于关键人员的意外伤亡风险、知识产权侵权风险、个人账户信息泄露盗窃、虚拟财产损失风险、人才流失阻碍按时完工、动漫企业融资难和动漫企业出口信用风险等，再加上动漫游戏企业风险意识较弱，以及动漫游戏企业经营不确定性等，都增加了动漫产业的风险。因而，人才保险创造性地开发出虚拟财产保险产品，并保障了虚拟财产的交易安全及其合法权益。

（二）专门针对小微文创企业融资难问题的"政银保"

"政银保"参与主体有保险公司、政府委托投资公司、银行文创支行，三方共同签署文化产业信贷风险补偿资金合作协议以构建风险池，并推出专门针对小微文创企业的"政银保"产品。三方在合作期内各司其职，创意支行为符合条件小微企业提供授信，保险公司为借款人提供保证保险，政府委托投资公司设立风险池——文化产业信贷风险补偿资金，政府委托投资公司依据风险池经营状况调整文化产业信贷风险补偿资金额度。

（三）基于互联网平台提供文化保险和文化担保服务

文化企业运用互联网平台参与保险、银行等金融合作，综合利用互联网技术和大数据技术，为保险、租赁、回购交易和质押融资等提供综合金融服务。典型案例是2014年阿里巴巴与保险机构合作推出的"娱乐宝"。但其行业高风险特征和互联网金融监管机制、风险预测机制、密钥管理及加密技术限制，无法转移和分散相关风险。政府应发挥在互联网平台的引导功能，如成立各类文化金融服务平台，为文化企业提供风险分析和保险转移方案。

互联网游戏企业核心竞争力为创意、关系资源、品牌价值、人力资源、价

[①]　数据来源：作者根据公开网络资料整理。

值观等轻资产。但轻资产的价值评估及风险不确定性致使互联网游戏企业缺乏获取融资的抵押品，而担保机构承担起银企的信用桥梁，并实现信用增级、风险分散和产业引导功能。表 3-3 为国外担保模式。而我国文化担保行业起步晚，政府出台政策鼓励中小融资担保平台建设，使专项资金转化为担保基金，并加大对诸如版权特性研究以建立版权价值评估体系解决版权质押融资困境。甚至创新设计出"准版权"质押担保新产品，以及协议质押、产业基金＋担保信用和担保＋风投联动等，结合计划出台的《文化创意产业担保专项资金管理实施办法》，探索与版权交易机构设计版权变现机制，综合运用金融领域、文化领域、产业领域和学术领域的相关资源开展版权价值评估研究，以创新版权质押担保模式。

表 3-3　不同国家主要的信用担保模式 [①]

国　家	担保模式	担保标的
美国	市场化筹集资金	预售发行权合约
法国	与金融机构联合成立电影和文化产业融资局	担保基金
日本	政府和企业联合成立中小企业信用担保公司和中小企业信用保险金库	担保金库
中国	政府鼓励中小融资担保平台建设使专项基金转变为担保基金	版权质押担保或者"准版权"质押担保新产品

四、多种融资模式优劣势比较分析与建议

我国存在以下几种与互联网游戏产业相关的文化产业融资模式，如表 3-4 所示，每种模式在实践中都存在各类问题，并制约互联网游戏企业融资。其中，政府参与大部分融资模式的构建，并承担部分功能。

表 3-4　融资模式比较

模　式	参与主体	优劣势
文化产业基金融资模式	政府、文化企业、投资机构	适用于规模较大的文化企业，不太适用于中小微文化企业

---

① 　数据来源：作者根据公开网络资料整理。

模　式	参与主体	优劣势
"互联网＋"融资模式：全产业链融资模式、P2P 网络借贷	互联网平台、文化企业、投资机构	适用于中小微企业，但是平台监管机制缺乏导致融资风险问题
保险业融资模式："政银保""娱乐宝"、完片保险制度、动漫虚拟财产保险、演艺企业保险等	政府、银行、保险公司、文化企业、互联网平台、融资租赁、融资担保、小额贷款、股权基金、投资银行、证券公司、会计师事务所、税务事务所、律师事务所和专业咨询公司等	适用于中小微企业，但是第三方管理咨询、无形资产价值评估等专业人才、专业能力储备不足及平台监管机制缺乏
文化信用担保融资模式：版权或准版权质押贷款	政府、商业银行、文化企业、再担保机构如大型文化集团企业和文化产业基金及担保机构如专家团队、资产管理机构、保险机构、版权运营公司、风险投资基金、私募股权投资基金和版权交易所、第三方管理咨询机构、无形资产评估机构、法律服务机构和信息披露平台	适用于文化企业，但是版权价值评估研究与版权质押研究、版权质押政策与版权质押变现机制不足

五、应急性信贷配置与我国政府信用缺失

新冠疫情影响了大量中小企业的存续，其中也包括互联网中小游戏企业。互联网中小游戏企业在面临突发性事件时，需要采取非常规的信用解决方式。根据中华人民共和国文化和旅游部官网发布的《各省、自治区、直辖市应对疫情影响支持企业发展金融扶持政策涉文化和旅游企业措施汇总表》显示，我国文化企业解决资金问题的主要途径分为外源性和内源性。其中，外源性包括以下内容：①实施"普惠性"文化金融政策，加大不抽贷、不断贷、不压贷及贷款展期等贷款支持政策。②激发担保融资度，取消反担保和再担保及降低担保费用成本等。③提升金融服务便捷性与效率，如实施在线办公、简化审批流程和缩短审批时间及建立绿色通道等措施。④设计金融产品以挂牌上市，依据不同地区遭遇的疫情程度不同，可在股票质押、公司债券兑付等适当展期和发新还旧上给予支持。⑤搭建各类金融服务平台，如建设基于区块链的供应链债权债务平台及依托权益性交易所建设供应链债权债务平台。⑥各地方政府出台专项政策如免征房产税和城镇土地使用税等，联动各类地方金融机构以扶持文化产业。⑦各类线下文娱企业之间的并购将增加，但其短期内股权融资难度大，

而以互联网文化娱乐为代表的新兴业态企业的优势明显。

然而，此类突发性事件导致的临时性融资方式并未解决互联网中小游戏企业的融资需求问题，主要体现为互联网中小游戏企业的内源性融资路径不足，其中既有线下企业向互联网文化娱乐等新兴业态转型的配套政策不足，又有线下企业对开发诸如知识产权证券化等融资模式功能认知不足。

除此之外，通过对比国外对文化创意产业的产业政策扶持发现，我国政府政策还缺少对产业上游创意制作环节的直接信贷补贴。疫情对文化产业冲击最为明显之处在于使企业的资金链断裂。为了解决文化企业资金问题，国内外应对疫情的政策均存在不同的差异性，但因文化创意产业对国家经济与文化的重要作用，各国政府与地区均加大了对疫情期文化产业的扶持力度，国外政府的财政刺激政策如表 3-5 所示。

表 3-5　不同国家政府应对新冠疫情的产业政策 [1]

国家	紧急扶持政策
美国	国会拨款 2 万亿美金刺激文化创意产业
阿联酋	外交部公共和文化外交办公室花费 41 万美金购买阿联酋艺术家作品（包括知名艺术家和新兴艺术家作品）
德国	为中小企业和自由职业者（包括艺术家）提供了 920 亿欧元的补贴，申请人可以直接获得 30 000 欧元的直接补贴。随后，德国政府又提出将为艺术和文化创意行业提供 500 亿欧元的援助计划。
法国	为个体户和艺术行业提供了 37 亿欧元的援助计划，以及针对艺术行业的紧急援助基金和地区级的艺术援助基金
英国	艺术委员会拨款 1.6 亿英镑紧急援助文化产业，该 1.6 亿英镑专项基金分为 3 部分：2 000 万英镑用于资助艺术家、工作室和自由职业者；9 000 万英镑拨款给英国艺术委员会指定的 828 个"国家代表作机构"；5 000 万英镑用于援助"国家代表作机构"之外的艺术机构
日本	对包括自由职业者在内的个体经营者或中小企业，设立"持续化补贴"（暂称），向经营收入比上年同月减少 50% 以上的经营者发放上限 100 万到 200 万日元的补贴。政府实施让活动取消但不申请退票的观众适用捐赠抵扣个税制度，或者作为疫情结束后刺激消费的环节之一，为购买了活动门票的消费者采取打折、积分或发放优惠券的"Go to campaign"（暂称）措施，或者发放补贴

---

[1]　数据来源：作者根据公开网络资料整理。

国家	紧急扶持政策
澳大利亚	维多利亚州宣布将开展一项 5 亿欧元的"企业援助基金"，用以援助深受疫情影响的行业，包括医疗、旅游业、民宿业、艺术和娱乐以及零售业。昆士兰州宣布将在艺术行业投入 800 万欧元，之后还将资助艺术家个人。南澳大利亚州也在疫情期间成立了 150 万欧元的艺术基金
新加坡	政府投入了 160 万新元援助艺术和文化产业

第二节　联众的案例研究

北京联众互动网络股份有限公司成立于 1998 年，属于中国棋牌游戏最早的开发商及运营商，2014 年又于香港联交所国内主要板块上市。联众的历史发展阶段大致分为初创期、危机期、复苏调整期、成长壮大期、没落期。

一、联众发展阶段与信用变化

中小微游戏企业的发展阶段与其信用实现的变化（见图 3-2），大致分为三个大的阶段：第一个阶段为互联网中小微企业初创阶段，该阶段企业的信用能力存在不足，且以自有资金为主；第二个阶段为成长与发展阶段，该阶段企业的信用能力慢慢积累，且企业的信贷来源趋于多主体化，如通过基金、并购及少量的银行贷款；第三个阶段为企业壮大并形成规模经济效应的阶段，该阶段企业已成长为大型游戏企业，已具备较强的信用能力，不但信贷来源多主体化，而且信贷额度呈大额化。

被淘汰

互联网小微游戏企业　　互联网中型游戏企业　　→　进入第三阶段：壮大并形成规模经济效应

第一阶段：初创　　　　　　　进入第二阶段：成长与发展　　　互联网大型游戏企业

信用能力较少：以自有资金为主　　　信用能力逐渐积累：基金、并购、少量银行贷款　　　信用能力丰厚：基金、并购、较多银行贷款

被淘汰

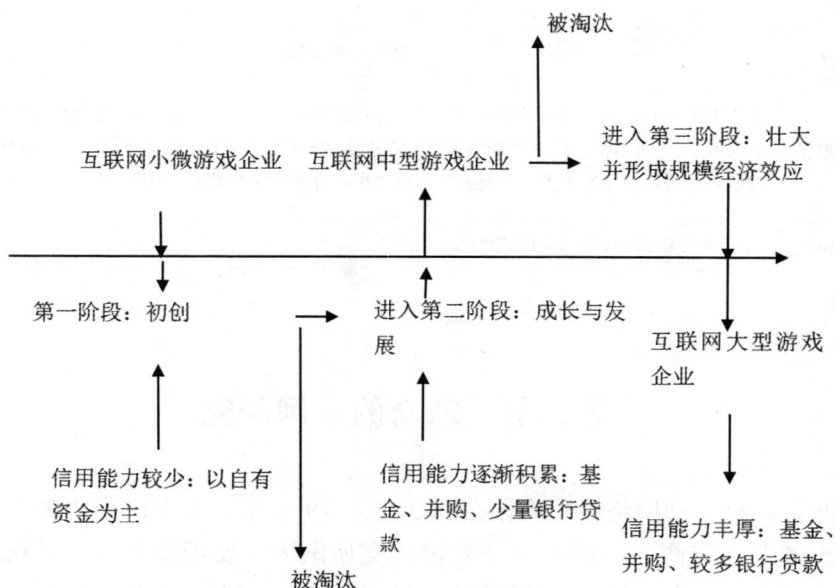

图 3-2　联众信用演进路径

联众作为游戏企业不同阶段性信用实现变化的典型案例，其变化阶段具体地被分为五个小阶段：

初创期（1998—2002）。联众以自有资金支持初创期的发展，1998 年，由三位技术专长的人员共同出资 50 万元设立联众电脑，这就是中国最早的棋牌游戏平台。至 2003 年，联众发展成为当时世界最大的网络游戏娱乐网站，并积累了大量的客户资源。所以，联众初创的成功依赖于无形的技术人员和自有资本，而可依赖的外部信贷为零。这也是很多小微互联网企业初创共同面临的问题，大多互联网中小企业依靠自己的能力通过攫取外部机会而获得成功，但是这种缺少政府信用配置或者其他外部信贷而存活的概率非常小。如果在这个阶段，外部信贷供给方能够以互联网中小微游戏企业相关的技术、人才、版权、软件及著作权等无形资产为抵押，向其提供一定额度的信贷，则会有更高比例的互联网中小游戏企业渡过初创期。

危机期（2003—2010）。联众的发展不得不面对国内互联网巨头企业的冲击，如 2003 年 8 月，腾讯 QQ 以流量资源优势和业务推广优势，夺走了联众大部分的市场份额。为了保护联众的市场地位及竞争力，联众通过国际大型互

联网游戏公司信用背书，如联众向韩国 NHN 集团出售 50% 的股权，并引进《灵游记》《雄霸》的游戏版权，同时自主研发了《精武游戏》。虽然，联众以并购的方式，将自身置入外部大型互联网游戏企业信用环境，但因当时国内网络游戏市场激烈竞争，联众的经营收益不佳。

复苏调整期（2010—2014）。联众的业绩低迷一部分原因在于外部贷款供给方韩国 NHN，其并未将联众的并购目标作为 NHN 的目标，而韩国 NHN 的并购目标在于获取中国的网络游戏市场。于是联众以 MBO（管理层收购）的方式收购了 NHN 和海虹股份，并回归公司原来的主营业务——休闲棋牌游戏，同时推出了移动版游戏。在实施 MBO 回购措施后，联众以半年的时间扭亏为盈，于 2011 年实现净利润 2099 万。随后，业绩的好转使其开启了上市计划。但在面临与外部信贷方并购目标不一致的情况时，联众以 MBO 主动式的自救方式，将联众的经营绩效提升到一定的水平，并为下一步的扩张经营奠定了基础。

成长壮大期（2014—2016）。2014 年，联众上市以后，积极利用上市资本平台对资本市场的信用资源进行整合。其于 2014 年入股网鱼网咖；2015 年收购 WPT，创立中棋惟业。从而实现了 2014—2016 年公司营业收入和净利润的持续增长。

衰败期（2016—至今）。联众网络游戏失败的根本原因在于产品创新不足，这种不足体现在两个方面：第一是联众缺少足够的产品创新导致大量的流量资源流失。第二是以网络棋牌游戏为主的主营业务受政策监管的影响较大。联众的业务很容易涉及违反互联网文化监管政策规定的内容，其也因业务的不合规而受到惩罚。在健康网络文化环境的趋势下，政府的规制，尤其是对文化经营环境的规制，使该类互联网游戏企业的生存空间在缩小，并倒逼企业的产品业务进行创新。然而，联众并未对外部规制与市场的竞争环境做出应有的应对，从而丧失了联众产品业务转型的机会。

二、信用与梯度竞争优势理论

余晖和朱彤（2003）以互联网企业的梯度竞争优势理论解释了联众网络游戏的成功经验。这两位学者特意指出联众当初的业务选择不合主流，并指出了这种不合主流的业务模式反而使联众在互联网游戏市场中保持竞争优势。对于网络游戏企业——联众的成功，不在于网络规模增长和网络客户资源多寡，而在于联众的业务盈利模式，其是联众具有获取稳定收入的基础条件。联众初期基于自身资源条件和棋牌游戏特点做出业务产品选择，在当时或许是比较好的抉择。对于业务盈利模式的判断，联众与电信接入费分成、收费会员制、基于流量和点击率的网络广告推广、举办商业赛事、游戏软件授权和开办短信中心等业务模式并不是联众成功的重要手段，联众的成功主要在于被国内收购后实现了低成本扩张、免费＋收费的商业模式。更进一步的，在相关的领域，两位学者提出了网络梯度竞争优势理论。他们认为网络梯度竞争优势不是单一的竞争优势，如用户规模、资本实力，而是企业是否具备动态综合优势。

互联网企业与传统企业的技术经济特征决定了互联网企业与传统企业行为模式存在差异，如传统企业的"非零"价格和互联网的"零"价格差异，传统企业的"非零"价格在企业初期形成成本优势，随着市场需求量的增加并转化为企业的规模优势，进而在下一阶段继续转化为企业的成本优势，并形成良性循环。同时，这种良性循环的优势会转化为企业技术竞争优势，该相关优势增加了传统行业的进入壁垒，进一步巩固了企业的市场优势。但是，互联网的行为与传统企业不同，即互联网企业的产品和服务可以以"零"价格销售，这种销售方式按照梅特卡夫法则，使企业快速获得网络规模优势，但是这种"免费"原则并未加强企业的网络规模优势，在网络规模与经营成本之间缺少良性循环。

关于梯度竞争优势理论的相关应用表述（余晖，2003），将互联网游戏企业分为初创期、扩张Ⅰ期、扩张Ⅱ期、扩张Ⅲ期、成熟期、衰退期。如图3-3所示，初期互联网游戏企业规模小、自有资金有限、市场需求量大，在这个时期企业对外部信贷要求不高，但是更加注重对技术和市场的培育。此时的创业者对信贷追求不宜过高，否则会缺乏对产品长期培育的眼光。扩张Ⅰ期是企业无形资产如网络用户和品牌积累和建立的最为关键的阶段。根据"梅特卡夫法则"，企业积累的用户规模与网络价值存在正向关系，如用户规模越大，企业的网络价值也越大。但是，其存在的一个前提条件是企业在这个阶段的网络用户规模大于临界容量。因而，在这阶段外部信贷供给将起到非常关键的作用。企业要想扩大用户规模，就必须依赖外部信贷量。然后，企业进入扩张Ⅱ期。这个阶段的客户流量进一步增加，这个时期对企业管理要求较高，因而需进一步优化企业管理结构，尤其是对企业管理者要求比较高，并在资金使用方面进行优化配置。在第三个阶段即扩张Ⅲ期，企业将迈入新一轮的发展周期，需信贷供给以及无形资产等价值要素合力培育企业的竞争力。

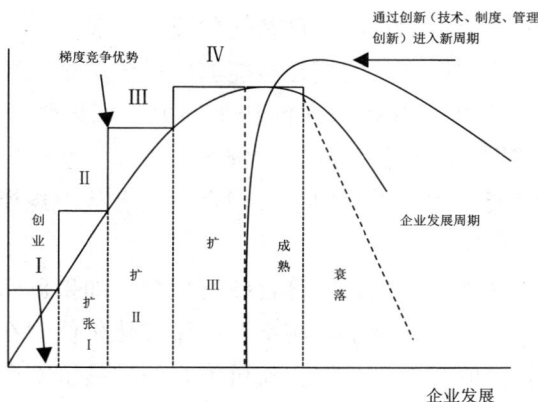

图 3-3 梯度竞争优势的形成与提升

相关研究将梯度竞争优势理论应用到具体企业联众上，可发现外部信贷配置的重要性。进一步，对联众初创期（1998 年—2002 年），按照梯度竞争优势形成周期可分解为 4 个阶段：初创期 (1998 年 5 月—1999 年 5 月)、扩张 Ⅰ期 (1999 年 5 月—2000 年 4 月)、扩张 Ⅱ期 (2000 年 4 月—2001 年 5 月)、扩张 Ⅲ期 (2001 年 5 月—2002 年)。在初创期，联众的规模扩张遭遇资金瓶颈，但是因外部信贷供给方中公网的扶持而得到解决。进入扩张 Ⅱ期，联众拥有优秀的人力资源——管理人才，从而实现联众技术与网络规模竞争力资源的整合。在扩张 Ⅲ期，海虹控股介入（这也是信贷供给的表现），进一步整合了联众各方面的资源，为联众的可持续经营与技术创新奠定了基础。经过初创期的这几个步骤，联众的确迎来了企业发展的生机，即使在国内网络游戏市场竞争激烈及国外网络巨头对联众信用背书重视程度不够的情况下，联众依旧通过自有资金、无形资产及国内企业相关并购实现了 2003 至 2016 年收入增长。这也是联众成功的可取经验，但是联众最后还是失败了，失败的最主要原因不在于信贷不足，而是融资需求方的创新能力不足。

这些研究还只限于联众在 1998—2003 年初创期及至 2016 年的情形，随着消费者需求多元化、游戏产品需求精品化、网络休闲游戏消费迭代周期短频化等，以及互联网移动流量红利的稳定化，联众这种棋牌类网络游戏产品的消费市场受到限制，尤其近些年国家对网络文化环境的净化，均导致联众游戏产品的生存空间在缩小。然而，联众并未与时俱进，及时抓住产品创新的机会，这导致其从与腾讯并驾齐驱的巨头跌落至岌岌无名的角色。因而，企业是否能够可持续经营，其关键在于研发投入部分。换言之，企业是否将资金或者外部信贷配置到应该做的事上，如对产品创新迭代或者产品完全创新等。所以，对所有的互联网游戏企业的启示是信贷是否能够促进该类企业可持续经营，其关键在于互联网游戏企业是否具备内在创新驱动力，如果创业企业创新动力充足，这些平台势必富集大量有价值的无形资产。进而，在自有资金与外部信贷的供给下，富集无形资产的互联网中小游戏企业具有从小规模企业成长为大型互联网企业的机会。

本书不可忽略的是创新产品必须符合政府规制，如果创新产品违反国家规定，与时代精神相违背，也将被市场淘汰。主流文化价值观在政策制定方面的重要体现为容许多元价值观存在，但主流价值观鲜有被资本所裹挟。所以，互联网中小游戏企业在创新产品时，还应考虑产品的文化价值内涵，唯此才能得到国家政策及政府信用的支持。

第三节　中国游戏产业的信用制度环境

一、宏观的信用制度环境

（一）信用制度环境的数字化

信用制度环境数字化主要体现在信息传播途径数字化与技术化上。比如，新媒体渠道代替传统媒体渠道的趋势成为必然，并占据市场主要份额，从而促生新兴的文化产业。而对最新文化新业态定义是文化和科技融合而产生的文化表达新方式或文化表现新形式（花建、陈清荷，2019）。具体来看，基于5G技术、虚拟现实技术、数字化、网络化和智能化等新技术，赋予文化传统业态以新的形态，如电子书、电子报刊、互联网直播、视频网站、数字博物馆和数字图书馆等成为图书、报刊、广播、电视、电影、博物馆和图书馆等文化传统业态的新形态。同时，为了增强文化体验的互动性与乐趣，采用先进的增强现实技术（AR）和虚拟现实技术（VR）等构建文化服务虚拟场所或场景。因而，新技术与新消费场景的出现也促生了文化新产品，如促生了数字化文化产品如网络文学、网络游戏、网络影视、网络综艺、电子书等。文化新产品又衍生了如数字阅读、移动阅读和文化体验等文化消费新方式，以及衍生了如互联网文化娱乐平台和书报刊数字化发行等文化传播新方式。因此，新兴文化产业如数字出版、数字创意、数字内容和动漫游戏等得到了发展。

（二）信用制度环境的线上化

新冠疫情期间，在我国网民时耗度方面，视频、游戏网民时耗涨至38%，新闻资讯网民时耗涨至9%。[①]除相关互联网文娱消费用户猛增外，也产生了云展览、云演唱会和云蹦迪等网络化新型文化娱乐活动形式，并且成为疫情期间主要的经济增长点。新冠疫情加速了文化产业的发展，如增加了数字化文化产业占比，促进要素投入型向内生效率提升型转化，构建了专业化、数字化和网络化创新内容流、数据流和资金流的核心平台，并构建了基于视频直播技术的互联网文娱超级平台，以及打造数字文化供应链金融（互联网文娱平台和商业银行合作为中小企业提供金融服务）或者文化产业基金等文化产业融资模式。同时，加速并强化文化产业与相关产业融合及文化产业园的退出。此外，新冠疫情也促生了对新基建的投资布局，如对5G基站的重点投资。5G技术将升级传统媒体广播电视网络的服务能力，并以各类"媒体云"形式提升了传统媒体的广播电视网络服务能力。特别在内容生产方面如视频制作、大数据运营和人工智能等，加速推进了各类"媒体云"的建设。新冠疫情加速了传统文化业态转变相关政策的落实，如国家新闻出版广电总局印发的《新闻出版广播影视"十三五"发展规划》明确指出了构建有线、无线、卫星和互联网的全媒体服务云平台，以及国家广电总局印发的《有线电视网络升级改造技术指导意见》明确加快有线电视网络与5G移动网等新兴传播渠道互融协同，以实现有线电视网络"云、网、端"的要素整合。

无论是信用制度环境的数字化还是疫情促进信用制度环境的线上化，都促进了互联网中小游戏企业信用评价制度和信用评价体系的改进。因传统线下信用评价不仅受空间限制，还受到时间的限制，以及物理隔离导致的信息失真和信息不对称的影响。所以，数字化与技术化促进了信用评价制度的改进。

二、游戏行业的信用制度

（一）信用制度的文化属性

信用制度与文化传承息息相关，且政府将信用厚植于传承文化价值的游戏产业。游戏产业的文化属性属于互联网游戏企业的内生环境，其中最重要的无形资产为用户。一般将游戏产业价值链分为资本和出版层、产品和人才层、生产和工具层、发行层、硬件层、用户层六层，其中最核心层为用户层。用户层的主要功能体现在参与造就共同娱乐、共同生活和共同创造精神生活上，并在

---

① 数据来源于 QuestMobile。

虚拟的游戏世界里创造了大量的精神产品集合，为互联网用户提供了较多精神体验价值。因而，游戏产业价值的本质体现在文化属性上。在相关的重要资料报道上，《人民日报》2020年5月11日刊发的《激活网游产业的文化属性》对游戏产业提出的新要求为"既有意思又有意义，既有娱乐性又有文化性"，该要求强调了游戏的文化属性。因此，游戏产业不仅传承传统文化，还满足新时代的价值观。游戏产业产品开发过程不仅是道德价值和文化基因的简单组合，如将传统文化因素加入游戏故事、人物设计、画面和音乐中，更是通过这些组合与设计的创新游戏产品向消费者提供健康的世界观、人生观与价值观。最为经典的案例是暴雪娱乐公司（Blizzard）旗下的《魔兽世界》（World of Warcraft），该款游戏不仅提供娱乐休闲价值，还向外界进行本土文化价值的输出。比如，消费者在体验游戏的过程中不仅会得到感官的享受，也被游戏中的文化内涵所影响，这种影响包括消费者的行为准则和思维方式。因而，文化价值是游戏企业信用的内核。如果游戏企业的研发创新产品缺少精神文化内核，其产品无法满足消费市场的需求，也就意味着不存在信用交易关系的基础。

游戏产业可持续发展的动力在于游戏产品的原创性，我国悠久的历史文化为游戏的内容制作提供了丰富的素材库。因而，在与国外流行品牌的文化IP交流之际，本土的内容研发商更应注重对本土优秀的文化资源进行挖掘，并朝着产业化与国际化的目标迈进，使其形成具有国际竞争力的品牌。我国网络游戏产业也经历了一段时间的发展，从1978年开始到普及，经历了40多年的发展历程。中国网络游戏市场充满了竞争性，且在这个市场中也产生了一些优秀的游戏产品。例如，金山软件公司西山居工作室发行的系列游戏《剑侠情缘》从1996年开始到现在，从初期的单机游戏到现今的网络游戏，从风靡国内到走向世界，经历多次版本更迭，但是其坚持弘扬中国文化的理念，最终成就国产游戏口碑之王。该事例证实了"传统文化元素是当下年轻一代正在探索、表达的流行风尚，因此深耕文化，打磨精品，将是国产游戏发展的最佳出路"。从某种程度上说，游戏的文化赋能还具有"寓教于乐"的效果。比如，南京市金陵中学学生吴何乐，在游戏中复刻母校，这种与众不同的游戏方式，体现了游戏文化赋能的效果。《2019年中国移动游戏出海行业报告研究》中提道："尽管文化差异、成本提升与原创能力欠缺构成了国产游戏出口的挑战，国产移动游戏还是依靠精细优质的游戏研发质量、丰富多样的游戏内容选择和专业勤勉的运营维护服务，2018年在海外市场营收421.2亿元，同比增长30.8%。"游戏产业的文化属性既为游戏市场的培育提供了空间，也为互联网中小游戏企业信贷支持提供了基础条件。所以，文化价值是游戏市场信用制度的基础。

（二）信用制度的主要构成

税收制度、政府制度、市场制度应围绕降低企业研发投入成本、鼓励企业创新创业而制定。因而，我国互联网中小游戏企业作为游戏市场的就业主体、技术创新主体，应享受到税收政策优惠、政府信用制度扶持与市场制度维护等便利。目前，我国互联网中小游戏企业的税收优惠政策适用一般性中小企业税收优惠政策的两个方面：一是普适性的税收优惠政策，其包括小微企业免增值税与减所得税、西部大开发政策15%的所得税、申请高新技术企业15%的所得税；二是地方性的税收优惠政策，其包括在游戏产业园成立有限公司或个人独资企业享受税收奖励及核定征收等。① 具体而言，小规模个人独资企业按25%企业所得税的税收设计，即成立小规模个人独资企业申请核定征收，核定行业利率10%，并按照五级累进制进行计算，其只需缴纳0.89%～2.09%的个人所得税加上3%的增值税，再加上0.18%的附加税，得到总税负不超过6%。所以，相较于25%的企业所得税，该税收设计节税率达到90%。此外，在游戏产业园区或文化创意产业园中成立有限公司，可享受相关业务的税收扶持政策，即企业在不改变经营模式与经营地址的情形下，可享受地方政府留存30%～70%的财政奖励，进而解决互联网中小游戏企业的增值税问题。② 但是，适用中小企业的税收优惠政策并不完全适用于互联网中小游戏企业。然而，我国并未出台规范的互联网游戏产业税收政策，使互联网游戏产业产生较大的税负差距。

我国互联网游戏产业是由网络游戏开发商、网络运营商、游戏玩家及其他利益相关者构成的，除市场少数大型互联网游戏企业能够自主运营外，大多数互联网游戏开发商选择第三方进行运营管理并产生了以下几种盈利模式：一是运营商买断模式，运营商一次性买断开发商的游戏版权和使用权，则开发商取得出售收入；二是开发商与运营商两者按照比例取得分成收入的模式，两者共同运营与共同承担风险；三是买断模式与分成模式结合，即开发商先取得一部分固定收入，再依据游戏授权运营商运营时的收入情况进行分成。从互联网中小游戏企业的运营模式可知，我国政府并未从开发商环节进行税收优惠的设计，使开发商研发投入能力受制于和下游运营商的议价能力与下游运营商的运营能力，即开发商并未享受到税收优惠带来的研发投入成本的减少，从而也降低了开发商研发投入的自主性。

---

① https://www.sohu.com/a/409089115_120740307

② https://www.sohu.com/a/387854781_120645031

目前，我国政府信用对游戏产业健康发展采取了一系列规范性措施：一是改善主要指标提升产业创新能力、产业链的完备性及加快国际化步伐。二是在游戏产业战略规划方面，设立游戏出版选题计划制度和游戏出版重点选题库，并对原创精品游戏给予政策、资金和宣传推广方面的支持，同时提供与培育更融洽的氛围及更专业的管理者。

本章小结

本章梳理了国内互联网中小游戏企业的信用路径，这几种路径包括政府资本引导示范产业基金融资模式、内外部信贷不足促生互联网融资模式、化解文创融资风险的保险与担保模式。其中，文化产业基金的初衷在于以产业投资基金投资契合文化产业高风险高收益特征为理念，以产业投资基金投资契合文化企业中小规模为方向，以产业投资基金契合文化产业知识型无形资产富集的资产结构为组建模式和以产业投资基金专家型管理方式弥补金融配套服务不足。文化产业基金形成了相对稳定的价值增值结构，同时以政府资本撬动社会资本如银行资本、保险资本、文化产业资本、民间资本、外资以支持文化产业发展。目前，我国文化产业基金包括以政企合作为主的发展基金、企业合作的股权投资基金及企业设立的股权投资基金，而互联网游戏产业的产业基金类型以企业合作的股权投资基金和以企业设立的股权投资基金为主。但是，游戏公司开始不断更新讲故事的内容与方式，通过其他途径变现以获取更多的资源。因此，虽然政府大力促进对线上经济，但是游戏资本继续紧跟政策以获取投机收益。政府需要通过文化产业基金的引导与示范效应来促进互联网中小游戏企业的创新发展。

互联网中小游戏企业融资难的问题出现，主要有以下几个方面的原因：一是传统银行机构歧视中小游戏企业的所有制。二是缺少直接的融资渠道。三是缺少专业的金融融资机构。除了外部信贷不足外，中小游戏企业内部也缺乏信用支撑的条件，如互联网初创游戏企业与商业银行之间存在信息不对称。而在互联网技术革新和普惠金融下，诞生了以互联网为主的创新股权融资平台、线上线下相结合的金融特色支行、互联网金融行业协会、互联网银行模式等为主的模式，这些模式促进了互联网中小游戏企业的可持续经营。

保险业的融资模式分为两大类：第一类为文化创意企业投保模式，该类文化创意企业投保模式的参与主体有文化创意企业、保险公司和银行、评估机构。其中，保险公司和银行之间互有利益关系，如银行收购保险公司或者保险公司收购商业银行构成利益共同体。第二类为银行投保模式,该类融资模式的主要参与主体为文化创意企业、银行和保险公司。这两种模式中均存在侵害文化创意企业利益行为及无法避免中小微文化企业跑路的问题。因而,保险业在化解文创企业融资风险方面又产生了以下几种融资模式:动漫产业虚拟财产保险、"政银保"、基于互联网平台提供文化保险和文化担保服务。又因互联网游戏企业核心竞争力为创意、关系资源、品牌价值、人力资源、价值观等轻资产,但轻资产的价值评估及风险不确定性致使互联网游戏企业难以抵押品获取融资。而担保机构不仅起着银企的信用桥梁的作用,还实现了信用增级、风险分散和产业引导。因而,该信用担保融资模式也是解决该类企业融资困境的主要方式之一。通过对融资模式比较研究发现,以上几种模式都存在不同范围的应用限制,如监管机制问题、无形资产价值评估问题等。

为研究互联网中小企业不同发展阶段的信用状态,本章以联众互动网络股份有限公司作为典型案例,并结合梯度竞争优势理论研究了联众网络游戏的发展、壮大与没落。研究中发现,联众游戏初创期以技术及自有资金为主,这种状况是由当时我国基本信用制度环境、游戏市场发育程度、消费习惯等导致的。当时的游戏产业作为文化创意产业的构成部分并未对经济增长存在较大的贡献,而且针对游戏产业,我国的文化产业基金及相关市场信贷配置也未形成规模。因而,初创期的游戏企业只得以自有资本及技术优势度过关键期。然后,随着联众盈利模式的成功,外部股权投资者开始介入。联众重视并购对象的资源、平台、品牌等无形资产信用信息,但是未以自身的无形资产与重要财务信息构建起成熟且可行的信用分享模式,也未考虑通过产品创新提升自身的信用能力。所以,联众互动网络股份有限公司属于一个创业不成功的游戏企业案例。

我国信用制度环境发生了巨大变化,如信用制度环境的数字化、新冠疫情促进信用制度环境的线上化等使新信用环境与传统信用环境有了质的区别。该区别明显地表现在"数字化""线上化""智能化"等关键词的变化上。互联网游戏产业作为文化创意产业的重要构成部分,受到这些关键词变化背后规律的影响。比如,智能化、线上化与数字化增强了互联网游戏企业创新消费者多元化、全方位、多层次体验的感受。这种趋势的变化,使互联网中小游戏企业被嵌入文化内容创作的全产业链之中,并因此增加了互联网中小游戏企业创新的机会。在这种环境中,随着互联网创新能力的提升,也增强了互联网中小游戏企业的信用能力。与此同时,我国游戏产业发展具有历史的延续性,其不断发展的历史既有我国政府塑造文化主流价值观的需求,也有国家对游戏产业市场化发展的战略谋划。

　　最后，通过梳理互联网中小游戏企业的信用制度环境发现，这些信用制度环境及信用实现路径并未关切企业无形资产信用信息的重要作用。政府政策、市场信用、税收优惠等信用制度在支持互联网中小游戏企业创新时，也只将企业的技术、专利、客户资源、商标等无形资产价值笼统地归于创新能力，而未对企业的无形资产进行深入的解读。无形资产信用信息作为甄别互联网中小游戏企业信用风险的重要对象，应将其纳入信贷供给方与融资需求方博弈机制的设计之中。因而，为了探索我国互联网中小游戏企业信用实现现状中存在的主要矛盾问题，应从信用实现相关主体的利益分配入手，将相关信用信息与政府规制作为信贷供给方与融资需求方动态博弈机制设计的关键变量，并对利益协调与机制设计进行研究。

第四章　互联网中小游戏企业信用分享的博弈分析

国家大力扶持新兴文化产业的发展，使作为新兴文化代表的互联网游戏产业逐渐成为促进经济增长的重要文化产业支柱之一。互联网中小游戏企业作为游戏产业的重要市场主体，广泛分布于包括游戏研发设计和产品服务在内的各个细分领域，属于游戏市场中创新活动最为活跃的部分。这类企业具有轻资产和知识密集型的特征，且相应地缺少实物抵押担保品。该类型企业在满足移动互联网市场消费多元化及消费者精品消费需求时，都希望通过创新技术开发出有竞争力的产品或服务，进而建立一定的市场优势，以提高自身的信用能力。但是，互联网中小游戏企业在发展初期通常会遭遇外源融资障碍，部分银行和第三方金融机构甚至将该类企业列入负面清单，加之被大型互联网游戏企业挤占信用，使该类企业难以以有限的自有资本保障可持续经营。企业消耗自有资本形成的以技术、人才、版权和商标为代表的无形资产，却因资金短缺陷入闲置或贬值的困境。针对这类存在技术与版权等有价值无形资产的互联网中小游戏企业，如果外部信贷供给方能够给予支持，不仅会促进游戏市场的技术创新，还将为外部信贷供给方提供价值增值的溢价。互联网中小游戏企业外部信贷供给方具有专业与非专业之分。专业的信贷供给方有四大国有银行和规范的第三方中小金融服务机构，非专业的信贷供给方包括民间高利贷、E租宝，以及专业金融机构的非专业信贷供给如包商银行的非专业信用行为。

互联网游戏产业推动经济快速增长，其中互联网中小游戏企业是该阶段技术创新的重要主体。该类企业以轻资产和知识密集型特征导致其因抵押品缺乏而面临外部信贷供给不足的问题。外部信贷供给方应基于该类企业存在有价值且可识别的无形资产进行信贷分配，进而分享该类企业的价值增值部分。然而，信用市场上信贷供给方与融资需求方并非均属于优质的信用主体，劣质的融资需求方与劣质的信贷供给方均会造成信贷错配。因而，可在融资需求方与信贷供给方之间构建基于信用分享的收益共享机制。为了促进信用分享机制的建立，还需在两者之间构建政府对低质量和非专业信用主体的惩罚机制。在信用分享与政府规制条件下，通过动态演化方程复制了融资需求方与信贷供给方的博弈仿真行为。结论表明，在融资需求方与信贷供给方之间构建信用分享机制具有必要性及完善政府规制的重要性。

第一节　信用分享下动态博弈分析

互联网中小游戏企业与信贷供给方的博弈在于有效信息的披露程度，有效信用信息包括企业财务报表指标和企业版权、商标等非财务指标。互联网中小游戏企业与信贷供给方基于一定企业信息和市场信息进行博弈，其中互联网中小游戏企业属于融资需求方。

一、信用能力专业识别和政府规制

信贷供给方不重视互联网中小游戏企业拥有的有价值无形资产，即信贷供给方对互联网中小游戏企业的实质性信用能力缺少认知，使中小游戏企业的可持续经营能力受限。本书认为除主要财务指标为信用能力识别对象外，还应将无形资产作为判断信用能力的一项重要指标，并将互联网中小游戏企业分为高信用能力企业和低信用能力企业。而信贷供给方主要分为专业和非专业，其划分依据为：在2017年之前，非专业和非理性的投资居多，而2019年之后专业和理性居多，如2019年之后游戏行业中的主要股权投资大多与该行业腾讯、网易和阿里的支配地位有关，即使是银行融资也会更多使用专业信息和考虑风险防控。因而，本书认为有必要将互联网中小游戏企业分为信用能力高的企业和信用能力低的企业，并将市场中信贷供给方区分为专业信贷供给方和非专业信贷供给方。同时，信贷供给方可成为专业信贷供给方，也可成为非专业信贷供给方。同理，互联网中小游戏企业可为信用能力高的企业，也可为信用能力低的企业。信贷供给方包括国内银行机构、非银行金融机构、小贷公司和大型投资机构或者为中小企业信用背书的大型企业等，这些信贷供给方以创造信贷供给为主，并且存在不同的借贷机制与信用风险。即信贷供给方同样存在信用违约行为，即信用等级较高且具有国有背景的信贷供给方存在违约行为，如永城煤电债券违约。民间高利贷等非专业金融机构被认为非专业信贷供给方。此外，专业的信贷供给方可使用非专业信用供给行为，如包商银行非专业授信行为，因而此时的专业信贷供给方也被认为是非专业的信贷供给方。网络游戏市场中存在大量互联网中小游戏企业，其中也有信用能力高与信用能力低之分。在同类市场中，大量信用能力低的游戏企业易影响中小游戏市场行业信用标准的制定，进而造成社会福利损失。

非专业信用行为及机会主义行为均应被政府规制，即信贷供给方提供非专业信贷的行为及信用能力低的互联网中小游戏企业在获得专业信贷供给方信用供给时的机会主义行为均应被政府所规制。该机会主义行为具体指信用能力低的互联网中小游戏企业伪装为信用能力高的互联网中小游戏企业以获取机会主义收益（如获取政府补助或者专业信贷供给方的信贷供给后跑路），这种低信用能力的互联网中小游戏企业伪装成高信用能力的互联网中小游戏企业以获取机会收益的行为被政府所规制。也即将所有的非专业信贷供给方与伪装成高信用能力互联网中小游戏企业纳入政府规制的主要对象，并对其实施惩罚。该惩罚成本用于专业和高信用能力主体建设，即用非专业和伪装成高信用能力主体的惩罚成本以弥补专业和高信用能力主体的损失。

二、信贷匹配的博弈支付矩阵

假设市场中，信贷供给方选择专业行为的概率[①]为y，互联网中小游戏企业选择高信用能力的概率为x。专业信贷供给方向高信用能力互联网中小游戏企业提供信贷，则高信用能力融资需求方获取收益R_1减去融资需求方为努力成为高信用能力互联网中小游戏企业付出的成本c_1，同时高信用能力互联网中小游戏企业与专业信贷供给方基于无形资产（商标、作品著作权、软件著作权、资质和专利等）而形成一种信用分享模式。U为高信用能力互联网中小游戏企业与专业信贷供给方基于该无形资产建立起信用分享关系而产生的溢出收益，高信用能力互联网中小游戏企业共享溢出收益为ωU，专业信贷供给方共享溢出收益为$(1-\omega)U$，所以高信用能力的融资需求方获取专业信贷供给方的信贷的收益还应加上这部分ωU，即其总收益为$(R_1+\omega U-c_1)$，$\omega \in [0,1]$。同样，专业信贷供给方获取的收益为L_1减去信贷供给方成为专业信贷供给方付出的成本c_2加上共享溢出收益$(1-\omega)U$，即其总收益为$[L_1+(1-\omega)U-c_2]$；信贷供给方以概率$(1-y)$成为非专业信贷供给方（成为非专业信贷供给方不需要额外成本），并向高信用能力的融资需求方提供信贷，高信用能力的融资需求方获得收益R_1加上政府对高信用能力的互联网中小游戏企业因获得低质量信贷进行

①　不同专业信贷供给方的风险偏好不同如银行与第三方金融机构、大型投资机构等的风险偏好有所差异。因而，不同风险偏好的信贷供给方存在的概率也是不同的。但是，为了将研究的问题简单化，以及不影响研究的结论，本书假设多元化专业信用供给主体的风险偏好是相同的。

的补贴k（这部分政府补贴可设置为政府补贴来源于对非专业信贷供给方的惩罚成本①），并减去互联网中小游戏企业成为高信用能力互联网中小游戏企业的努力成本c_1，则高信用能力互联网中小游戏企业获得总收益为(R_1+k-c_1)，而非专业信贷供给方获得总收益等于(L_1+e_2-k)，其中e_2为非专业信贷供给方因机会主义获得收益，k为信贷供给方成为非专业信贷供给方所受到的惩罚。

互联网中小游戏企业选择概率为$(1-x)$，低信用能力一方获取专业信贷供给方的综合收益为(R_1+e_1-k)，其中k为低信用能力互联网中小游戏企业伪装成高信用能力互联网中小游戏企业所得的惩罚，为分析与计算方便，假定低信用能力互联网中小游戏企业的惩罚成本与非专业信贷供给方惩罚成本均为k，e_1为互联网中小游戏企业成为低信用能力互联网中小游戏企业获取高质量信贷的机会主义收益。信贷供给方获取综合收益为(L_1+k-c_2)，其中以对非专业信贷供给方的惩罚k补贴专业信贷供给方；低信用能力互联网中小游戏企业向非专业信贷供给方获取信贷为R_1，即非专业信贷供给方将信用提供给低信用能力互联网中小游戏企业的收益为L_1。其中，概率x、$y\in[0,1]$，且概率也都为时间t的函数，即随着时间变化，市场中不同类型的信贷供给方与互联网中小游戏企业概率会发生变化，并假设政府惩罚成本与政府补贴都为k、信贷供给方努力成为专业信贷供给方的成本为c_2和互联网中小游戏企业努力成为高信用能力互联网中小游戏企业的成本（包括机会成本）c_1，三者满足不等式关系$k<c_1$且$k<c_2$，意味着互联网中小游戏企业努力成为高信用能力企业的成本要大于非专业信贷供给方供给成本和低信用能力互联网中小游戏企业的惩罚成本。同理，信贷供给方努力成为专业信贷供给方的成本要大于非专业信贷供给方和低信用能力互联网中小游戏企业的惩罚成本或政府补贴。具体的博弈矩阵如表4-1所示。

① 政府对大型网络游戏企业与互联网中小游戏企业的补贴目标不同，大致分为以下两类：一是以大型网络游戏企业阿里巴巴为例，政府对这类大型企业的补贴侧重于其可持续经营空间、可持续经营收入及可持续的税收，以隐性政府补贴为主如土地使用优惠等政策；二是政府对互联网中小游戏企业的补贴更侧重互联网中小游戏企业的创新主体、就业主体、行业学习与培训主体的定位。本书主要研究对象为互联网中小游戏企业，因而政府的补贴更侧重第二类。

表4-1　信贷匹配的支付矩阵

博弈决策		信贷供给方	
		专业y	非专业$(1-y)$
互联网中小游戏企业	高信用能力x	$\left[R_1+\omega U-c_1,\ L_1+(1-\omega)U-c_2\right]$	$(R_1+k-c_1,\ L_1+e_2-k)$
	低信用能力$(1-x)$	$(R_1+e_1-k,\ L_1+k-c_2)$	(R_1,L_1)

三、演化博弈的均衡点及稳定性

基于该博弈矩阵，互联网中小游戏企业与信贷供给方的博弈策略适合对演化博弈理论中的动态复制过程进行描述（Hofbauera and Sandholmb，2007）。因而，可构建信贷供给方与互联网中小游戏企业的动态复制方程对博弈双方的策略演化过程进行描述。博弈双方会选择成为专业与非专业、高信用能力与低信用能力类型企业的关键在于各自追求利益最大化。

互联网中小游戏企业选择成为高信用能力企业的收益期望函数为

$$\pi_{11}=y\left(R_1+\omega U-c_1\right)+(1-y)\left(R_1+k-c_1\right) \tag{4-1}$$

互联网中小游戏企业选择成为低信用能力企业的收益期望函数为

$$\pi_{12}=y\left(R_1+e_1-k\right)+(1-y)R_1 \tag{4-2}$$

则互联网中小游戏企业的平均收益期望函数为

$$\pi_1=x\pi_{11}+(1-x)\pi_{12} \tag{4-3}$$

因而，互联网中小游戏企业是否成为高信用能力与低信用能力企业的动态复制方程为

$$f_1\left(x,y\right)=\mathrm{d}x/\mathrm{d}t=\left(\pi_{11}-\pi_1\right)x=x(1-x)\left[\pi_{11}-\pi_{12}\right]$$
$$=x(1-x)\left[y\left(\omega U-e_1\right)+k-c_1\right] \tag{4-4}$$

同理，信贷供给方的平均收益期望函数为

$$\pi_2=y\pi_{21}+(1-y)\pi_{22} \tag{4-5}$$

因而，信贷供给方是否成为专业与非专业信贷供给方的动态复制方程为

$$f_2(x,y)=\mathrm{d}y/\mathrm{d}t=\left(\pi_{21}-\pi_2\right)y=y(1-y)\left[\pi_{21}-\pi_{22}\right]$$
$$=y(1-y)\left\{\left[(1-\omega)Ux-xe_2\right]+k-c_2\right\} \tag{4-6}$$

市场中，信贷供给方与互联网中小游戏企业不断进行博弈，信贷供给方寻求高信用能力互联网中小游戏企业以获取信用价值增值，而互联网中小游戏企

业寻求专业信贷供给方以增强企业经营能力。两者在动态博弈过程中，存在有效的均衡点。根据式4-7：

$$\begin{cases} f_1(x,y) = \mathrm{d}x/\mathrm{d}t = 0 \\ f_2(x,y) = \mathrm{d}y/\mathrm{d}t = 0 \end{cases} \quad (4-7)$$

进而得出5个均衡点：$O(0,0)$、$A(0,1)$、$B(1,0)$、$C(1,1)$、$D\left(\dfrac{c_2-k}{[(1-\omega)U-e_2]}, \dfrac{c_1-k}{(\omega U-e_1)}\right)$，该5个均衡点为演化博弈的均衡点，且两个主体博弈演化解域的边界$\{(x,y)\,|\,0 \leqslant x \leqslant 1; 0 \leqslant x \leqslant 1\}$。

根据上述求得互联网中小游戏企业与信贷供给方的复制动态方程，可得雅可比矩阵为

$$J = \begin{bmatrix} \partial f_1/\partial x & \partial f_1/\partial y \\ \partial f_2/\partial x & \partial f_2/\partial y \end{bmatrix} \quad (4-8)$$

平衡点的稳定性由矩阵J的迹$\mathrm{tr}(J)$和行列式$\det(J)$的符号正负来判断均衡点是否属于演化博弈的稳定点（ESS）、不稳定点和鞍点。如表4-2所示。

表4-2 互联网中小游戏企业与信用供给演化博弈的均衡点及稳定性

平衡点	迹的符号	行列式的符号	稳定性
$O(0,0)$	$\mathrm{tr}(J)<0$	$\det(J)>0$	ESS
$A(0,1)$	$\mathrm{tr}(J)>0$	$\det(J)>0$	不稳定
$B(1,0)$	$\mathrm{tr}(J)>0$	$\det(J)>0$	不稳定
$C(1,1)$	$\mathrm{tr}(J)<0$	$\det(J)>0$	ESS
$D\left(\dfrac{c_2-k}{[(1-\omega)U-e_2]}, \dfrac{c_1-k}{(\omega U-e_1)}\right)$	$\mathrm{tr}(J)=0$	$\det(J)<0$	鞍点

信贷供给方与互联网中小游戏企业两者演化博弈的稳定点（ESS）为$O(0,0)$、$C(1,1)$，其对应的策略为（低信用能力企业，非专业信贷供给方）、（高信用能力企业，专业信贷供给方），不稳定点为$A(0,1)$、$B(1,0)$，其对应的策略为（低信用能力企业，专业信贷供给方）、（高信用能力企

业，非专业信贷供给方）；$D\left(\dfrac{c_2-k}{\left[(1-\omega)U-e_2\right]},\dfrac{c_1-k}{(\omega U-e_1)}\right)$ 为鞍点，其位于平面

$\{(x,y)\,|\,0\leqslant x\leqslant 1;0\leqslant x\leqslant 1\}$ 上。两者演化均衡路径如图 5-1 所示。

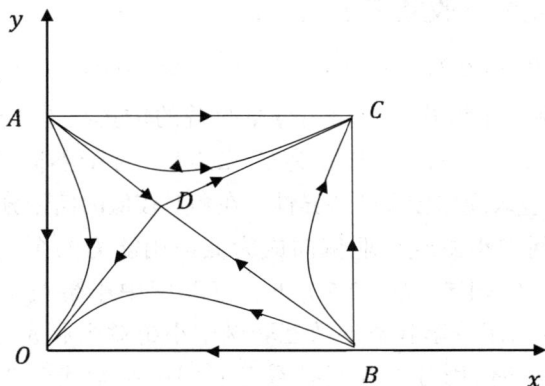

图 4-1 互联网中小游戏企业与信贷供给方演化博弈均衡点和鞍点

第二节 演化博弈数值模拟

　　双方博弈情景仿真主要考虑两方信用分享的收益共享，并对信用的内外部参与主体进行激励和规范。在信贷市场上，由于信息不对称，信用供给主体与融资需求主体为实现自身收益最大化将在专业与非专业、高信用能力与低信用能力之间做出选择，两者的博弈变成了信贷是否有效配置的重要内在机制。为更好地表现两者的演化行为，采用数值仿真的方法进行描述。其中，较为理想的状态为专业信贷供给方与高信用能力互联网中小游戏企业基于收益共享构建了信用分享机制，但当收益共享不能满足两者收益最大化时，该信用分享机制无法进行。

　　设定时间步长为 Δt，信贷供给方与互联网中小游戏企业成为专业主体与非专业主体、高信用能力与低信用能力主体的概率都为 0.5，该信用分享收益 U 的大小为 0.5、1、1.5、2.5 表征，0.5 表示收益不理想，1、1.5 表示收益较为一般，2.5 表示收益较好。收益共享的分配系数 ω 的大小分别用 0.2、0.5、0.9 表征，其中 0.2 和 0.9 表示不合理分配，0.5 表示相对合理分配。低信用能力

互联网中小游戏企业与非专业信贷供给方的惩罚性成本 k 为 0.01、0.02、0.03、0.1 表征，0.01 表示低惩罚性成本，0.02 表示一般惩罚性成本，0.03 和 0.1 表示较高惩罚性成本，其他参数为固定值。

一、不同信用分享收益下演化

假设相关参数 $\omega = 0.2$，$e_1 = 0.3$，$e_2 = 0.3$，$k = 0.03$，$c_1 = 0.2$，$c_2 = 0.3$，图 4-2（a）为互联网中小游戏企业信用分享收益的仿真结果（五角星为 $U = 0.5$，方块为 $U = 1$，星号为 $U = 1.5$，圆圈为 $U = 2.5$）。对于不同的信用分享收益，互联网中小游戏企业表现出较大的差异性，在相对较低的信用分享收益（$U = 0.5$，$U = 1$）下，互联网中小游戏企业偏向成为低信用能力的企业；而在相对较高的信用分享收益（$U = 1.5$，$U = 2.5$）下，互联网中小游戏企业偏向为高信用能力企业。越低的信用分享收益导致互联网中小游戏企业成为低信用能力企业的时间越短，越高的信用分享收益导致互联网中小游戏企业成为高信用能力企业的时间越短。同理，如图 4-2（b）不同信用分享收益下，信贷供给方的表现也具有较大的差异性，在较低的信用分享收益（$U = 0.5$，$U = 1$）下，信贷供给方成为非专业信贷供给方的概率大。在较高的信用分享收益（$U = 1.5$，$U = 2.5$）下，信贷供给方成为专业信贷供给方的概率也越大。并且越低的信用分享收益，信贷供给方成为非专业信贷供给方时间越短；越高的信用分享收益，信贷供给方成为专业信贷供给方的时间也越短。比较互联网中小游戏企业与信贷供给方的仿真行为发现，信贷供给方对互联网中小游戏企业的行为反馈较为敏感。

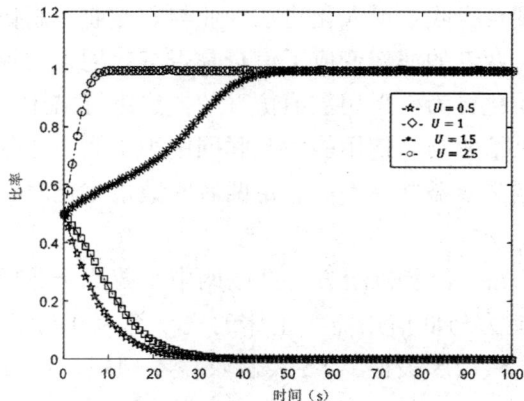

（a）不同信用分享收益下互联网中小游戏企业的仿真行为

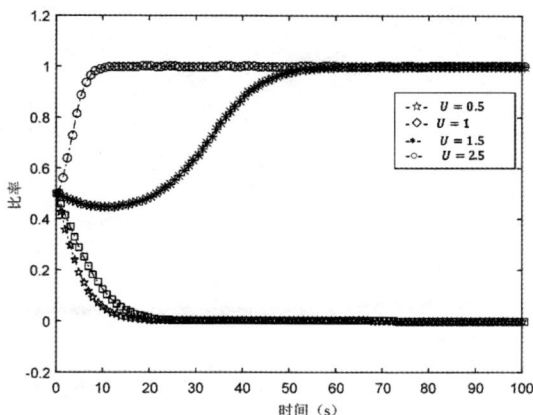

（b）不同信用分享收益下信贷供给方的仿真行为

图 4-2　不同信用分享收益下的仿真行为

图 4-3（ a ）与图 4-3（ b ）进一步描述了信用分享收益不理想情形（ $U=0.5$ ）下与信用分享收益理想的情形（ $U=1.5$ ）下的仿真结果，其中五角星为互联网中小游戏企业、方块为信贷供给方。在信用分享收益不理想的情形下，信贷供给方的表现比互联网中小游戏企业更为敏感，即在信用分享收益不佳的情况下，信贷供给方更容易更快速地成为非专业的信贷供给方。在信用分享收益理想的情形下，信贷供给方成为专业信贷供给方的倾向没有互联网中小游戏企业成为高信用能力企业迅速，即互联网中小游戏企业表现出对理想信用分享收益的积极性（此时信用分享收益更有利于互联网中小游戏企业）。而信贷供给方表现出对互联网中小游戏企业行为的应激性，如在信用分享收益 $U=1.5$ 时，互联网中小游戏企业倾向为高信用能力企业的概率增幅先上升后减缓的趋势导致了信贷供给方直接倾向为非专业信贷供给方，信贷供给方观测到互联网中小游戏企业整体趋向为高信用能力企业后，及时调整了自身的行为，向专业信贷供给方调整。

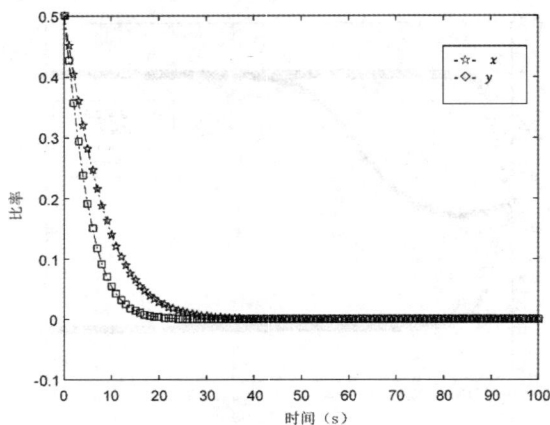

（a）信用分享收益不理想下仿真结果（U=0.5）

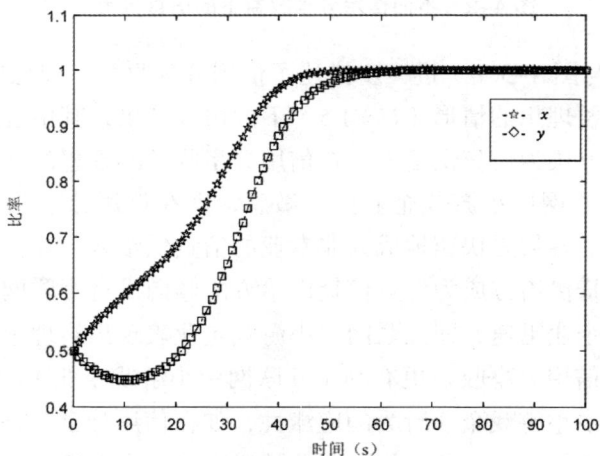

（b）信用分享收益理想下仿真结果（U=1.5）

图4-3　不同信用分享收益状态下仿真结果

二、不同收益共享系数下演化

本书的收益共享是对信用分享后融资需求方与信贷供给方总收益的分配。图4-4为不同收益共享系数下，互联网中小游戏企业与信贷供给方的仿真行为，相关参数为 $U=1.5$，$e_1=0.3$，$e_2=0.3$，$k=0.03$，$c_1=0.2$，$c_2=0.3$。不同收益共享系数表征具体如下：$\omega = 0.2$为不合理的收益共享系数（五角星）；$\omega = 0.5$为相对合理的收益共享系数（方块）；$\omega = 0.9$为不合理的收益共享系数（星号）。图4-4（a）为不同收益共享系数下互联网中小游戏企业的仿真行为。在不合理的收益共享系数$\omega = 0.2$与$\omega = 0.9$下，互联网中小游戏企业趋向为低信用能力企业。并且在这两种不合理的共享系数之间，对于互联网中小游戏企业，$\omega = 0.2$比$\omega = 0.9$表现得更加不合理。说明在不合理的收益共享系数下，互联网中小游戏企业更倾向高收益共享比例。图4-4（b）为不同收益共享系数下信贷供给方的仿真行为。在不合理的收益共享系数$\omega = 0.2$与$\omega = 0.9$下，信贷供给方趋向为非专业信贷供给方。并且在这两种不合理的共享系数之间，对于信贷供给方，$\omega = 0.9$比$\omega = 0.2$表现得更加不合理。说明在不合理的收益共享系数下，信贷供给方更倾向低收益共享比例。在合理的信用共享收益系数$\omega = 0.5$下，互联网≈中小游戏企业与信贷供给方都倾向为高信用能力企业与专业信贷供给方，此时互联网中小游戏企业与信贷供给方成为高信用能力与专业信用主体的收益均较为可观。

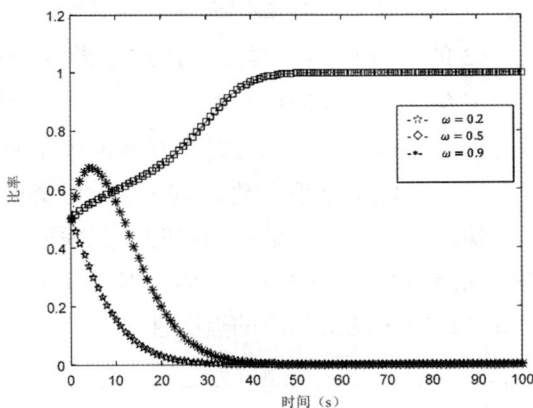

（a）不同收益共享系数下互联网中小游戏企业的仿真行为

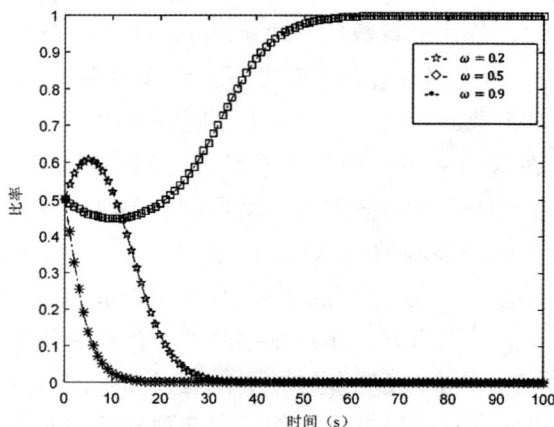

（b）不同收益共享系数下信贷供给方的仿真行为

图4-4　不同收益共享系数下的仿真行为

图4-5为三种收益分配系数下，其他相关参数如 $U=1.5$，$e_1=0.3$，$e_2=0.3$，$k=0.03$，$c_1=0.2$，$c_2=0.3$ 的仿真行为。对互联网中小游戏企业与信贷供给方的仿真行为进行比较（五角星为互联网中小游戏企业一方，方块为信贷供给方一方）发现，在收益分配不合理系数 $\omega=0.2$ 时，互联网中小游戏企业更容易成为低信用能力企业。在信用分配不合理系数 $\omega=0.9$ 时，信贷供给方更容易成为非专业信贷供给方。在信用分配合理系数 $\omega=0.5$ 时，互联网中小游戏企业与信贷供给方都倾向为高信用能力与专业的信用主体，但互联网中小游戏企业表现出更大的积极性，信贷供给方表现出相应的追随性。

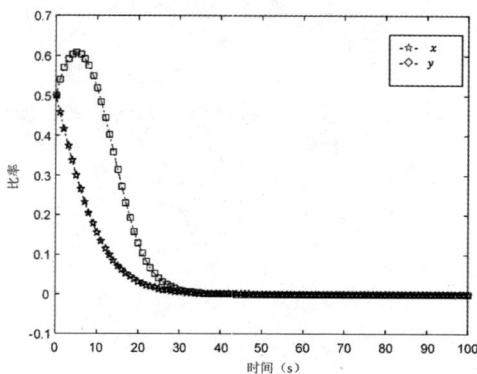

（a）收益分配不合理（$\omega=0.2$）

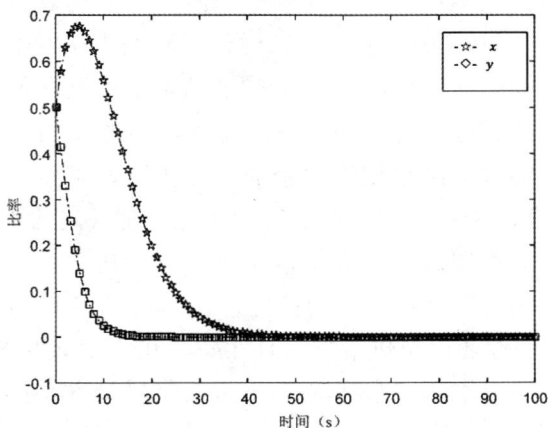

（b）收益分配不合理（$\omega=0.9$）

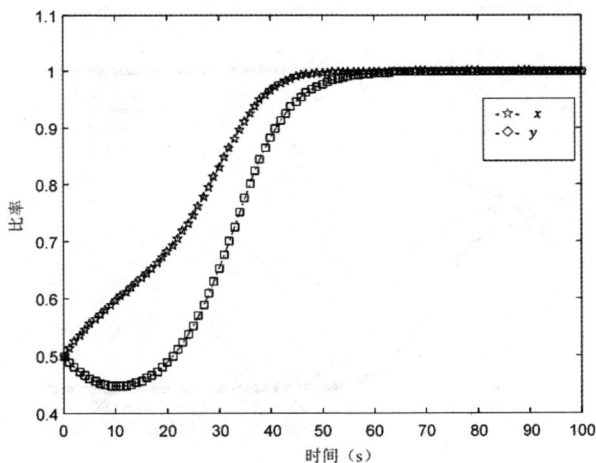

（c）收益分配合理（$\omega=0.5$）

图 4-5　收益分配不合理与合理下的仿真行为

三、不同政府惩罚成本约束下演化

图 4-6 为不同政府惩罚成本约束下，互联网中小游戏企业与信贷供给方的仿真行为。假设相关主要参数设定为 $\omega=0.5$，$U=1.5$，$e_1=0.3$，$e_2=0.3$，$c_1=0.2$，$c_2=0.3$，$k=0.01$ 为五角星，$k=0.02$ 为方块，$k=0.03$ 为星号。图 4-6

（a）为不同政府惩罚成本约束下互联网中小游戏企业仿真行为，在政府惩罚成本较低的情况下，如 $k=0.01$ 和 $k=0.02$ 时，互联网中小游戏企业倾向低信用能力企业，在相对较高的惩罚成本 $k=0.02$ 的情形下，互联网中小游戏企业成为低信用能力企业的过程相对缓慢。在政府相对高的惩罚成本 $k=0.03$ 下，互联网中小游戏企业将成为高信用能力企业，此仿真结果意味着政府行为对信用市场主体——互联网中小游戏企业的行为演化具有一定的正向激励效用。图 4-6（b）为不同政府惩罚成本约束下信贷供给方的仿真行为，同理，信贷供给方也表现出对不同信用惩罚成本的偏好，在 $k=0.01$ 和 $k=0.02$ 的情形下，信贷供给方偏向成为非专业信贷供给方，且在 $k=0.02$ 时表现出相对缓慢的趋势。在政府相对高的惩罚成本 $k=0.03$ 的情形下，信贷供给方将成为专业信贷供给方，此仿真结果意味着政府行为对信用市场主体——信贷供给方的行为演化也具有一定的正向激励效用。

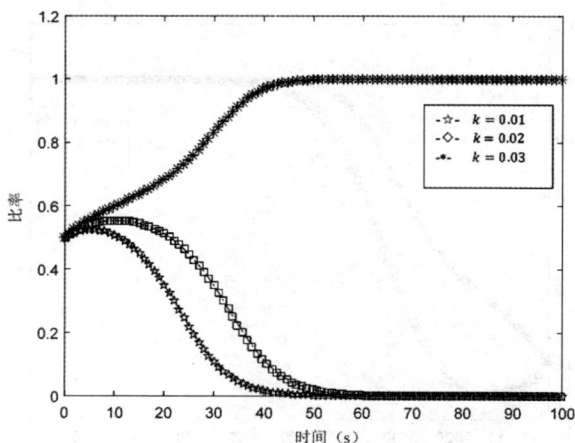

（a）不同政府惩罚成本约束下互联网中小游戏企业的仿真行为

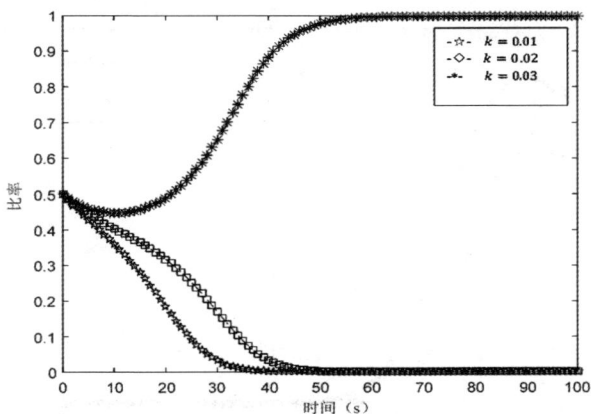

（b）不同政府惩罚成本约束下信贷供给方仿真行为

图 4-6 不同政府惩罚成本约束下仿真行为

图 4-7 为低政府惩罚成本与高政府惩罚成本下互联网中小游戏企业与信贷供给方的演化仿真结果，主要参数 ω =0.5，U =1.5，e_1 =0.3，e_2 =0.3，c_1 =0.2，c_2 =0.3，x 为互联网中小游戏企业，y 为信贷供给方。图 4-7（a）为低政府惩罚成本（k = 0.01）下的仿真结果，信贷供给方和互联网中小游戏企业在此低政府惩罚成本下均倾向为低信用能力与非专业信用主体，且信贷供给方表现更为积极。图 4-7（b）为较高政府惩罚成本（k = 0.03）下的仿真结果，互联网中小游戏企业与信贷供给方在此相对高的政府惩罚成本下均倾向为高信用能力与专业信用主体，且互联网中小游戏企业对成为高信用能力融资需求主体表现出更大的积极性。图 4-7（c）为非常高政府惩罚成本（k = 0.1）下的仿真结果，互联网中小游戏企业与信贷供给方在此非常高的政府惩罚成本下均表现出对成为高信用能力与专业信用主体的极大积极性，且两者成为高质量信用主体的积极性差异减小。

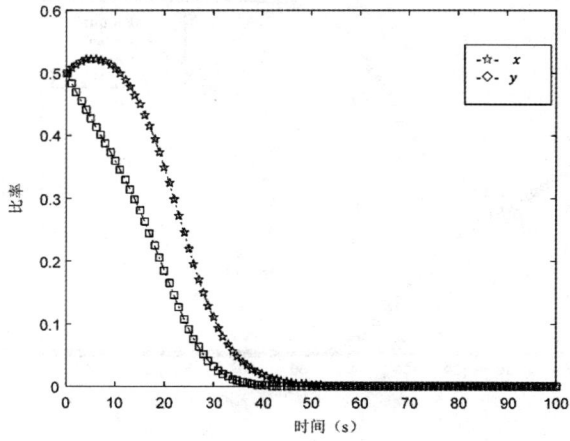

（a）低政府惩罚成本下仿真结果

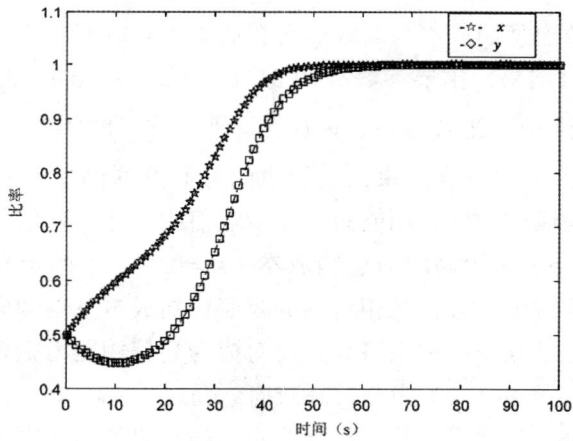

（b）较高政府惩罚成本下仿真结果(1)

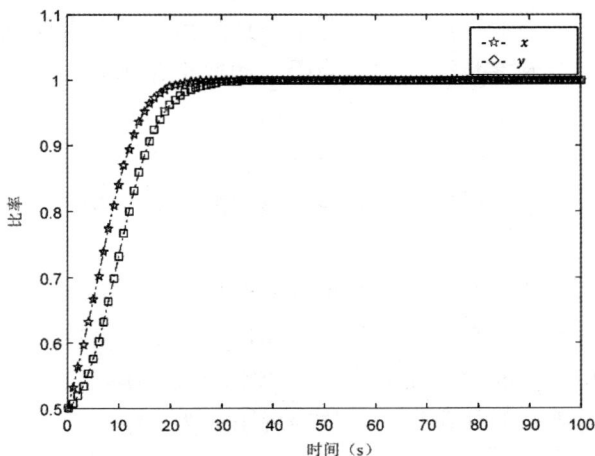

（c）高政府惩罚成本下仿真结果（2）

图4-7 低政府惩罚成本与高政府惩罚成本下的仿真行为

本章小结

为促进互联网中小游戏企业的可持续经营，如果外部信贷供给方与互联网中小游戏企业通过游戏企业内部的无形资产建立一种信用分享模式，则可解决互联网中小游戏企业可持续经营风险的问题。因而，本书在互联网中小游戏企业与其外部信贷供给方之间构建了动态博弈矩阵。互联网中小游戏企业与信贷供给方在选择成为高信用能力与低信用能力、专业与非专业一方时，因信用分享的收益及收益共享系数影响互联网中小游戏企业与信贷供给方行为抉择，较高的信用分享收益及合理的收益共享系数促进了互联网中小游戏企业与信贷供给方成为高信用能力企业与专业信贷供给方。在不合理的信用分享收益下，信贷供给方比互联网中小游戏企业更倾向成为非专业信用主体；在合理的信用分享收益下，互联网中小游戏企业比信贷供给方更倾向成为高信用能力方。这个结论表明信贷供给方与融资需求方存在趋利避害的行为，当信用环境较差时，信贷供给方领先一步成为信用供给不足的一方，当信用环境较好时，互联网中小游戏企业领先一步成为高信用能力融资需求方以获取信贷供给方的信贷供给，并带动信贷供给方成为专业的信用方。与信用分享收益合理情形类似，在收益分配系数合理的情形下，互联网中小游戏企业也领先信贷供给方成为高信用能力融资需求方，但在信用分配系数不合理的情形下存在两种可能性：一是较低的不合理信用分配系数下，互联网中小游戏企业领先信贷供给方成为低信用能力融资需求方；二是在较高的不合理信用分配系数下，信贷供给方领先互联网中小游戏企业成为非专业信贷供给方。这意味着信用分配的两个极端使互联网中小游戏企业与信贷供给方对成为低信用能力与非专业信用方表现出较大的差异性。

不同的政府惩罚性成本，也类似于政府对相关具体企业和与企业相关信用关系主体的规制性政策。在不同的政府惩罚性成本下，互联网中小游戏企业与信贷供给方表现相同，即对低政府惩罚性成本均表现了成为低信用能力与非专业信用方倾向，对高政府惩罚性成本均表现了成为高信用能力与专业信用主体的倾向。在低政府惩罚性成本下，信贷供给方比互联网中小游戏企业更倾向成为非专业信用主体。在较高政府惩罚性成本下，信贷供给方与互联网中小游戏企业相比，成为专业信用主体的时间较慢甚至出现了审慎的应激性行为。而在非常高的政府惩罚性成本下，信贷供给方与互联网中小游戏企业均积极成为高信用能力与专业信用方。整个演化博弈的过程显示，信贷供给方主导信贷的选择即信贷供给方表现出比互联网中小游戏企业更加趋利避害的行为，所以信用市场稍微有利于信贷供给方。

政府政策在规范互联网中小游戏企业与信贷供给方的行为，促进信用市场的发展时，可通过构建信用分享机制促进互联网中小游戏企业与信贷供给方成为高信用能力与专业的信用方，如在网络游戏产业中，通过大型网络游戏企业与中小游戏企业、并购机构与中小游戏企业等构建信用分享机制。另外，结合外部政府相关规制，如政府对银行、大型网络游戏企业、并购机构、第三方金融机构等信贷供给方和互联网中小游戏企业的惩罚性措施促进其成为高信用能力与专业的信用方。因而，动态演化博弈仿真较为形象地描述了互联网中小游戏企业与信贷供给方的行为选择及背后的动机，以及建立信用分享机制和实施政府规制的必要性。

偏向终端消费者的信用识别，降低了对传统贷款供给方如银行的依赖，其更多地依赖第三方金融服务机构的信用评价体系。因而，消费者的信用能力成了游戏运营商的客户资源，这类包括信用认证、信用积分、欺诈信息验证、行业关注名单、高新技术应用如人脸识别和眼纹识别等客户类无形资产，也使游戏消费通道从低频不稳定的游戏终端转移至高频使用的金融服务平台，如支付宝。因而，第三方信用评价机构为传统贷款供给方的重要信贷撮合方。但是，这种互联网金融平台存在准公共物品、市场垄断的特征，在垄断的势力下，也促生不少寻租行为。[①] 比如，低信用资质的互联网中小游戏企业贿赂互联网金融平台的管理人员，以获取信用资质许可及为劣质游戏产品服务提供地下通道等。所以，第三方信用评价机构的主要功能应在于降低融资需求方与信贷供给方因信息不对称导致的信用分享成本。

同时，本章在分析互联网中小游戏企业作为融资需求方与信贷供给方基于互联网中小游戏企业的无形资产信用信息构建信用分享契约时，市场信用制度环境也是融资需求方与信贷供给方是否履行信用分享契约的重要影响因素。因而，本书也需对影响互联网中小游戏企业信用实现路径的信用制度环境如政府行为进行实证研究分析。

---

① 提供不合法产品服务的游戏企业贿赂蚂蚁金服审核和审批人员，其中蚂蚁金服的审核和审批人员属于同一部门。审批人员将游戏企业介绍给审核人员，在审核人员的帮助下使该类游戏企业成为签约客户，在游戏企业受到消费者投诉后，继续在审核人员的协助下，更换游戏企业的支付宝收付款主体或者将投诉者信息交予游戏企业并由游戏企业退款处理的方式以避免用户继续投诉，继而审核人员规避了支付宝平台对该类游戏企业的合规调查。

第五章　互联网中小游戏企业信用甄别实证研究

本章先对无形资产的定义及其在相关领域的应用进行了说明，并提出了无形资产对企业与产业发展相关影响的判断。进而，依据现有的识别企业信息的数据挖掘方法，提出了适合互联网中小游戏企业的数据挖掘方法。一是关于无形资产的定义及相关性研究。无形资产的研究在管理学与经济学领域均有所发展，并且不同国家和行业的企业均强调人力资源、组织学习和能力建设作为竞争力因素的重要性（Bianchi and Labory，2005）。然而，不少研究者对无形资产的性质、决定因素和影响尚不清楚。其原因如下：有时无形资产被认为是创新、组织实践或人力资源；有时被认为是无形资产的生产者而不是无形资产本身。这种混淆可能源于有些资产同时是资产和资产的生产者（如知识）的事实。此外，无形资产可能是由一系列生产者创造的。例如专利，该类创新来自研发活动和组织资产的结果，且研发活动在某些组织环境中更有效。因而，无形资产可被定义为知识和能力，其与有形资产结合可产生创新并提高生产率和价值。该定义强调了资产和活动之间的互补性。例如，德国中小企业的无形资产不仅与企业的现有经营具有适度的相关性，而且与企业的未来经营具有更大的相关性（Durst and Susanne，2008）。此外，无形资产可被理解为智力资本，该智力资本包括人力资本、结构资本、顾客资本和社会资本。智力资本具有正向的促进效应，通过价值增加知识系数（VAIC）方法研究了相关国家证券交易所上市公司的智力资本与其市场价值和盈利能力之间的关系发现，增加企业的智力资本对企业的市场价值和盈利能力有正向影响（Nassari and Nasab，2014）。再运用欧盟 10 个国家 NACE 产业部门的无形投资最新数据 (Niebel et al，2012)，通过增长核算和生产函数的计量方法评估无形资产对生产率增长贡献的实证结果显示，无形资产对劳动生产率增长的会计贡献一般在制造业和金融业最高，且无形资产的估计产出弹性介于 0.1 至 0.2 之间，其高于要素份额。

二是识别企业无形资产的数据挖掘技术。投资者和债权人在做出投资和贷款决策之前，了解影响公司价值的关键因素是非常重要的。随着知识经济的发展，创造企业价值的方法已经由传统的有形资产转向无形知识。因此，无形资产的评估已经成为未来经济中广泛关注的话题。例如，利用数据挖掘中重要的数据预处理步骤——特征选择来识别影响无形资产的重要且具有代表性的因素（Tsai et al，2012）。目前存在五种特征选择方法，包括主成分分析（PCA）、逐步回归（stepwise regression）、决策树（DT）、关联规则（AR）和遗传算法（GA）。然后，使用多层感知器（MLP）神经网络作为预测模型，该预测模式可了解五种方法中被选择的哪些特征表现最好。

公认的会计准则认为传统财务会计没有计入大多数的无形资产，且大多数公司也只将无形资产作为费用（Buinskien and Rita，2017）。因而，应拓展国际会计准则的估值信息，如提出评估内容不仅为国际会计准则的财务信息，也为国际会计准则的非财务信息，从而才能揭示国际会计准则的真正价值。这样被拓展的国际会计准则估值信息才可能对公司的所有者和投资者都有价值。因而，本章依照拓展的国际会计准则估值信息方法将互联网中小游戏企业信息分为财务信息和非财务信息。

本书基于互联网中小游戏企业的财务指标与非财务指标，其中非财务指标包括无形资产，结合样本数据的特征及借鉴已有特征选择方法，采用 Lasso-logistic 信用风险评价建模方法对企业的信用风险进行评估。

第一节　样本选择及指标设计

一、不同板块样本来源设计

（一）样本选择

为研究互联网中小游戏企业的信用问题、信用甄别及信用实现，有必要对国内外主要板块的互联网游戏企业的财务指标与非财务指标进行比较研究。互联网游戏企业在不同资本市场上市面临不同的审核制度，美股板块对拟上市互联网企业不设置严格的盈利条件，但实施以强制性信息公开披露原则的注册制方式。国内主要资本板块分为主板、中小板块，以及创业板块，这些板块均采用核准制，以及对拟上市互联网企业设置严格的盈利门槛。相较于这些主要板块，我国新三板服务对象的规模更小、准入门槛较低，且不同板块的互联网游戏企业受其所在板块的市场监管规则及不确定性等影响而产生了不同信用风险，可通过对不同板块互联网游戏企业的财务指标与非财务指标进行对比，研究其信用风险问题。

表 5-1 列出的是不同板块的互联网游戏企业的数量、时间区间、数据类型和指标类型，并将其分为美股板块、国内主要板块和新三板。然后，将新三板作为重点的研究板块，且该板块的互联网游戏企业主要为中小规模的游戏企业。相关数据来源于 Wind 数据库，具体分类如下：

表 5-1　不同板块互联网游戏企业样本

样本数据板块	数　　量	时间区间	数据类型	指标类型
美股板块	32 家	2008—2015	平衡面板数据	财务指标为主
国内主要板块	118 家	2008—2019	平衡面板数据	财务指标与非财务指标
新三板	140 家（其中退市 51 家）	2013—2019	非平衡面板数据	财务指标与非财务指标

表 5-2 展示的是不同板块的重要统计信息与信息质量，可通过综合财务信息指标与非财务信息指标大致判断不同板块的信息质量。根据数据分析可知，就充分披露无形资产信用信息而言，新三板的数据质量相对较高。但是，无形资产信用信息并未成为外部信贷供给方提供信贷的主要依据。所以，如果考虑互联网中小游戏企业的无形资产信用信息，将会提高信贷供给方的信贷配置水平。

表 5-2　不同板块互联网中小游戏企业样本信息质量

样本板块	重要统计信息	信息质量
美股板块	缺少政府补助、无形资产、研发费用、非财务指标如版权、专利等重要信息披露指标	信息质量一般，以财务信息为主
国内主要板块	非财务指标如版权、专利披露不足	信息质量中等
新三板	研发费用等财务指标披露较少，无形资产等非财务指标数量披露充分	信息质量较好

根据 2011 年我国《中小企业划型标准规定》中关于对中小企业的分类，新三板中大部分企业都符合中小企业的定义，于是本书对不符合中小企业定义的企业进行了删除。依据员工人数、营业收入及企业的资产规模的区间标准，

从新三板互联网游戏企业中共筛选出 140 家挂牌的中小规模企业，并将这 140 多家中小游戏企业组成研究数据集库。

（二）变量设置

传统的构建信用风险模型一般无法判断样本中企业的相关质量，因过去对企业违约的评价都相对单一，如一方面将企业违约简单归纳为狭义的企业财务失败而导致的破产，另一方面也只是简单地将债务未能按约偿还本息归纳为企业的高等级违约风险。然而，学界未考虑到我国中小企业信用体系尚不健全，外部信用评级机构无法就中小游戏企业的内部风险进行充分的调研取证并披露，而且大多研究者采用上市企业股票的交易状况作为信用风险识别的重要信号，如该企业在相关年份是否被列入 ST 类企业。2013 年我国实施的《全国中小企业股份转让系统业务规则》对新三板触发 ST 处理的基本标准有以下几个方面：一是最近一个会计年度的财务会计报告被出具否定意见或者无法表示意见的审计报告；二是最近一个会计年度经审计的期末净资产为负值及股转系统规定的其他情形；三是企业违规、诉讼事件、未依法履行合同、拖欠工人工资、股权被法院冻结、未及时公布公司重大影响事项等负面信息带来的负面效应被认为是低等级违约信号。但是，这种风险识别的信号未必显示出互联网中小游戏企业的真实价值。因这类企业一般以前期高研发投入为主，对现金流与前期外部融资需求较大，如果没有可持续资金的流入，将很难渡过最关键的时期，进而进入下一个阶段。所以，较多中小企业在该类技术经济特征之下有被动违约的可能。本书也只将这些传统违约的判断标准作为判断企业是否可持续经营的一个标准。为了解决互联网中小游戏企业的可持续经营问题，有必要更加全面地了解互联网中小游戏企业的经营质量，除了关注传统财务指标外，本书更加关注企业的无形资产指标。

综上而言，本书将新三板的企业质量分为以下几类：第一类为低信用风险企业，其包括非 ST 及非退市企业；第二类为高信用风险企业，其包括 ST 及退市企业。并将互联网中小游戏企业的信息质量按照 2013 年至 2019 年的时段进行披露。同时，利用 Wind 数据库收集了符合违约特征的 140 家中小游戏企业，通过对其研究发现财务因素不佳依旧为企业被 ST 的重要原因。进而，新三板互联网中小游戏企业的企业信用评价体系依然包括财务指标。但是，本书也更加注重非财务指标中无形资产与财务指标的关联性。最后，本书确定了初始的影响指标分为 42 主要变量，其中企业财务指标 29 个，非财务指标 13 个，且响应变量为企业是否存在 ST 及退市的经营性风险，42 个指标为可能的预测变量。

二、财务指标及子量表设计

新三板中小游戏企业信用指标体系的财务变量子集表如表 5-3 所示，该表中的信用指标体系包括 6 个一级变量和 29 个二级变量，6 个一级变量分别为互联网中小游戏企业的盈利能力与收益质量、资本结构与偿债能力、营运能力、成长能力、现金流量及期间费用，并且每个一级变量又包括主要的子财务变量。

表 5-3　财务指标及子量表

变量类型	变量名称	变量含义
盈利能力与收益质量	资产负债率	（负债总额 / 资产总额）×100%
	投入资本回报率	（息前税后经营利润 / 投入资本）×100%
	销售毛利率	[（销售净收入 – 产品成本）/ 销售净收入]×100%
	销售净利率	（净利润 / 销售收入）×100%
	营业成本率	（营业总成本 / 营业总收入）×100%
	资产减值损失率	（资产减值损失 / 营业利润）×100%
	总资产	企业当年的资产总额
	营业收入	企业当年的营业收入总额
资本结构与偿债能力	流动资产比率	（流动资产 / 总资产）×100%
	流动负债	企业当年流动负债总额
营运能力	应收账款周转率	（当期销售净收入 / 应收账款平均余额）×100%
	总资产周转率	[销售（营业）收入 / 平均资产总额]×100%
	第一大供应商占比	第一名大供应商采购金额占比
	第二大供应商占比	第二名大供应商采购金额占比
成长能力	每股净利润率	（股东权益本期增加 / 期初股东权益）×100%
	每股收益率	[(本期每股收益 – 上期每股收益)/ ∣上期每股收益∣]×100%
	营业收入率	（营业收入增长额 / 上期营业收入总额）×100%
	营业利润率	（营业利润增长额 / 上期营业利润总额）×100%
	利润总额增长率	（本期利润增长额 / 上期利润总额）×100%
	净资产收益率（roe）	（净利润 / 净资产）×100%
	总资产净利润（roa）	（净利润 / 平均资产总额）×100%

变量类型	变量名称	变量含义
现金流量	研发投入	企业当年研发投入总额
	现金流量比率	（经营现金净流量 / 期末流动负债）×100%
	全部资产现金回收率	（经营现金净流量 / 期末资产总额）×100%
	销售现金收入比率	（经营现金净流入 / 营业收入）×100%
期间费用	财务费用	企业当年财务费用总额
	研发费用	企业当年研发费用总额
	管理费用	企业当年管理费用总额
	销售费用	企业当年销售费用总额

三、非财务指标及模型设计

（一）非财务指标及子量表

表 5-4 所例为非财务指标，其包括三个部分：一是反映企业内在价值信息的无形资产指标，其包括商标、作品著作权、软件著作权、资质；二是反映企业企业治理信息的指标，其包括员工数量、技术人员、销售人员、企业年龄、董事长是否兼任总经理；三是反映企业政策环境的指标，其包括政府补助、地方财政科学技术支出。

表 5-4　非财务指标及子量表

变量类型	变量名称	变量含义
企业内在价值信息	商标	每年累计商标数量
	作品著作权	每年累计作品著作权数量
	软件著作权	每年累计软件著作权数量
	资质	每年累计资质数量
	专利	每年累计专利数量
	无形资产	每年累计无形资产总额

变量类型	变量名称	变量含义
企业治理信息	员工数量	企业从业人员总数
	技术人员	技术人员在总员工人数中的占比
	销售人员	销售人员在总员工人数中的占比
	企业年龄	企业已经营年限
	董事长是否兼任总经理	董事长和总经理是否相同，是 =1，否 =0
政策环境	政府补助	政府对企业的当年政府补助总额
	地方财政科学技术支出	地方政府为鼓励企业科技创新的当年支出总额

（二）模型构建

采用 Lasso-logistic 信用风险评价建模，Lasso 方法对最小二乘回归引入惩罚项，最小二乘估计未知参数 $\alpha, \beta_1, \beta_2, \cdots, \beta_p$ 通过最小化残差平方和式 (5-1) 获取：

$$\sum_{i=1}^{n} e_i^2 = \sum_{i=1}^{n} \left(y_i - \alpha - \sum_{j=1}^{p} \beta_i X_{ij} \right)^2 \qquad （5-1）$$

Lasso 估计方法的求解基于式 (5-2)：

$$\sum_{i=1}^{n} e_i^2 + \lambda \sum_{j=1}^{p} |\beta_j| = \sum_{i=1}^{n} \left(y_i - \alpha - \sum_{j=1}^{p} \beta_i X_{ij} \right)^2 + \lambda \sum_{j=1}^{p} |\beta_j| \qquad （5-2）$$

Lasso 方法的显著优点在于增加惩罚项使影响力较小变量的估计系数为 0，进而得到稀疏系数模型，可对高维变量进行选择。在信用风险建模领域，Logistic 回归是相对传统的信用风险建模方法。然而，构建 Lasso 方法和 Logistic 回归结合的 Lasso-Logistic 模型方法能同时实现指标筛选和风险评价。根据对企业是否违约的二分响应变量，Lasso-Logistic 模型的系数估计通过最小化凸函数式 (5-3) 给出：

$$s(\beta) = -L(\beta) + \lambda \sum_{j=1}^{p} |\beta_j| \qquad （5-3）$$

其中，$L(\beta)$ 是对数似然函数，表达式如下：

$$L(\beta) = \sum_{1}^{n} \left\{ y_i \left(\alpha + \sum_{j=1}^{p} x_{ij} \beta_i \right) - \ln \left[1 + \exp \left(\alpha + \sum_{j=1}^{p} x_{ij} \beta_i \right) \right] \right\} \qquad （5-4）$$

Lasso-Logistic 模型的系数估计值为

$$\hat{\beta} = \underset{\beta}{argmin} \sum_{1}^{n} \left\{ y_i \left(\alpha + \sum_{j=1}^{p} x_{ij}\beta_i \right) - ln \left(1 + exp \left(\alpha + \sum_{j=1}^{p} x_{ij}\beta_i \right) \right) \right\} + \lambda \sum_{j=1}^{p} |\beta_j| \quad （5-5）$$

合理选择调节参数 λ 可影响 Lasso-Logistic 回归的变量，则选择调节参数的常用方法包括交叉验证（CV）、广义交叉验证（GCV）、拔靴法（Bootsrap）。

四、统计分析与 Lasso-logistic 模型估计

（一）变量 T 检验

本书将新三板互联网中小游戏企业分为两类：第一类为低信用风险企业，其包括非 ST 及非退市企业；第二类为高信用风险企业，其包括 ST 及退市企业。并对两类样本企业的变量差异进行 T 检验统计分析。表 5-5 显示了低信用风险企业与高信用风险企业在以下几类变量方面不存在显著性差异：第二大供应商占比（$P=0.8050$）；无形资产（$P=0.7265$）；销售毛利率（$P=0.3140$）；销售净利率（$P=0.3918$）；营业成本率（$P=0.3829$）；销售净利润率（$P=0.3775$）；应收账款周转率（$P=0.4326$）；每股净利润率（$P=0.8732$）；每股收益率（$P=0.1419$）；营业收入率（$P=0.3319$）；营业利润率（$P=0.2833$）；利润总额增长率（$P=0.8910$）；净资产收益率（$P=0.1405$）；总资产净利率（$P=0.0462$）；现金流量比率（$P=0.3759$）；全部资产现金回收比率（$P=0.4471$）；销售现金收入比率（$P=0.3849$）；财务费用（$P=0.0251$）；研发费用（$P=0.2498$）；员工人数（$P=0.4321$）；销售人员占比（$P=0.9564$）；地方财政科学技术支出（$P=0.8748$）；董事长与总经理职位是否兼任（$P=0.0185$）；软件著作权（$P=0.3449$）；专利（$P=0.4261$）。上述变量在这两类企业之间并无明显差异，因而对是否存在经营性风险的判断并无明显作用。

T 检验也发现了在以下几类变量中，两类企业存在显著性差异（$P<0.10$）。这些变量如下：资产规模（$P=0.0027$）；研发投入（$P=0.0007$）；政府补助（$P=0.0021$）；第一大供应商（$P=0.0036$）；投入资本回报率（$P=0.0017$）；资产减值损失率（$P=0.0315$）；流动资产率（$P=0.0030$）；总资产周转率（$P=0.0689$）；流动负债（$P=0.0600$）；营业收入（$P=0.0693$）；管理费用（$P=0.0250$）；销售费用（$P=0.0056$）；技术人员占比（$P=0.0017$）；企业年龄（$P=0.0008$）；商标（$P=0.0603$）；作品著作权（$P=0.0037$）；资质

（$P=0.0512$）。投入回报率、营业收入和资产减值损失率为企业盈利能力与收益质量指标，流动资产率、流动负债为企业的资本结构与偿债能力指标，第一大供应商、总资产周转率、管理费用和销售费用为企业的营运能力指标。其他如技术人员占比、企业年龄、商标、作评著作权和资质为企业的主要无形资产指标，且这些指标都较能体现企业内在价值，也是互联网中小游戏企业获取信贷供给的重要资本。

表 5-5　各变量对是否存在经营风险的 T 检验表

变　量	均　值		T统计量	P值	方差齐次性检验
	低信用风险 =1	高信用风险 =0			
资产规模（元）	1.25e+08	7.45e+07	−3.007 4	0.002 7*	9.04（0.002 7）
研发投入（元）	2.08e+07	8 731 883	−3.406 9	0.000 7*	8.77（0.003 2）
政府补助（元）	1 691 953	1 090 067	−3.097 0	0.002 1*	7.62（0.005 9）
第一大供应商占比	35.432 22	30.782 28	−2.919 7	0.003 6*	8.14（0.004 5）
第二大供应商占比	14.728 3	14.876 33	0.247 0	0.805 0	0.06（0.807 0）
无形资产（元）	4 851 678	5 167 220	0.350 0	0.726 5	0.13（0.715 7）
投入资本回报率	11.744 59	−9.754 985	−3.156 2	0.001 7*	10.49（0.001 2）
销售毛利率	−195.067 2	52.144 77	1.007 9	0.314 0	0.76(0.384 1)
销售净利率	−766.155 4	−68.038 49	0.856 7	0.391 8	0.73(0.391 8)
营业成本率	726.071 5	1.494 097	−0.873 0	0.382 9	0.76(0.382 9)
资产减值损失率	−6.299 289	3.797 047	2.155 5	0.031 5*	3.57(0.059 2)
销售净利润率	−319.030 5	−0.446 696 5	0.882 9	0.377 5	0.78(0.377 5)
流动资产率	77.533 01	81.491 45	2.978 7	0.003 0*	8.48(0.003 7)
应收账款周转率	199.631 9	92.109 61	−0.785 2	0.432 6	0.62(0.432 6)
总资产周转率	1.114 44	1.241 993	1.821 9	0.068 9*	3.34（0.068 1）
每股净利润率	336.410 1	274.232 1	−0.159 6	0.873 2	0.03(0.873 2)
每股收益率	0.685 103 3	1.072 972	1.469 9	0.141 9	2.16(0.141 9)
营业收入率	478.024 2	307.283	−0.970 9	0.331 9	0.94(0.331 9)
营业利润率	−249.979 7	69.981 5	1.073 6	0.283 3	1.15(0.283 3)
利润总额增长率	346.794 6	379.183 7	0.137 1	0.891 0	0.02(0.891 0)

变　量	均　值		T统计量	P值	方差齐次性检验
	低信用风险 =1	高信用风险 =0			
净资产收益率	13.358 07	−74.328 58	−1.475 6	0.140 5	2.18(0.140 5)
总资产净利率	4.832 927	−1.256 691	−1.997 1	0.046 2	4.10(0.043 1)
现金流量比率	3.484 033	−.3144 867	−0.885 8	0.375 9	0.78 (0.375 9)
流动负债（元）	4.13e+07	2.62e+07	−1.8832	0.060 0*	3.00(0.083 6)
全部资产现金回收比率	−3.473 111	−8.338 18	−0.760 6	0.447 1	0.58(0.447 1)
销售现金收入比率	1 375.543	1.636 274	−0.869 3	0.384 9	0.76(0.384 9)
营业收入（元）	1.32e+08	8.63e+07	−1.818 4	0.069 3*	3.31(0.069 3)
财务费用（元）	−226 089.1	229 782.5	2.244 4	0.025 1	4.02（0.045 2）
研发费用（元）	2.44e+07	8 296 188	−1.154 9	0.249 8	1.33（0.249 8）
管理费用（元）	2.33e+07	1.55e+07	−2.247 2	0.025 0*	3.97（0.046 8）
销售费用（元）	2.34e+07	1.01e+07	−2.782 0	0.005 6*	5.71（0.017 1）
员工人数（个）	122	114	−0.786 1	0.432 1	0.62(0.432 1)
技术人员占比	52.020 65	46.170 53	−3.153 1	0.001 7*	10.18（0.001 5）
销售人员占比	17.142 6	17.212 54	0.054 7	0.956 4	0.00(0.956 4)
企业年龄（年）	6.512 381	5.787 724	−3.361 3	0.000 8*	10.61(0.001 2)
地方财政科学技术支出（元）	2.07e+10	2.08e+10	0.157 6	0.874 8	0.02（0.874 8）
董事长与总经理职位是否兼任	0.733 333 3	0.660 714 3	−2.360 4	0.018 5	5.68（0.017 3）
商标	44.409 52	33.673 47	−1.881 2	0.060 3*	3.74(0.053 6)
作品著作权	5.950 476	16.900 51	2.914 8	0.003 7*	11.06（0.000 9）
软件著作权	27.405 71	25.545 92	−0.944 9	0.344 9	0.89(0.344 9)
资质	1.510 476	1.785 714	1.954 7	0.051 2*	4.62(0.031 9)
专利	4.499 048	5.688 776	0.796 3	0.426 1	0.63(0.426 1)

（二）Lasso-logistic 模型估计

1.解释变量筛选

模型估计采用 Stata 16 软件，相关系数的选择使用了 10 折交叉验证，系数路径选择如图 5-1 所示。

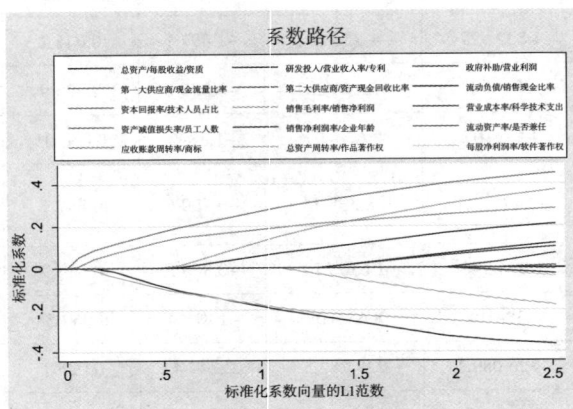

图 5-1　系数路径选择

根据 10 折交叉验证取得最优调节参数为 0.048 861 1，共有 9 个非零回归系数。如图 5-2 所示。

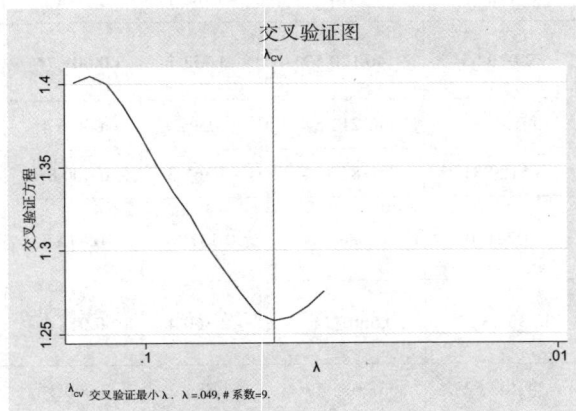

图 5-2　交叉验证图

Mallows Cp 统计方法选择了 9 个变量，分别为总资产周转率、销售现金收入比率、销售人员占比、技术人员占比、企业年龄、流动负债、商标、作品著作权和总资产规模，上述变量构成通过 Lasso 方法获得的信用评价指标体系。

2. 模型估计

表 5-6 给出了指标系数尚未被压缩为 0 的指标，且该指标有 9 个。该表为标准化估计系数的结果，其中系数绝对值较大的变量指标有总资产周转率、销售现金收入比率，从总资产周转率来看，企业的总资产周转率越高即企业营运能力越高，越能降低企业的经营风险。影响中等的变量指标有销售人员占比（0.018 890）、技术人员占比（0.014 930）、企业年龄（0.011 530）、流动负债率（-0.004 910）、商标（0.003 185）和作品著作权（-0.001 750），对预测经营风险影响最小的变量为总资产规模（4.35e-10，其几乎为 0）。

从这些变量影响的方向来判断，标准化估计系数为负的变量：总资产周转率、流动负债率、作品著作权。估计系数为正的变量：销售现金收入比率、销售人员占比、技术人员占比、企业年龄、商标和总资产规模。

表 5-6　Lasso-logistic 模型参数估计表

变　量	估计系数
总资产周转率	-0.319 300
销售现金收入比率	0.069 700
销售人员占比	0.018 890
技术人员占比	0.014 930
企业年龄	0.011 530
流动负债率	-0.004 910
商标	0.003 185
作品著作权	-0.001 750
总资产规模	4.35e-10

3. Lasso-logistic 信用评级

根据 Lasso-logistic 模型筛选的评价指标与结果，并将其企业数据进行 logistic 回归，从而计算出企业信用风险概率，信用风险概率的计算公式为

$$P_t = \frac{\exp(\alpha + \sum_{j=1}^{k} \beta_i X_{ij})}{1 + \exp(\alpha + \sum_{j=1}^{k} \beta_j X_{ij})} \qquad (5-6)$$

　　根据相关数据的可得性及上式可计算出 99 家新三板互联网中小游戏企业的信用风险概率，并将其分为 A ~ E 五个信用风险等级，信用风险概率在 0.40 以下为 A 级，0.40 ~ 0.55 为 B 级，0.55 ~ 0.65 为 C 级，0.65 ~ 0.70 为 D 级，0.70 以上为 E 级，信用风险等级分类如表 5-7。

　　根据信用风险等级表可知，新三板上互联网中小游戏企业信用风险普遍较高，信用风险在 C 级和 D 级的企业比例较大，尤其在信用风险等级划分为 C 级的 83 家互联网中小游戏企业中，存在退市及 ST 风险的企业数量共计 47 家，与实际情况较为吻合。虽然新三板实施注册制改革，改善了互联网中小游戏企业的融资环境，但信息披露不足导致部分具备可持续经营能力的企业被迫退市。

表 5-7　新三板样本企业信用风险等级划分

信用等级	信用风险概率区间	企业	风险企业（ST 及退市）
A	0.40 以下	83	24
B	0.40 ~ 0.55	82	38
C	0.55 ~ 0.65	83	47
D	0.65 ~ 0.70	82	59
E	0.70 以上	83	54

　　国内主要板块大型互联网游戏企业的信用风险相对较低，如表 5-8 所示。即在信用风险概率 0.003 3 以下，存在 ST 风险的企业有 9 家，与截至 2019 年 118 家上市互联网游戏企业中存在 14 家 ST 企业的实际情况基本吻合。相较于新三板，国内主要板块的信用风险被控制得较为严格。这与我国主要资本市场实施核准制有关，即主要资本市场对互联网游戏企业的信用风险的容忍度较低，如只识别近两年或者近三年的企业资产规模、营业利润等财务指标，并依据这些财务指标设置较高的企业可持续经营门槛。因而，我国主要资本市场自然会选择规模大、现金流充沛的互联网游戏企业上市，而淘汰处于初创期的中小互联网游戏企业。但是，这些中小互联网游戏企业因沉淀技术专利、商标等无形资产具备的可持续经营能力未被投资者识别，而无法进一步利用主要资本市场扩大经营规模，限制了文化产业数字化的发展。

表 5-8　国内主要板块游戏企业信用风险等级划分

信用等级	信用风险概率区间	企　业	风险企业（ST）
A	0.003 3 以下	115	9
B	0.186 以上	115	61

　　为与国外同类游戏企业进行比较研究，采取与新三板同样的财务指标与非财务指标选取方法，初步选取国外美股板块 2008 年至 2015 年 31 家游戏企业，其财务指标包括总资产、商誉、资产负债率、投入资本回报率、销售毛利率、销售净利率、营业总成本、营业总收入、税后净利润、净利润、流动资产、流动比率、应收账款周转率、总资产周转率、归属母公司股东的净利润（同比增长率）、基本每股收益、营业收入同比增长率、营业利润同比增长率、利润总额同比增长率、净资产收益率、总资产净利率、经营活动产生的现金流量净额、流动负债、财务费用、管理费用、销售费用，非财务指标包括员工总数和企业年龄。

　　美股游戏企业信用风险等级划分如表 5-9 所示。从表 5-9 可以看出，美股互联网游戏企业信用风险概率达到 0.82 以上，25 家游戏企业中有 21 家企业退市，与截至 2015 年美股互联网游戏企业退市的基本情况相符合。通过对不同资本市场中互联网游戏企业的信用风险比较研究发现，美股对互联网游戏企业信用风险的容忍度大于国内新三板与主要板块。其原因为美股资本市场企业上市以强制性信息公开披露为原则的注册制方式使企业所有财务指标与非财务指标信息被披露，进而便于外部投资者准确识别企业信用风险并做出投资抉择。因而，美股板块的互联网游戏企业的融资环境更加理性。

表 5-9　美股游戏企业信用风险等级划分

信用等级	信用风险概率区间	企业	风险企业（退市）
A	0.030 以下	25	0
B	0.03 ～ 0.12	25	1
C	0.12 ～ 0.35	25	6
D	0.35 ～ 0.82	25	16
E	0.82 以上	25	21

本书通过构建 Lasso-Logistic 信用风险评价模型对国内板块、新三板与国外美股板块的互联网游戏企业信用风险进行识别。在识别信用风险指标时，将企业会计指标分为财务指标与非财务指标。其中，财务指标包括资产负债率、流动负债率、应收账款周转率、股东利润增长率、经营现金流量比率等反映游戏企业盈利能力与收益质量、资本结构与偿债能力、营运能力、成长能力、现金流量和期间费用的指标。非财务指标包括商标、作品著作权、软件著作权、资质、员工数量、技术人员、政府补助等反映企业内在价值信息与治理信息及宏观政策环境的指标。首先，将互联网游戏企业分为低信用风险企业和高信用风险企业。然后，以新三板互联网中小游戏企业为样本进行 T 统计性检验分析。再次，使用 10 折交叉验证以及 Mallows Cp 统计方法筛选出 Lasso-Logistic 信用风险评价模型的关键变量，并将筛选的评价指标与结果进行 logistic 回归，进而测得企业的信用风险概率。最后，采取同样识别新三板互联网中小游戏企业信用风险的方法对国内板块及美股板块进行信用风险概率的测度发现：一是不同板块互联网游戏企业信用风险概率状况与实际基本吻合；二是美股资本市场对互联网游戏企业的信用风险容忍度大于国内新三板与主要板块互联网游戏企业的信用风险，且美股资本市场的融资环境较为理性。三是虽然新三板互联网游戏企业的信用风险容忍度大于国内主要板块信用风险，但仍小于美股板块信用风险，因而新三板互联网游戏企业的信用风险容忍度有进一步提升的空间，如全面推进新三板注册制改革、提升信息披露质量。同时，得到一些相关启示。

（1）健全市场信用制度的配套设施建设。一是我国互联网中小游戏企业为消费者提供多元化的娱乐休闲产品和服务，是文化数字产业的重要构成部分。政府扶持文化数字产业发展，应加大政府补助、税收优惠及鼓励地方财政科学技术支出，支持企业创新。二是互联网游戏企业因其特定技术经济特征引致融资问题，如新三板以中小规模为主的互联网游戏企业，因其商标、专利和软件著作权等无形资产类非财务指标信用风险识别功能未被重视，导致该板块互联网游戏企业融资不足。因而，应加强对该类企业无形资产类非财务指标的价值评估，而该类企业无形资产类非财务指标的价值评估需配套信用中介如第三方金融机构、资产评估机构、信用担保机构、知识产权服务中介机构等发展。

（2）完善资本市场的信用配置与监管功能。一是我国资本市场的企业上市以核准制度为主，而美国资本市场以强制性信息公开披露的注册制为主。因而，美国资本市场对企业的信息披露机制相较于我国资本市场更加完善，其市场风险的容忍度也相对较高。而互联网游戏企业的可持续经营能力受到信息披露程度的影响，所以我国资本市场除鼓励企业上市吸引外部投资外，还应建立完善的信息披露机制。尤其，新三板除披露企业财务信息外，还应披露企业无形资产等非财务信息。二是加强多层级资本市场构建，以促进不同信用能力的企业进入，并改善配套的基础设施建设水平，以保障企业与行业信息的合理流动，进而提升企业信用信息的透明度。相较于欧美国家，我国资本市场的信用风险控制能力还存在不足，应加强资本市场的风险管控能力，即做到事前、事中、事后的有效管控，进而保障上市企业的有效进入与退出。

第二节　基于新三板互联网游戏企业的实证研究

选取新三板互联网中小游戏企业 140 家样本，数据来源为 Wind 数据库。如果互联网中小游戏企业无形资产细分类别含有商标、专利、作品著作权、软件著作权、资质认证五项，则表明该类互联网中小游戏企业属于高等级质量的企业。如果只含有这五类中的几种，可分别按照表 5-10 进行分等级。

表 5-10　无形信息质量评价指标体系构建

信息质量	不含无形资产细分指标	含 1 项无形资产细分指标	含 2 项无形资产细分指标	含 3 项无形资产细分指标	含 4 项无形资产细分指标	含 5 项无形资产细分指标
0 等级	0					
1 等级		1				
2 等级			2			
3 等级				3		
4 等级					4	
5 等级						5

通过对国内主要板块游戏企业及新三板中小游戏企业的无形资产信用信息含量进行分类评级发现，如果该企业的连续若干年的无形资产指标均被披露，则该企业的无形资产的信息等级相对较高。如果该企业若干年未披露无形资产信用信息，则该企业的无形资产的信息等级相对较低。

一、无形资产信用信息评价指数纵向比较研究

截至 2020 年，可将新三板互联网中小游戏企业分为非 ST 非退市企业（67家）、退市企业（51 家）和 ST 企业（22 家）。其中，将既是 ST 又是退市的一家企业归到 ST 类，所以总计是 140 家。

根据数据可得性，本书选取了互联网中小游戏企业五类无形资产指标：商标、作品著作权、软件著作权、资质和专利。首先，按 2013 年至 2019 年所有互联网中小游戏企业披露是否存在无形资产分类，存在无形资产为 1，不存在为 0。其次，将 7 年间存在无形资产的所有 1 相加，并除以 7，得到企业 7年披露是否存在各类无形资产的纵向指数。最后，将五类无形资产信用信息的指数进行加总得到综合指数，并在企业间进行比较分析。如表 5-11 所示。

表 5-11 无形资产信用信息纵向指标比较

分类区间	非 ST 非退市无形资产信用信息指标披露（67 家）	退市无形资产信用信息指标披露（51 家）	ST 无形资产信用信息指标披露（22 家）
[0,1.5]	3	8	6
(1.5,2]	15	13	6
(2,2.5]	18	12	2
(2.5,3]	16	10	4
(3,3.5]	7	4	2
(3.5,4]	6	1	0
(4,4.5]	1	0	0
(4.5,5]	1	3	2
(1.5,3]数量占比	0.628	0.583	0.429

二、无形资产信用信息评价指数横向比较研究

无形资产信用信息指标横向比较，即将所有企业各类无形资产的纵向指数除以不同类别的企业数量，得到各类别企业的平均值，再将各类指数平均值加起来得到综合指数的平均值，然后在分类企业间进行比较分析，如表 5-12所示。

表 5-12　无形资产信用信息横向指标比较

分类平均值	非 ST 非退市无形资产信用信息指标披露（67 家）	退市无形资产信用信息指标披露（51 家）	ST 无形资产信用信息指标披露（22 家）
商标指数平均值	0.840	0.728	0.740
作品著作权指数平均值	0.313	0.244	0.234
软件著作权指数平均值	0.945	0.868	0.838
资质认定指数平均值	0.264	0.305	0.221
专利指数平均值	0.192	0.160	0.140
综合指数平均值	2.554	2.305	2.162

通过对不同分类的企业无形资产的指标信息披露的纵向和横向比较研究发现，已退市和ST类的互联网中小游戏企业无形资产信用信息连续7年（2013—2019）的披露与既非 ST 又非退市企业差异不大，只有在横向比较研究中大体上比既非 ST 又非退市企业较差。这不仅说明新三板存在风险隔离功能，还说明了被隔离的稍弱的互联网中小游戏企业依然具有较好数量的无形资产，有待进一步被挖掘。

三、无形资产信用信息与经营水平多元回归

互联网中小游戏企业重要财务指标有"流动负债""经营性现金流入"和"营业收入"，这三个指标分别体现了互联网中小游戏企业短期外部信用、现金流状况及盈利水平，其可作为被解释变量。为了观测互联网中小游戏企业的无形资产是否关联企业信用与盈利，本书将商标、作品著作权、软件著作权、资质和专利作为解释变量，并控制了企业规模、时间效应和个体效应。指标设定如表 5-13 所示。

表 5-13　指标设定

指标类型	指标名称	符　号	定　义
被解释变量	流动负债	$\ln lb$	流动负债值取对数
	经营性现金流入	$\ln ca$	经营性现金流入值取对数
	营业收入	$\ln ys$	营业收入值取对数

指标类型	指标名称	符 号	定 义
解释变量	商标	lnsb	商标数量加 1 取对数
	作品著作权	lnzp	作品著作权数量加 1 取对数
	软件著作权	lnrj	软件著作权数量加 1 取对数
	资质	lnzz	资质数量加 1 取对数
	专利	lnzl	专利数量加 1 取对数
控制变量	总资产	ln$A$	总资产值取对数
	时间：2013—2019	$year$	年份

实证模型采用双固定效应模型，具体如下：

$$\ln lb_{i,t} = \alpha_0 + \alpha_1 \ln sb_{i,t} + \alpha_2 \ln zp_{i,t} +$$
$$\alpha_3 \ln rj_{i,t} + \alpha_4 \ln zz_{i,t} + \alpha_5 \ln zl_{i,t} + \alpha_6 \ln A_{i,t} + \epsilon_{1i,t} + \mu_{1i,t} \quad (5\text{-}7)$$

$$\ln ca_{i,t} = \beta_0 + \beta_1 \ln sb_{i,t} + \beta_2 \ln zp_{i,t} + \beta_3 \ln rj_{i,t} +$$
$$\beta_4 \ln zz_{i,t} + \beta_5 \ln zl_{i,t} + \beta_6 \ln A_{i,t} + \epsilon_{2i,t} + \mu_{2i,t} \quad (5\text{-}8)$$

$$\ln ys_{i,t} = \gamma_0 + \gamma_1 \ln sb_{i,t} + \gamma_2 \ln zp_{i,t} + \gamma_3 \ln rj_{i,t} + \gamma_4 \ln zz_{i,t} +$$
$$\gamma_5 \ln zl_{i,t} + \gamma_6 \ln A_{i,t} + \epsilon_{3i,t} + \mu_{3i,t} \quad (5\text{-}9)$$

在式 (5-7)、(5-8)、(5-9) 中，i 和 t 分别为样本公司和年份，α_0、β_0、γ_0 为常数项，$\epsilon_{1i,t}$、$\epsilon_{2i,t}$、$\epsilon_{3i,t}$ 分别为各式的年份固定效应，$\mu_{1i,t}$、$\mu_{2i,t}$、$\mu_{3i,t}$ 分别为各式的随机误差项。

全样本的统计描述结果（见表 5-14）显示新三板互联网中小游戏企业样本之间的差异性相对较小。

表 5-14 变量分析

变 量	均 值	标准差	最小值	最大值	观测值
lnlb	15.795 210	1.680 201	8.919 908	21.350 560	917
lnca	17.240 870	1.545 883	12.243 810	22.451 120	917
lnys	17.029 590	1.829 473	0	22.278 980	917
lnsb	2.391 095	1.712 208	0	6.622 736	917
lnzp	.6507 322	1.263 351	0	6.472 346	917

变　量	均　值	标准差	最小值	最大值	观测值
lnrj	2.668 488	1.263 875	0	5.545 177	917
lnzz	0.286 822 2	.520 518 6	0	3.401 197	917
lnzl	0.357 538 6	.955 237 7	0	5.789 960	917
ln$A$	17.314 070	1.524 684	10.920 440	21.968 630	917

　　五类无形资产中至少存在一类无形资产对非 ST 及非退市企业、ST 及退市企业的外部短期信贷、现金流入及营业收入均具有显著的促进作用（表 5–15 至表 5–17）。虽在影响外部短期信贷、现金流入及盈利方面，非 ST 及非退市企业的商标与资质类无形资产确实表现得比 ST 及退市企业好，但 ST 及退市企业的商标和专利类无形资产仍具有应用空间。

　　全样本实证结果（表 5–15）显示，2013 年至 2019 年存在一定数量的商标类无形资产显著地促进了互联网中小游戏企业短期外部信贷增加和盈利能力的提升，如显著增加了流动负债以及经营性现金流入，而其他类无形资产如作品著作权、软件著作权尚未显著促进流动负债和经营性现金流入，这里的原因可能为受到可得性数据限制的影响，本书只将无形资产的数量与相关经营性财务指标进行回归分析，而数量未必等于质量，因而其相关性未完全体现质量，如作品著作权与软件著作权的价值对流动负债和经营性现金流入的促进效应。所以，无形资产类指标回归结果可能会出现了偏差。这里，本书只是粗略使用无形资产的数量来研究互联网中小游戏企业存在的无形资产是否转化为企业信用能力及盈利能力。在五类无形资产中，商标、资质和专利表现较为良好。而作品著作权、软件著作权总体表现并不突出，甚至存在的软件著作权不利于互联网中小游戏企业外部信用生态，所以本书有理由怀疑这些软件著作权是否属于瑕疵资产，或者互联网中小游戏企业过度依赖软件著作权进行经营的行为并未被市场所认可。

表 5–15　全样本实证结果

被解释变量	lnlb	lnca	lnys
lnsb	0.145***	0.0413*	0.0339
	(0.028 5)	(0.022 1)	(0.030 1)
lnzp	−0.031 7	−0.044 2	−0.087 3**

被解释变量	ln*lb*	ln*ca*	ln*ys*
	(0.034 8)	(0.027 0)	(0.036 7)
ln*rj*	−0.133***	−0.026 3	−0.055 1
	(0.040 2)	(0.031 2)	(0.042 4)
ln*zz*	0.088 2	0.186**	0.348***
	(0.094 1)	(0.073 0)	(0.099 2)
ln*zl*	0.0827*	−0.002 73	−0.041 3
	(0.046 1)	(0.035 8)	(0.048 6)
ln*A*	0.772***	0.837***	0.926***
	(0.030 3)	(0.023 5)	(0.032 0)
时间效应	控制	控制	控制
Constant	2.527***	2.904***	1.150**
	(0.484)	(0.375)	(0.510)
样本量	917	917	917
R^2	0.550	0.680	0.579
Adj–R^2	0.544 3	0.676 1	0.572 9

注：括号内为标准误，*** $p < 0.01$，** $p < 0.05$，* $p < 0.1$。

在分类样本中，非 ST 及非退市样本中商标不仅显著地促进了该类互联网中小游戏企业外部信用增加及经营性现金流入，还增加了该类企业的营业收入（表 5-16）。因而，这些未退市及非 ST 的互联网中小游戏企业的商标质量相对较好，该商标类无形资产可以成为企业能否吸引更多外部信贷的一个重要信号。另一个重要的无形资产指标就是该类企业的资质，该类企业的资质数量越多，越能促进互联网中小游戏企业的信贷增加、经营性现金流入及营业收入增加。因而，资质类无形资产也成为该分类的互联网中小游戏企业是否具备可持续经营能力的一项重要的甄别指标。

表5-16 非ST及非退市样本实证结果

被解释变量	ln*lb*	ln*ca*	ln*ys*
ln*sb*	0.208***	0.0543*	0.105**
	(0.040 2)	(0.030 8)	(0.045 1)
ln*zp*	−0.017 2	−0.018 2	−0.092 1*
	(0.048 3)	(0.036 9)	(0.054 2)
ln*rj*	−0.187***	−0.017 4	−0.131*
	(0.064 5)	(0.049 3)	(0.072 4)
ln*zz*	0.320**	0.383***	0.772***
	(0.142)	(0.109)	(0.160)
ln*zl*	−0.048 7	−0.060 3	−0.146**
	(0.062 0)	(0.047 5)	(0.069 6)
ln*A*	0.787***	0.862***	1.003***
	(0.048 0)	(0.036 7)	(0.053 9)
时间效应	控制	控制	控制
Constant	2.026***	2.302***	−0.223
	(0.760)	(0.582)	(0.854)
样本量	469	469	469
R^2	0.542	0.678	0.565
Adj– R^2	0.529 6	0.669 4	0.553 9

注：括号内为标准误，*** $p < 0.01$，** $p < 0.05$，* $p < 0.1$。

　　在分类样本中，ST及退市样本中互联网中小游戏企业的五类无形资产指标与流动负债、经营性现金流入及营业收入的关系，如表5-17所示。本书研究发现，该分类企业中的商标虽然增加了流动负债，但未增加经营性现金流入及营业收入，所以该类企业商标的价值仅限于短期外部信贷增加。该分类企业的专利类无形资产不仅促进了流动负债的增加，还增加了企业经营性现金流和营业收入。这类企业退市及ST的原因可能是其资质不如那些非ST及未退市企业的资质，并且其作品著作权与软件著作权同样不能显著地促进流动负债、经营性现金流入及营业收入增加。

然而，该退市及 ST 互联网中小游戏企业的某类无形资产尚具备一些显著的促进功能。如果外部信贷供给方忽略了这些无形资产的价值，那么这些本可以持续经营，并继续为市场提供创新动力的市场主体将会被淘汰，进而降低了市场的技术创新能力。

表 5-17　ST 及退市样本实证结果

被解释变量	lnlb	lnca	lnys
lnsb	0.115***	0.027 7	−0.038 6
	(0.038 8)	(0.032 9)	(0.038 5)
lnzp	−0.102**	−0.091 3**	−0.068 5
	(0.050 8)	(0.043 2)	(0.050 5)
lnrj	−0.049 8	−0.010 6	0.036 9
	(0.049 5)	(0.042 1)	(0.049 2)
lnzz	−0.204*	0.017 9	−0.029 9
	(0.122)	(0.103)	(0.121)
lnzl	0.346***	0.143**	0.131*
	(0.071 7)	(0.060 9)	(0.071 2)
ln$A$	0.716***	0.769***	0.821***
	(0.040 7)	(0.034 6)	(0.040 5)
时间效应	控制	控制	控制
个体效应	控制	控制	控制
Constant	3.544***	4.096***	2.951***
	(0.650)	(0.552)	(0.645)
样本量	420	420	420
R^2	0.567	0.639	0.594
Adj-R^2	0.554 1	0.628 3	0.582 3

注：括号内为标准误，*** $p < 0.01$，** $p < 0.05$，* $p < 0.1$。

　　无论从纵向与横向对相关无形资产指标进行比较研究，还是从总样本及分样本回归结果（表 5-15 至表 5-17）看，在市经营的互联网中小游戏企业与 ST 及退市中小游戏企业的无形资产相关促进功能均存在，只是存在不同类型的无形资产促进差异。这表明需对这些 ST 及退市的中小游戏企业进行穿透式识别，进而才能更好地为本该可持续经营但因资金枯竭退市的企业提供信贷支持。其中，无形资产信用信息为重要的识别对象。

第三节　基于国内主要板块互联网游戏企业的实证研究

一、无形资产信用信息评价指数方法的构建

　　该板块互联网游戏企业的样本数据来源于 Wind 数据库，选择的无形资产指标包括商标、作品著作权、软件著作权、资质和专利，因样本数据的可得性，选择的时间区间为 2014 年至 2019 年，对象为 118 家大型互联网游戏企业。根据国内主要板块大型互联网游戏企业在 2014—2019 年之间是否存在相应指标的无形资产进行评价，如果该企业五类无形资产中的某一指标存在一定数量，则将其化为 1，否则将归于 0。进而可以按照大型互联网游戏企业在样本时间内是否存在无形资产进行 1 和 0 的区分，并将这种是否存在使用指数化的方式得以表述。该指数的构建方法即将在 2014 年至 2019 年之间存在无形资产的所有归 1 的数量相加，然后再除以 6（2014 至 2019 年的 6 年数），得到五类无形资产的纵向信息指数。该指数越大，越能说明大型互联网游戏企业的无形资产信用信息较为连续，并且在相应的 6 年内存在无形资产，属于信息披露较为充分的企业。

二、无形资产信用信息评价指数的纵向比较研究

　　根据表 5-18 无形资产信用信息指数的纵向比较分析发现，大型互联网游戏企业五类无形资产的指数多数处于 0.5 以下，意味着大型互联网游戏企业大多披露三年无形资产数据。而处于 3 年到 6 年之间与正好处于 6 年的指数差异不大，说明大型互联网游戏企业三年存在无形资产数据的数量与披露三年以上无形资产数据的数量较为一致，同时表明了大型互联网游戏企业无形资产信用信息较为均匀，尤其较为重视商标、作品著作权及资质方面的信息披露。因这些无形资产值方面的数据较难获取，如商标、作品著作权、软件著作权、资

质及专利包含多少价值，本书无法采用具体的数量去衡量，因而只得以较为粗糙的时间轴作为比较线，从纵向方面比较在 2014—2019 年的时间阶段内大型互联网游戏企业是否足够地披露相关数量的无形资产指标。

表 5-18　未 ST 企业无形资产信用信息指数的纵向比较

信息披露区间	商标指数（企业数）	作品著作权指数（企业数）	软件著作权指数（企业数）	资质指数（企业数）	专利指数（企业数）
[0,0.5)	48	72	45	50	45
[0.5,1)	32	14	5	20	51
1	24	18	54	34	8

三、新三板与国内主要板块游戏企业评价指数比较研究

无形资产信用信息的综合指数比较如表 5-19 所示，从表中可以看出互联网中小游戏企业无形资产信用信息的指数大多分布在 1.5 至 3 之间，而大型互联网游戏企业无形资产信用信息的指数大多分布较为均匀。通过综合指数的对比，可以大致判断不同板块在无形资产信用信息方面存在一定的差异，新三板互联网中小游戏企业的无形资产信用信息较为集中，而国内主要板块大型互联网游戏企业的无形资产信用信息相对分散均匀。这说明国内主要板块大型互联网游戏企业无形资产信用信息分布具有连续性与包容性，并且这些大型互联网游戏企业之间在无形资产信用信息方面的差异也较小。而新三板互联网中小游戏企业关于无形资产方面信息分布，尤其是在相关纵向时间轴上的分布，显得企业之间存在较大差异，这从侧面反映了新三板互联网中小游戏企业之间存在较多的不同，以及相比国内主要板块市场的游戏企业，新三板互联网中小游戏企业存在的市场拥有较高的不稳定性。

表 5-19　无形资产信用信息的综合指数比较

分类区间	互联网中小游戏企业			大型互联网游戏企业
	非 ST 非退市无形资产信用信息指标披露（企业数）	退市无形资产信用信息指标披露（企业数）	ST 无形资产信用信息指标披露（企业数）	非 ST 非退市无形资产信用信息指标（企业数）
[0,1.5]	3	8	6	30
(1.5,2]	15	13	6	6

分类区间	互联网中小游戏企业			大型互联网游戏企业
	非 ST 非退市无形资产信用信息指标披露（企业数）	退市无形资产信用信息指标披露（企业数）	ST 无形资产信用信息指标披露（企业数）	非 ST 非退市无形资产信用信息指标（企业数）
(2,2.5]	18	12	2	15
(2.5,3]	16	10	4	15
(3,3.5]	7	4	2	14
(3.5,4]	6	1	0	16
(4,4.5]	1	0	0	5
(4.5,5]	1	3	2	2
总　计	67	51	22	104

大型互联网游戏企业对五类无形资产的信息披露时间区间较短，大多分布于 0 至 0.5 的区间（表 5-20），也意味着 ST 类大型互联网游戏企业存在五类无形资产指标的年份小于 3 年，大部分时间这五类无形资产是不存在的。这也表明无形资产对国内主要板块大型互联网游戏企业同样较为重要，因而外部信用者也可将该企业连续几年内是否存在重要无形资产作为其经营质量的一个重要的指标。如果国内主要板块大型互联网游戏企业在连续时间内缺少相关无形资产，则说明该大型游戏企业经营存在风险问题，或者即将被 ST 处理。

表 5-20　ST 大型互联网游戏企业

	商标指数（企业数）	作品著作权指数（企业数）	软件著作权指数（企业数）	资质指数（企业数）	专利指数（企业数）
[0,0.5)	11	11	11	9	12
[0.5,1)	2	1	1	1	1
[1,1.5)	1	2	2	4	1

将国内主要板块 118 家大型互联网游戏企业 ST 与非 ST 类无形资产综合指数的分区间进行比较研究发现（表 5-21），相比于非 ST 类大型互联网游戏企业，ST 类大型互联网游戏企业的无形资产同样在 2014—2019 年较少的年份都存在这五类无形资产指标，而非 ST 大型互联网游戏企业在这六年中

较多的年份都存在该五类无形资产指标，说明 ST 类企业的无形资产指标能够识别大型互联网游戏企业经营风险。

表 5-21　ST 类与非 ST 类无形资产综合指数比较

区　间	ST 类无形资产综合指数（企业数）	非 ST 类无形资产综合指数（企业数）
[0,0.5)	5	10
[0.5,1)	2	9
[1,1.5)	3	11
[1.5,2)	2	6
[2,2.5)	0	15
[2.5,3)	0	15
[3,3.5)	0	14
[3.5,4)	1	16
[4,4.5)	1	5
[4.5,5]	0	2

四、无形资产信用信息与经营水平多元回归

大型互联网游戏企业重要财务指标有"流动负债""经营性现金流入"和"营业收入"，这三个指标分别体现了大型互联网游戏企业短期外部信贷、现金流状况及盈利水平，其可作为被解释变量。为了观测大型互联网游戏企业的无形资产是否关联企业信用与盈利，将商标、作品著作权、软件著作权、资质和专利作为解释变量，并控制了企业规模、时间效应和个体效应。同样地，采取与互联网中小游戏企业一样的指标设定，如表 5-22 所示。

表 5-22　指标设定

指标类型	指标名称	符　号	定义
被解释变量	流动负债	$\ln lb$	流动负债值取对数
	经营性现金流入	$\ln ca$	经营性现金流入值取对数
	营业收入	$\ln ys$	营业收入值取对数

续　表

指标类型	指标名称	符　号	定义
解释变量	商标	lnsb	商标数量加 1 取对数
	作品著作权	lnzp	作品著作权数量加 1 取对数
	软件著作权	lnrj	软件著作权数量加 1 取对数
	资质	lnzz	资质数量加 1 取对数
	专利	lnzl	专利数量加 1 取对数
控制变量	总资产	ln$A$	总资产值取对数
	时间：2014—2019	$year$	年份

同样的，采用与互联网中小游戏企业实证模型相同的双固定效应模型，具体如下：

$$\ln Lb_{i,t} = \alpha_0 + \alpha_1\ln sb_{i,t} + \alpha_2\ln zp_{i,t} + \alpha_3\ln rj_{i,t} + \alpha_4\ln zz_{i,t} + \alpha_5\ln zl_{i,t} + \alpha_6\ln A_{i,t} + \epsilon_{1i,t} + \mu_{1i,t} \quad (5-10)$$

$$\ln Ca_{i,t} = \beta_0 + \beta_1\ln sb_{i,t} + \beta_2\ln zp_{i,t} + \beta_3\ln rj_{i,t} + \beta_4\ln zz_{i,t} + \beta_5\ln zl_{i,t} + \beta_6\ln A_{i,t} + \epsilon_{2i,t} + \mu_{2i,t} \quad (5-11)$$

$$\ln Ys_{i,t} = \gamma_0 + \gamma_1\ln sb_{i,t} + \gamma_2\ln zp_{i,t} + \gamma_3\ln rj_{i,t} + \gamma_4\ln zz_{i,t} + \gamma_5\ln zl_{i,t} + \gamma_6\ln A_{i,t} + \epsilon_{3i,t} + \mu_{3i,t} \quad (5-12)$$

在式 (5-10)(5-11)(5-12) 中，i 和 t 分别为样本公司和年份，α_0、β_0、γ_0 为常数项，$\epsilon_{1i,t}$、$\epsilon_{2i,t}$、$\epsilon_{3i,t}$ 分别为各式的年份固定效应，$\mu_{1i,t}$、$\mu_{2i,t}$、$\mu_{3i,t}$ 分别为各式的随机误差项。

大型互联网游戏企业无形资产与财务回归如表 5-23 所示。从表中可以看出大型互联网游戏企业除了软件著作权对营业收入和现金流入显著外，无形资产商标、作品著作权、资质和专利对大型互联网游戏企业的流动负债、营业收入和现金流入基本均不显著。这说明大型互联网游戏企业不依赖短期外部信贷，也不依赖无形资产是否能吸引较好的短期外部信贷。大型互联网游戏企业更多是依赖企业的规模，一般大型规模企业具有较多外部信贷供给便利。所以，回归结果显示大型互联网游戏企业的规模越大，越能促进其流动负债、营业收入和现金流入的增加。但是，作为游戏产业中头部企业，其拥有的高超的内容制作能力也能够带来营业收入与现金流的增加，所以大型互联网游戏企业的软件著作权显著地促进了营业收入与现金流增长。

表 5-23 大型互联网游戏企业无形资产与财务指标回归

被解释变量	ln*lb*	ln*ys*	ln*ca*
ln*sb*	0.005 160	0.023 300	0.019 500
	(0.017 000)	(0.023 800)	(0.019 000)
ln*zp*	−0.037 400	0.023 300	0.014 500
	(0.024 100)	(0.033 700)	(0.026 900)
ln*rj*	−0.007 820	0.0770***	0.0596***
	(0.015 500)	(0.021 700)	(0.017 300)
ln*zz*	−0.008 610	0.016 000	0.002 330
	(0.026 000)	(0.036 400)	(0.029 100)
ln*zl*	0.021 900	−0.010 600	−0.017 800
	(0.022 900)	(0.032 100)	(0.025 600)
ln*A*	1.009***	0.965***	0.893***
	(0.021 9)	(0.030 8)	(0.024 6)
时间效应	控制	控制	控制
个体效应	控制	控制	控制
Constant	−1.572***	−0.276	1.461***
	(0.465)	(0.652)	(0.520)
样本量	708	708	708
R^2	0.782	0.621	0.689
Adj−R^2	0.778 800	0.615 000	0.684 400

注：括号内为标准误，*** $p < 0.01$，** $p < 0.05$，* $p < 0.1$。

五、政府对互联网游戏企业的规制比较研究

互联网中小游戏企业的技术创新主体地位使政府给予其一定的扶持政策，而传统的政府补助并未真正促进这类企业的研发投入，且较多的互联网中小游戏企业也将政府补助作为"锦上添花"而非"雪中送炭"之策。在游戏市场上，互联网中小游戏企业是政府税收重要的来源主体，其承担了较多的税

负。所以，较多的互联网中小游戏企业将政府补助作为税收的构成部分，用以缴纳税款。同时，互联网中小游戏企业会遵循政府补助机制的规律，该规律使这类企业如"鲨鱼"般敏感，如政府对哪里给予补助政策，这类企业便在那里落地，但是一旦到了政府补助政策期限，这些落地的互联网中小游戏企业便纷纷抽逃。因而，这些游戏企业并未给当地提供更多的工作机会和社会贡献。目前，国内市场相对适宜的政府扶持政策主要为政府文化产业引导基金及打造文化产业园等。为了说明我国国内游戏市场互联网中小游戏企业对政府政策的反馈效应，本书采用新三板两类样本企业即非 ST 及非退市企业和 ST 及退市企业进行回归检验，并加入了互联网中小游戏企业所在城市的地方政府财政科学技术支出，验证该指标是否对政府补助具有调节效应。回归模型采用双固定效应模型，然后进行最小二乘法回归。

$$\ln rd_{i,t} = \rho_0 + \rho_1 \ln Subr_{i,t} + \rho_2 \ln kjzc_{i,t} + \rho_3 \ln Subr_{i,t} \cdot \ln kjzc_{i,t} + \rho_4 control_{i,t} + \epsilon_{i,t} \quad （5-13）$$

其中，$rd_{i,t}$ 代表互联网中小游戏企业的研发能力，$Subr_{i,t}$ 为政府补助，$kjzc_{i,t}$ 为互联网中小游戏企业所在市及县级市地方性科学技术支出，$control_{i,t}$ 为控制变量。

本书控制了所有可能影响互联网中小游戏企业的变量，包括企业自有无形资产价值、流动负债比率、营业收入、企业员工数量、企业的年龄、企业资产规模、销售毛利率、资产减值率、投入资本回报率、流动比率、应收账款周转率、总资产净利润率、个体固定效应、时间效应。因互联网中小游戏企业集中在东部沿海城市，所以不再控制地区效应。

样本区间为 2013 年至 2019 年的非退市及非 ST 企业对政府政策的反馈并不理想（见表 5-24），即政府补助、地方财政科学技术支出反而降低了互联网中小游戏企业的研发投入，地方政府财政科学技术支出对政府的补助也起到调节效应，但是该调节效应不是增加了政府补助对研发投入的正向影响，而是降低了该企业的研发投入。该回归结果表明互联网中小游戏企业对政府补助的使用情况，以及政府补助反而不利于互联网中小游戏企业创新投入，地方财政科学技术支出加重了政府补助的负面效应。但是，该回归中企业的员工人数显著增加了非退市及非 ST 企业的研发投入，这表明互联网中小游戏企业能够可持续经营的关键在于企业自身团队的力量而非外部政府补助，即这类企业更加依赖企业的无形资产——人才与技术。

表 5-24　政府对非退市及非 ST 企业政策

被解释变量	$\ln rd$	$\ln rd$
$\ln Subr$	−0.163**	
	(0.068 400)	
$\ln Subr \cdot \ln kjzc$		−0.006 54**
		(0.002 90)
$\ln kjzc$	−0.192**	−0.098 9
	(0.082 400)	(0.081 100)
$\ln N$	0.956***	0.953***
	(0.136)	(0.137)
$\ln Age$	−0.041 700	−0.043 800
	(0.239)	(0.239)
$\ln A$	0.119	0.115
	(0.222)	(0.222)
控制变量	Y	Y
个体效应	Y	Y
时间效应	Y	Y
Constant	9.185***	6.987***
	(2.151)	(2.032)
样本量	310	310
R^2	0.629	0.629
Adj−R^2	0.605 100	0.604 300

注：括号内为标准误，*** p < 0.01，** p < 0.05，* p < 0.1。

政府补助政策、地方财政科学技术支出对高信用风险的 ST 及退市企业影响（见表 5-25），这些已退市及 ST 中小游戏企业对政府补助政策的反馈比较积极。因该类企业样本存在较高的信用风险概率，对政府补助表现出较高的正向效应，即使地方政府财政科学技术支出降低了该类企业的研发投入水平，地方财政科学技术支出也正向调节了政府补助对该类企业的研发投入，并且这类企业表现出了资产规模越大，研发投入能力也越强的特点。然而，政府补助正向效应并未使该类企业成功存续在资本市场上，并持续获取资本市场上的各类信贷支持，其可能的原因主要为这类企业在财务指标预警企业存在可持续经营风险的期限内，表现了对政府补助政策依赖性及正向反馈。即该类企业希望通过政府补助来促进研发投入，进而减小企业的可持续经营风险。换言之，这类企业在可持续经营风险来临时表现出了对政府信用的正向效应。

表 5-25　政府对 ST 及退市企业政策

被解释变量	$\ln rd$	$\ln rd$
$\ln Subr$	0.110**	
	(0.0524)	
$\ln Subr \cdot \ln kjzc$		0.00455**
		(0.00218)
$\ln kjzc$	−0.382*	−0.442**
	(0.197)	(0.194)
$\ln Age$	−0.451	−0.455
	(0.625)	(0.626)
$\ln A$	1.418***	1.421***
	(0.300)	(0.300)
控制变量	Y	Y
个体效应	Y	Y
时间效应	Y	Y
Constant	4.964	6.406
	(4.838)	(4.698)
样本量	293	293
R^2	0.299	0.299
Adj- R^2	0.264 2	0.264 1

注：括号内为标准误，*** $p < 0.01$，** $p < 0.05$，* $p < 0.1$。

本章小结

  本章先对无形资产的相关定义与应用进行阐述，并认为无形资产属于非财务信息指标中的重要指标，其与企业主要财务指标具有关联性，并将互联网企业存在的不同板块作为实证研究的样本数据库集，进而将这些板块主要分为三类：国内主要板块、新三板、国外美股板块。样本数据类型以平衡面板数据和非平衡面板数据为主，并依据不同板块信息披露的质量将各板块的数据质量定性为一般、中等和较好。本书在筛选企业财务指标时，根据2011年我国关于《中小企业划型标准规定》中对中小企业的分类，确定了新三板中大部分企业均符合中小企业的定义，并对不符合中小企业定义的企业进行排除。同时，依据员工人数、营业收入及企业的资产规模的区间标准，从新三板互联网游戏企业中共筛选出140家挂牌的中小规模企业，并将这140家中小游戏企业组成研究数据集库。其中，新三板中小游戏企业信用指标体系财务变量子集表包括6个一级变量和29个二级变量，6个一级变量分别为互联网中小游戏企业的盈利能力与收益质量、资本结构与偿债能力、营运能力、成长能力和现金流量，并且每个一级变量又包括主要的子财务变量。初始的影响指标分为42个主要变量，其中企业财务指标29个，非财务指标13个。本书的响应变量为企业是否存在ST及退市的经营性风险，42个指标为可能的预测变量。

  本章在风险模型构建方面认为传统的构建信用风险模型无法识别样本中企业的相关质量，因过去对企业违约的评价都相对单一，如一方面将企业违约单一归纳为狭义的企业财务失败而导致的破产，另一方面也只是简单地将债务未能按约偿还本息归纳为企业的高等级违约风险。这两个方面均未考虑到我国中小企业信用体系尚不健全，外部信用评级机构无法就中小游戏企业的内部风险进行充分的调研取证。因而，企业不会主动披露除了传统财务指标外的其他重要指标，而本章更加关注无形资产指标。本书研究将新三板的企业质量分为以下几类：第一类为低信用风险企业，其包括非ST及非退市企业；第二类为高信用风险企业，其包括ST及退市企业。并将互联网中小游戏企业的信息质量按照2013年至2019年的时段内进行相关披露，利用Wind数据库共收集了符合违约特征的140家中小企业，通过对其研究发现了财务因素是企业被ST的重要原因。进而本书可据此判断，新三板互联网中小游戏企业的企业信用评价体系依然包括财务指标。本书采用 Lasso-logistic 信用风险评价建模，使用 Lasso 方法对最小二乘回归引入惩罚，并认为 Lasso 方法的显著优点在于增加惩罚项使影响力较小变量的估计系数为 0，进而得到稀疏系数模型，可对高维变量进行选择。在信用风险建模领域，Logistic 回归是相对传统的信用风险建模方法。而构建 Lasso 方法和 Logistic 回归结合的 Lasso-Logistic 模型方法能将指标筛选和风险评价统一实现。模型估计采用 Stata 16 软件，且其解释变量的相关系数选择使用了 10 折交叉验证，并采用 Mallows Cp 统计方法选择了 9 个关键解释变量，其分别为总资产周转率、销售现金收入比率、销售人员占比、技术人员占比、企业年龄、流动负债、商标、作品著作权和总资产规模，上述变量构成了 Lasso 方法获得的信用评价指标体系。然后，根据 Lasso-logistic 模型筛选的评价指标与结果，并将其企业数据进行 logistic 回归，计算出互联网中小游戏企业信用风险概率。为了对比互联网中小游戏企业的信用风险状态，本书也采用相同的方法对国内主要板块游戏企业和国外美股游戏企业的信用风险进行测度。通过对不同资本市场上互联网游戏企业的信用风险比较研究发现，美股板块对互联网游戏企业信用风险的容忍度要大于国内新三板与国内主要板块资本市场。

为了进一步研究互联网中小游戏企业的无形资产与其主要财务指标的相关性，本章首先将新三板互联网中小游戏企业分为非 ST 非退市（67 家）、退市（51 家）和 ST（22 家）。其中，将既是 ST 又是退市的一家企业归到 ST 类，所以总计 140 家。其次，对不同板块的无形资产信用信息质量构建指数，该无形资产包括商标、作品著作权、软件著作权、资质和专利。通过对不同分类的企业无形资产指标信息披露指数构建以及纵向和横向比较研究发现，已退市和 ST 类的互联网中小游戏企业无形资产信用信息连续 7 年（2013—2019）的披露内容相较于既非 ST 又非退市企业的差异不大，只有在横向比较研究中相较于既非 ST 又非退市企业而言较差。这不仅说明新三板存在风险隔离功能，还说明了被隔离的稍弱的互联网中小游戏企业依然具有一定数量的无形资产，其有待进一步被挖掘。互联网中小游戏企业的重要财务指标有"流动负债""经营性现金流入"和"营业收入"，这三个指标分别体现了互联网中小游戏企业短期外部信贷、现金流状况及盈利水平，其可作为被解释变量。进一步地，为了观测互联网中小游戏企业的无形资产是否关联企业信用与盈利，将商标、作品著作权、软件著作权、资质和专利作为解释变量。最后，通过多元回归结果发现，互联网中小游戏企业相关无形资产显著影响其主要财务指标，同时对其他板块的多元回归结果证实了游戏企业无形资产与财务指标的相关性。

　　另外，为了研究政府政策对互联网中小游戏信用能力的影响，采用政府补助与地方财政科学技术支出研究政府扶持对互联网中小游戏企业的研发创新促进效应。事实上，互联网中小游戏企业的技术创新主体地位使政府给予其一定的扶持政策，而传统的政府补助并未真正促进这类企业的研发投入，且较多的互联网中小游戏企业更将政府补助作为"锦上添花"而非"雪中送炭"之策。在游戏市场上，互联网中小游戏企业是政府税收的来源主体，其承担较多的税负。因而，互联网中小游戏企业将政府补助作为税收的构成部分，并用以缴纳税款。在游戏市场中，互联网中小游戏企业也会遵循政府补助机制的规律。而该政府补助的规律使这类企业如"鲨鱼"般敏感，如政府对哪里给予补助政策，这类企业便在那里落地，但一旦到政府补助政策期限，这些落地后的互联网中小游戏企业便纷纷抽逃。所以，这些政府补助政策并未实质性地促进互联网中小游戏企业创新，也未给当地提供更多的工作机会及社会贡献。其回归结果符合事实现状，同时显示了互联网中小游戏企业能够可持续经营的关键在于企业自身团队的力量而非外部政府补助，即这类企业更加依赖企业的无形资产——人才与技术。

　　本章实证研究的目的在于揭示了无形资产信用信息对企业可持续经营的重要性，并为外部信贷供给方的信贷决策提供了包含无形资产信用信息的综合信用风险评价方法。因而，外部信贷供给方可依据该类信用评价指标体系测度以无形资产为主的互联网中小游戏企业的信用能力或者信用风险，进而可依据互联网中小游戏企业的潜在信用能力设计信用分享契约以实现信贷供给方与融资需求方——互联网中小游戏企业的双赢。此外，也关注了信用制度环境如政府的规制行为对互联网中小游戏企业创新能力或者信用能力的重要促进作用。

第六章　互联网中小游戏企业信用制度的国际比较与启示

信用制度环境，指的是互联网中小企业在融资过程中信用界定、甄别、增信和实现的制度环境。首先，要明确制度的界定，指出一项信用制度是属于市场制度还是政府规制，抑或属于有关专业制度，如会计制度、税收制度等。其次，分析这些制度形成和出台的动因，以及实施的效果。最后，通过制度国别比较，提出值得我国借鉴的信用制度。

第一节　互联网游戏产业信用制度环境的国别差异

信用制度环境作为游戏产业发展的一项基本制度，对游戏产业的发展具有较大的影响。其中，信用制度环境中重要的构成主体为政府。政府为了促进文化产业的发展，大力发展游戏产业。除政府的作用外，一项新技术或新兴产业的发展均会改变游戏产业发展的信用制度环境。比如，在传统信用制度环境中，互联网游戏企业的创新研发容易陷入资金不足的困境，并且其外部环境缺少客观的信用评价制度。然而，新技术的产生促进了传统游戏产业的升级，也改善了游戏企业发展的产业链环境，使游戏企业发展数字化、线上化。该类新技术的革命使互联网游戏企业的经营管理信息透明化，并促进了游戏企业外部信用评价机构的关联化，进而更加有助于外部投资者对其投资。因而，相比于传统游戏企业发展的信用环境，政府信用制度促进了互联网中小游戏企业研发创新，新技术与新兴业态的发展促进了互联网游戏企业数字化、虚拟化与多元化，进而促进了消费结构改善和消费体验的沉浸化。

一、国外游戏产业的信用制度环境

不同的国家对游戏产业的扶持政策有所差别，但是对游戏产业的扶持本质都在于创新游戏产品开发，这一创新不仅体现在游戏产业链上的市场制度创新，还体现在政府信用对游戏企业发展的支持作用。例如，政府信用在人才培养、中小游戏企业创新研发、项目合作和税收优惠等方面的作用。

（一）美国的税收制度

美国互联网游戏产业信用市场制度主要体现在游戏产业链的信用配置方面。美国游戏产业链中相关企业的信用获取，通常与发行商高度相关，如发行商加入美国网络游戏产业链，并处于美国网络游戏产业链的中间环节，同时发行商是该链条上风险最高、回报最大的环节。游戏企业对一款游戏的开发一般采用发行商出资，制作商研发的模式。发行商以预付部分版税方式开启制作商的研发项目，并获取了项目的控制权。在项目研发过程中，全程通过专人负责监督项目的运作情况。其研发资金也并非一步到位，而是依据开发进度分批次提供资金。如果游戏产品开发离预期值较远，则发行商可对制作商提出产品开发返工或者停止对项目的资金供应。如果制作商完成了游戏产品的研发，发行商将对产品代理等市场运作进行安排。游戏产品进入商业运营阶段后，发行商将按照合同支付制作商版税。该版税的比例一般为净营业额的 15% 到 25%，最高不超过 45%，最低不少于 10%。制约版税的额度比例的相关因素包括发行商的投资额度、制作商的研发能力、产品知识产权的归属。一般而言，发行商的投资额度越大版税越低，制作商研发能力越强版税越高，由此可知所有产品知识产权归于发行商时比归于制作商时高。采用这种游戏产品创新的研发模式，制作商更有内在动力参与产品的研发，而不是将重心放在游戏企业的管理经营上。在这个链条上，企业的风险大部分转移至发行商，对于制作商而言，其应大胆尝试产品的创新。

（二）日本特殊的人才市场激励制度

日本在网络游戏制作技术方面，是世界上唯一可与美国进行实力比较的国家。日本在网络游戏产业方面的先进经验包括人才培养、薪酬激励体系改进及优胜劣汰人才筛选机制。比如，日本强大的游戏制作能力在于日本培养了大量优秀的游戏人才。日本的网络游戏企业将研发部门分为若干个等级，不同等级的人员享有不同的薪酬待遇。具体而言，在最低级的研发部门分配着新手和能力一般的研发人员，该类人员将参与开发低成本、低制作的小游戏产品。同时，依靠这些小游戏的开发过程，可筛选出比较优秀的研发人员，并使他们进入更高级别的研发部门工作，然后参与一些更大项目的开发。如此筛选机制，将极少数的顶尖人才提升为游戏制作人，进而游戏企业将使该顶尖游戏制作人领导专门的团队负责重点游戏项目的开发。

（三）法国专门的政府信用制度

法国政府对游戏产业的扶持政策主要包括两个方面：一是法国扩展了游

戏行业享受电影税收信用制度的范围，如对开发创新性项目制作相关费用的20%能够在企业税收中进行扣除。二是设立电子游戏项目贷款基金，该基金的总额度为2 000万欧元，并且国家电影中心、电影和文化产业融资局及国家储备银行投资可以向电子游戏企业提供一至两年期的最高贷款额为200万欧元的贷款，并向国际推广型项目提供优先支持。

二、国外游戏产业的信用制度差异分析

通过对国外的信用制度研究发现，国外信用制度改进的主要目的均为促进游戏企业的研发创新。但是，不同的是政府信用对游戏产业的扶持、市场制度对人才激励与产业创新的促进及数字化与技术化对信用评价制度的改进等。美国政府信用主要体现在税收对研发商的激励上，日本的游戏信用体现在人才激励制度对游戏企业信用能力的培育上，法国的信用制度主要体现在政府的专门性的优惠措施与扶持政策上。而我国的信用制度不仅体现在政府信用对游戏产业的扶持上，还体现在对文化价值的重视上，如对原创内容研发的重视。但是，目前我国的税收制度对游戏企业尤其互联网中小游戏企业的促进作用有待加强。

中外信用制度存在差别，这与经济发展水平、文化消费习惯有关。中国信用制度环境形成的背景和环境存在与国外信用制度形成相同的部分，即均受经济发展水平的影响。比如，新冠疫情前经济全球一体化使文化消费，尤其是国际品牌文化产品消费存在共性部分。美国好莱坞、迪士尼乐园等国际知名文化品牌，随着中国经济的不断发展，而打入中国内地市场，所以文化产品的消费结构、消费层次改进与经济发展水平相关。但在文化相似的东亚国家中，如韩国、日本、中国，其许多游戏产品的消费结构、消费习惯存在较小的差异性。然而，与欧美国家的文化产品消费相比，其差异部分主要体现在两个方面：一是文化消费习惯。美国、印度与中国的文化消费习惯差异较大，美国和印度的文化消费习惯较为接近，其信用制度环境的形成与其文化有关，这些影响其文化产品的生产、交换、消费及文化再生产过程中的信用制度。二是社会制度差异。社会制度差异导致了市场经济制度存在差异，美国、日本、韩国、印度的社会制度属于资本主义范畴，而我国为社会主义，所以我国信用制度环境相较西方资本主义的信用制度具有一定特殊性，如我们的市场除了企业私有制，还存在国有产权、集体产权与混合所有制度，这些制度均会影响我国互联网游戏市场的培育。最为典型的案例为中国互联网游戏发展存在北京模式与深圳模式，北京与深圳对市场经济制度的理解以及拥抱程度不同，导致了互联网游戏

企业发展的信用环境不同，所以产生了以市场垄断、政府信用为主的北京模式，以及以自由竞争、市场信用为主的深圳模式。

第二节 印度互联网中小游戏企业信用实现探索

要研究我国互联网中小游戏企业信用发展的历史阶段及现状，需了解互联网产业发展潜力较大国家的信用环境，以及其互联网中小游戏企业发展的信用限制。

一、印度互联网游戏企业信用环境

印度互联网游戏企业的信用实现路径。首先，近些年印度互联网及移动智能终端的普及使印度成为继中国之后游戏消费市场，再加上印度较高的年轻人口红利，使印度在线游戏市场规模预计在 2024 年达到 37.5 亿美元。其次，印度未来游戏行业将呈现以下几个重要的特征。

一是联机游戏将成为印度游戏市场的主流。根据相关数据披露，印度的联机游戏已占市场的 1/3。在印度，联机游戏具有较强的社交属性，不仅可以提升用户的黏性，还能保障游戏企业收入的可持续性。

二是职业游戏玩家的出现。职业玩家的出现不仅推动了电子竞技比赛的发展，还促进了游戏竞赛文化氛围的形成。与此同时，职业玩家将电子游戏竞技化，不仅提升了游戏玩家的体验，也推动了游戏及相关产业的发展。

三是外部投资者涌入。印度的游戏市场潜力被全球主要投资者所重视，如中国的阿里巴巴、腾讯，美国的谷歌、Facebook、亚马逊等纷纷将印度的游戏产业作为重要的投资洼地。

四是本土内容资源增加。印度的文化审美与欧美国家接近，如在游戏具体产品类别方面，印度游戏消费者比较偏爱欧美幻想体育类在线游戏。近些年，随着印度游戏产业的发展，也产生了本土的如 Rummy、Teen Patti 等印度特色游戏。不仅如此，印度涌现出了不少从事游戏技术开发的网络游戏人才，为印度游戏产业的内容开发提供了可能。

五是微支付及新商业模式。印度智能终端渗透率的不断提升，将促进二三线市场的下沉。因而，微支付不仅为消费者提供了便捷，也为新商业模式的拓展提供了可能。

上述五个主要特征显示出了未来印度游戏产业发展的巨大潜力。近些年，已有一些国内外投资者向印度进行投资，且根据过去五年累计融资数统计国外投资者（表6-1）发现，印度游戏产业的国际投资机构均是品牌基金和资本。

表6-1 印度游戏企业的外部投资者 [①]

年 份	游 戏	投资者	总投资（百万美元）
2016	Dream11	腾讯、Steadview 资本	100
2020	Nazara Technologies	IIIFL、凯资本（Kae capital）	82
2018	Head Infotech India	Matrix，Clairvest	75
2019	Mobile Premier League	红杉 和 Times Internet	41
2020	PayTM Games	One97 和 AG Tech holdings	20
2015	Moonfrog	老虎基金和红杉资本	16
2014	Octro	红杉资本	15
2015	Games2win	Clearstone，SVB，Eventures 和 ICICI Eco-net	11
2018	Mecha Mocha	Blume，顺为资本，Accel India，Neoplux 和 Akatsuki 基金	10
2020	Zupee	Matrix，Orios，Smile，Falcon Edge，WestCap	9
2019	Halaplay	Nazara Technologies 和 Kae	8
2019	WinZO	Kalaari，Kstart	6
2020	Rooter.io	PayTm，方正银行资本，Anthil，力德体育	3
2020	Rheotv	Lighspeed，红杉资本	2
2018	Square Off	India Quotient，Kstart，RB	2
2018	Pocket 52	特殊投资基金	2
2019	SuperGaming	Dream Incubator Inc，Akatsuki 娱乐，Better	1
2015	Real Teen Patti	Matrix	1

表6-2 为印度排名前11名的主要游戏企业最新的盈利状况。印度以真钱

---

① https://baijiahao.baidu.com/s?id=1681693005087424372&wfr=spider&for=pc

游戏和游戏开发为主，在总量上，真钱游戏为印度线上游戏的主流。从表6-2中能发现游戏开发平台的总收入和利润都不是很高，其主要原因在于印度消费习惯处于断层阶段。例如，按照中国游戏消费者的消费习惯，中国游戏消费者已完成了从PC端到移动端的过渡，并且已体验了游戏的延续性与成熟阶段。所以，相较于印度游戏消费者，中国的游戏玩家及消费者能操作比较复杂的游戏产品，并对游戏产品的更新换代提出更高的要求。而过去印度的游戏消费市场尚未培育起来，再加上印度游戏消费者并未体验PC端到手机移动端过渡的过程。所以，印度游戏消费还处于较为简单的阶段，也无法将智能手机的多功能性及游戏技术操作先进性与消费者对游戏的认知程度进行较好的结合。

表6-2 印度游戏企业的盈利能力[1]

排　名	公　司	类　别	最新年份	收入/百万美元	息税前利润/百万美元
1	Playgames 24×7	RMG[2]	2019	129.35	38.52
2	Head Infotech India	平台类	2017	41.31	23.59
3	Delta Corp	RMG	2019	40.23	3.59
4	Nazara Technologies	平台类	2019	24.08	3.55
5	Moonfrog Labs	平台类	2019	18.9	7.99
6	Junglee Games	平台类	2018	13.67	0.61
7	Gameskraft	RMG	2019	8.18	4.61
8	Jetsynthesys	平台类	2019	6.5	1.39
9	Games2win	平台类	2020	6.0	3.1
10	Baazi Networks	RMG	2019	4.0	0.3
11	Zapak Digital Entertainment	平台类	2018	2.71	1.53

　　根据印度目前游戏产业发展的趋势，其游戏市场主要依赖外部信贷，尤其是欧美国家主要投资资本。印度游戏企业依赖外部信贷的主要原因有两个：一

---

[1]　资料来源：作者根据公开网络资料整理。

[2]　RMG类包括幻想体育类、Rummy、Poker和智力游戏等。

是印度缺少成熟的大型游戏开发商，并且本土游戏企业与投资机构尚无关于游戏企业风险投资的经验，只得依赖国外成熟的投资机构。二是印度的大型电信运营商隶属于家族企业，并且这些家族企业与印度政府的关系千丝万缕，使印度家族企业的精英文化更易主导游戏市场的走向。所以，印度互联网中小游戏企业生存发展的土壤相对比较恶劣。即使存在批量的中小游戏企业，但是这些中小游戏企业前期的高研发投入也不是一般投资者所能承受的。因而，不少网络游戏产品由印度著名的影星依据自己的影视作品 IP 改变而成，并且游戏企业主要由影星自己投资建设。但是，这些由影星自投自建的互联网中小游戏企业并未形成整个印度游戏市场的主体，其游戏市场主要还是依赖本土大型电信运营商与国际著名投资机构合作。

二、印度中小游戏企业信用实现案例

印度游戏企业信用实现案例为真金游戏投资[①]，除中国及美国投资者对印度游戏市场重视外，印度本土游戏投资者如 Adda52、Ace2Three 和 RummyCircle 的出品方 Play Games24×7、Octro、MPL 等头部真金游戏企业也成了游戏产业先机抢占者。

案例一：股权收购。2017 年 4 月，加拿大投资公司 Clairvest 集团以约合 7 400 万美元的价格收购了 Ace2Three Rummy 游戏母公司 Head Infotech 大部分股权，这是真金游戏最大一笔投资案例。Head Infotech 通过股权的回购，增加了公司的股权价值。在得到外部机构信贷支持后，印度本土 Head Infotech 向 FanFight 游戏平台注资 100 万美元，并进一步开拓了游戏市场。同时，Head Infotech 加强了自有产品的开发如建立 cricket.com 以开拓板球游戏市场，并且拥有游戏产品超过 12 款，专注第二屏体验，以及加强内容制作和数据分析等能力。

案例二：前期声誉资本积累。2012 年印度棋牌类游戏正式上线，Adda52 不仅重视其线上游戏锦标赛，也重视线下游戏锦标赛。随着 Adda52 发展得越来越好，其开始寻求更大的发展空间。Adda52 依靠前期积累的较大声誉赢得了 Delta 开放邮轮场（Deltin Royale）的机会。Delta 不仅参与了棋牌类游戏比赛，还于 2016 年 9 月，以约合 2 170 万美元价格收购了 Adda52。总结该类游戏企业的壮大发展的原因：首先，企业借助印度本土游戏发展的趋势；其次，企业前期商标或者声誉等相关无形资产的积累；最后，企业取得外部资本方信

---

① https://ishare.ifeng.com/c/s/7uGiyRkeMyH

贷供给。该信贷不仅包括实物场地的供给，还包括后期收购，其也代表了印度本土中小游戏企业信用实现的基本路径。

案例三：应用商店里游戏产品为信贷获取的资本。联合创始人 Trivikraman Thampy 和 Bhavin Pandya 于 2006 年成立了 Play Games24×7，其旗下一款游戏 RummyCircle 成为苹果应用商店中的真金类游戏知名产品。这种将游戏产品植入国际著名手机软件应用商城中的方式，无形中为其打开了知名度，也提升了苹果手机应用的客户黏性及增加了相关消费数据信息。因而，该线上赌博类游戏获取了老虎全球管理基金的投资。同时，Play Games24×7 丰富了自主研发产品的类别如游戏平台研发 RummyCircle、Ultimate Teen Patti 和幻想体育类游戏 My11Circle。此外，Octro 以谷歌应用商店中的游戏产品 Teen Patti 和 Rummy 获得红杉资本 A 轮 1 500 万美元的融资。

案例四：自有资本起家。印度创始人 Ankush Gera 将自有数字营销服务机构以 500 万美元的价格卖给 Capital One，并用该笔资金于 2012 年成立了 Junglee Games。2014 年，该公司又获得伦敦投资机构 VeloPartners200 万美元的种子轮融资。然后，公司开始大量并购小游戏公司如并购新加坡社交游戏公司 Game Ventures 及幻想体育类游戏公司 Algorin TechLabs。该互联网中小游戏企业的信用实现路径，不仅有前期的自有资本，还有发展期的外部种子融资及后期壮大后的并购。目前，随着 Junglee Games 不断壮大，该企业旗下研发出多款游戏产品如 Junglee Rummy、Howzatt Fantasy、EatMe.io 和 Junglee TeenPatti 等。

案例五：两家外部机构的信贷供给方。新玩家 Moonfrog Labs 以自有游戏产品 Teen Patti Gold、Ludo Club 等五款游戏获取了红杉资本 2014 年首轮 100 万美元的融资，以及次轮 2015 年红杉资本与老虎全球管理基金合作的 1 500 万美元的融资。该案例主要体现了外部信贷供给方对于新入玩家的信任与偏好。

案例六：多家外部机构的信贷供给方。2018 年，棋牌类游戏企业 9stacks 母公司 Sparskills Tech 获得 WaterBridge Ventures100 万美元及其他 30 家天使投资机构 200 万美元的 A 轮融资，且该游戏企业主要是游戏爱好者共同出资成立的。因而，该游戏企业的组织形式为多人合作。

案例七：小微真金游戏企业以独树一帜的台球类游戏获得约合 70 万美元的融资。Reign Games 开发出了具有创意的台球类真金游戏 Real 8 Ball Pool，并且受到了家族基金和风险投资基金的偏好。

案例八：职业棋牌类游戏选手及网络红人的个人投资。类似影星和职业板球运动员投资真金游戏，职业棋牌类游戏选手及网络红人 Dan Blzerian 也投资了幻想游戏创业公司 Livepools。因此，创业型游戏公司也可以获得来自社会名人及网络红人的信贷供给。

综上所述，印度游戏公司创业主要集中在真金游戏行业，且真金游戏企业初创期、发展期及壮大期的信贷来源主要为初创期自有资金、发展期投资基金和后期并购，该自有资金包括变卖自有资产获得资金、合伙集资获得资金、创意型项目、应用商店里当红游戏产品和商誉积累等。发展期投资基金包括天使融资、首家先投二家跟进合投、多家合投及社会名人的风投等。壮大后期的资金主要来源于企业以自有实力进行的并购。

印度政府在促进互联网中小游戏企业发展方面，并未体现出明确的或者具体的细则规定，但是印度政府对外部信贷供给方持有开放的态度。这种开放的态度也仅限于偏西方化的自由市场，印度的精英文化及政府与家族企业的微妙关系使印度游戏市场的投资管理更偏好西方基金投资管理者。对于中国的阿里巴巴、腾讯和网易这样的投资机构，印度企业更愿意服从政府政治立场与印度西化的文化，排斥中国游戏企业投资者的进入。印度政府对游戏市场的开放，并未阻止印度个别家族企业对相关市场的垄断，如印度最大的电信运营商，不仅与国家大型投资机构合作以换取印度游戏消费市场份额，还将外部投资资金用于家族企业全产业链布局以获取更多租金。这就是印度与政府关系千丝万缕的精英文化，该精英文化即印度中小游戏企业发展的信用制度环境。

第三节　韩国互联网中小游戏企业信用实现探索

韩国国内游戏市场规模从 2017 年的 113.5 亿美金增长到 2018 年的 123.4 亿美金，增长了 8.7%。其中，2018 年韩国移动游戏市场的销售收入更是达到约 57.5 亿美金，占整个游戏产业销售收入的 46.6%。2018 年，韩国游戏市场规模占全球游戏市场规模比重的 6.3%，紧随美国、中国、日本位列世界第四。截至 2018 年，韩国拥有 880 家游戏制作商和发行商。其中，从事游戏产业的人员数量为 85 492 名，相比 2017 年 81 932 名增加了 4.3%。游戏制作和发行业的从业人数为 37 035 名，占全体游戏产业从业人数的 43.3%。游戏流通业的从业人数为 48 457 名，占全体游戏产业从业人数的 56.7%。预计未来韩国游戏产业保持持续增长，但是增长幅度略有降低。

一、政府信用

韩国网络游戏产业信用制度环境的塑造主要依赖于政府的支持。

首先，专门的税费优惠政策。从 2001 年开始，韩国文化产业振兴院每年都会发布"韩国游戏产业白皮书"，并举办各种研究论坛会议，全方位地为游戏企业提供海内外游戏产业相关信息。为了拓展韩国游戏企业的海外市场，韩国政府每年也都会承担韩国中小游戏企业参加海外各种游戏展览的相关费用。统计数据显示，韩国游戏产业的海外出口额占韩国文化产业出口额的 50% 以上，成为韩国文化产业海外拓展的重点产业。2015 年，韩国政府为了支持游戏企业海外项目的发展投入了约 77 亿韩元的资金，该资金的主要用途为推动移动手机游戏的全球发行、打造游戏全球服务平台及在韩国国内外举办游戏产品出口协商会等。2008 年，韩国政府开始重视"功能性游戏"，"功能性游戏"内容涵盖了英语教育、文化知识普及、健康、大脑开发及国防等方面，其涉及范围越来越广泛。韩国政府对这种文化价值内容丰富的游戏品类的支持力度也在不断加大，尤其是将大量的中小游戏企业纳入了支持对象的行列。2015 年，韩国政府划拨了约 13 亿韩元用于支持"功能性游戏"的可持续发展，并规定不论游戏企业规模大小均可以申请到支援资金，并对开发的游戏主题不设定特定的门槛。

其次，政府信用制度促进游戏产业经营规范化。韩国政府对游戏行业经营的规范化，使韩国成为游戏生产大国和消费大国。这些规范化行为主要体现在以下方面：一是韩国对游戏消费内容与时间管控。韩国政府将游戏划分等级，并在游戏的相关内容与时间上对消费者进行控制。二是韩国建立了游戏人才培养体系。从 1996 年开始，韩国就已加大对游戏人才的培养，至 2000 年后韩国人才培养步入正规化。经过约十年的发展，韩国形成了从高中到研究生院多层次游戏人才培养体系。在游戏相关课程培训机构的开设方面，其包括高中阶段的游戏高中／专门学校、大学阶段的专门／一般／网络和研究生院。统计数据显示，截至 2012 年，韩国游戏教育机构有 6 个高中部，28 个专门大学，28 个一般性大学，4 个网络大学，9 个研究生院。在游戏人才教育机构中，高中学校发展规模相对稳定，专门大学及网络大学发展呈现收缩的形势，一般大学及研究生院则呈现规模扩张的趋势。因而，韩国游戏人才教育机构发展水平呈现整体提升并已向游戏产业高层次人才培养的趋势。

总结韩国游戏人才培养体系的三个特征：第一，韩国游戏人才教育体系属于橄榄球型，并各自具有不同的特色，且只有不同教育机构培养的游戏人才能满足不同层次的人才需求。第二，韩国实施了游戏专家资格证考试制度，其将资格证考试等级分为游戏策划专家资格证、游戏特效专家资格证和游戏编程专家资格证。第三，培育产学研合作项目。韩国的教育机构均有相关的产学研合作项目，如不同游戏人才培养机构与企业合作，与不同的学校进行合作。学历高和年轻化已是韩国游戏从业人员的主要特点，其中拥有大学学历的人员占比66.1%，30～39岁的从业人员占比57.5%，并且这些从业人员通常拥有较丰富的工作经验。

2018年至2019年上半年，韩国政府改进了对游戏的管制。韩国政府虽然在法律上没有明确规定游戏消费的限额，但是在进行游戏等级审核时必须标明游戏公司每月消费限额，该规定已成为一种实质性的管制。相较于谷歌、苹果等国际平台移动游戏的既无等级划分也无消费限额，韩国网络游戏消费限额被视为反向歧视。改进的具体措施包括如下方面：一是保持花牌游戏、纸牌等和青少年账号的每月消费限额不变；二是允许成人的自由消费额度为1 000万韩元，并且可以自行设置每月的限额与每月改变两次限额。2019年7月，游戏管理委员会为了限制街机游戏产生的博彩行为和变相营业行为，对无年龄限制和信用卡等电子支付功能的街机游戏进行等级分类，并规定减少使用硬币和纸币对游戏商业模式的限制。因而，这些政府管制措施保障了用户的便利性和自律性。此外，韩国政府还希望改进网络游戏的"强制防沉迷制度"或将游戏列为疾病等其他负面因素。

二、融资限制

2018年至2019年下半年，韩国大型互联网游戏企业低迷，尤其游戏研发能力出现了不足，即韩国互联网中小游戏企业所处的生态环境越来越恶劣。国际移动游戏平台谷歌、苹果等的普及化使韩国游戏公司的地位逐渐下降，激烈的竞争也使韩国游戏公司很难推出成功的游戏作品。大型企业也借机以效率不高为由减少了对互联网中小游戏企业的投资，进而使互联网中小游戏企业缺乏研发创新资金并逐渐破产。虽然韩国互联网中小游戏企业开发不了游戏产品，但是可以购买国外游戏产品。不过，这也使韩国游戏公司的开发项目减少了。

在韩国游戏企业遭遇发展低迷的阶段，韩国开始关注虚拟现实、增强现实（AR）等游戏项目，但也因大型虚拟现实主题公园的回头客不高等而被搁置。射击类、惊悚类等多种虚拟现实游戏的发展，也因没有推出优质的内容及头戴式显示器的低普及率而被限制。因而，韩国部分游戏公司能够存活，是因大规模的资金支持，但其对互联网中小游戏企业的融资不具有可借鉴性。

本章小结

互联网中小游戏企业的发展与不同国家地区的信用制度环境相关，该信用制度环境不仅包括游戏产业存在产业链环境，也包括政府对互联网游戏企业的促进。国外政府在促进互联网游戏企业发展的制度环境方面采取了不同措施．例如，美国以预付部分版税的方式开启制作商的研发项目。日本特有的人才培养机制为将人才进行分层次、分阶段的培养。韩国政府更是以游戏产业作为文化产业发展的重要支撑，鼓励游戏产业的国际化，并将开发"功能性游戏"的中小游戏企业纳入政府资金补助的重要对象。同时，韩国政府通过规范化的人才培养方式促进游戏产业规模化，如通过构建高中至研究生院的多层次游戏人才培养架构及产学研方式将韩国游戏人才培养规范化。法国政府则通过税收优惠的信用制度以及项目贷款基金扶持游戏产业的发展。

为研究我国互联网中小游戏企业信用路径现状，本书具体分析了印度与韩国的互联网中小游戏企业发展的环境及发展现状，发现虽然印度游戏产业发展潜力较大，但印度游戏产业发展历史较短、消费结构和消费层次不成熟、缺少大型研发商和精英文化意识流主导等制约着其游戏产业的发展，尤其精英文化与垄断的大型电信企业限制了印度互联网中小游戏企业的创新。而韩国作为游戏产业发达国家，在面临较大的国际游戏品牌竞争压力下，努力寻求政府放松管制及以新项目开发、引进国外产品替代本土研发的策略改善游戏产业融资问题。与印度游戏市场发展不充分相比，韩国的游戏产业发展遭遇瓶颈，其瓶颈制约着韩国互联网中小游戏企业的发展。无论是印度游戏产业的信用制度环境滞后，还是韩国信用制度环境的不合理冲突，均未在大型游戏企业与中小型游戏企业之间构建一种信用分享型路径。在与国外互联网中小游戏企业信用实现路径的比较研究中，有必要结合我国互联网中小游戏企业信用路径现状进行分析，并探索出适合我国互联网中小游戏企业信用实现的路径。

第七章　中国互联网中小游戏企业信用实现路径

第一节　中国互联网中小游戏企业信用路径探索

构建互联网中小游戏企业信用实现路径关键在于打造文化闭环的生产系统，进而挖掘中国本土文化价值，以实现互联网中小游戏企业的内容制作的原始创新。一般地，消费者对本土元素的文化产品更有认同感，且本土游戏产品消费市场具有广泛且迅速拓展的空间。我国引进了国际精品文化 IP，在文化价值观方面，其有利于互联网游戏产业的发展，也有利于我国游戏产品创新与竞争。目前，我国互联网中小游戏企业经营业务创新主要存在以下几种模式。

一、协议保证收入分享内容流量资源

金科文化的原主营业务为氧系漂白助剂 SPC 的研发、生产和销售，但公司精准定位移动互联网市场规模和移动互联网消费场景等，以原有现金流较好的主营业务为支撑，为企业嵌入文化产业提供资金支持，如通过收购与资产重组获取文化业务的核心 IP 版权或优质 IP 资源，进而开辟了公司第二块主营业务。杭州哲信为游戏发行商，其主要为中小游戏厂商对接流量资源。在游戏产业链价值创造的上游 IP 资源方面，杭州哲信可获取金科文化的相关支持。因而，杭州哲信通过协议保证收入增长率被金科文化并购，进而使金科文化进入了移动互联网文化内容制作、分发与运营领域，并建立了泛娱乐大数据平台。金科文化通过前期的研究分析发现，幼儿教育领域中儿童早教类移动应用具有极大的发展潜力，"汤姆猫"系列产品主要用于儿童早教类移动应用，则采取资产重组方式获取 Outfit7 优质 IP 资源"汤姆猫"系列应用产品，从而实现了互联网数字文化内容制作、打通线上线下运营模式及大数据流量变现、儿童教育、衍生品开发、汤姆猫智慧乐园建设等全方位的商业变现。一般认为文化产业技术经济特征在于技术的扩散效应，若技术缺乏足够持久的吸引力，将导致其营收难以维持。因而，公司可通过并购或者其他途径获取优质文化 IP 以弥

补其技术单一性，进而保障营收的可持续性。具体而言，在目前国内内容制作价值不高的现状下，金科文化通过与国外精品内容制作商合作，获取了优质IP资源，进而维持了企业经营发展。再如，迪士尼的"高空稀薄地区"策略，迪士尼只制作了2亿美元左右及以上成本的大制作电影，但分别耗资74亿美元、42亿美元和42亿美元收购了皮克斯动画、漫威工作室和卢卡斯电影公司，以获取丰富的文化创意制作IP资源，并提升了迪士尼的国际文化品牌价值。

二、产品差异化定位实现跨越式发展

互联网游戏企业以产品创新实现企业的跨越式发展，如字节跳动构建以算法和技术为核心，快速迭代的数据架构和组织框架及对系统的可拓展性和性能有较高要求的字节矩阵化产品排布和信息流。这些形成了字节跳动的核心竞争力，其表现在内容领域的创新品类上，并且这些创新品类跨越了传统移动互联网文化产业的地域和文化限制。在移动互联网流量枯竭的现状下，字节跳动产品矩阵中的短视频却获取了全球范围的流量。其原因有二：第一，短视频属于完全创新产品，国外无同类产品。第二，短视频实现了需求端和供给端消费效率和成本效率的极致提升。所以，相比传统互联网文化巨头企业如百度、阿里巴巴和淘宝等，后进者可在薄弱环节、效率和产品差异化方面进行创新。同时，这是文化创意产业——游戏产业寻求跨越发展的可借鉴模式之一。

三、"大型研发商 + 中小游戏企业"资源共享

游戏市场存在主要的几家游戏巨头和众多分散的中小游戏商。游戏巨头具有产品研发能力强、资本投入高的特点，而在大量长尾竞争性市场，中小游戏商缺少精品游戏产品研发生产能力，其产品生产主要靠模仿大型游戏产品。2016年，中国单机游戏产品中SSS级别的移动单机游戏共有31款，相比超7 700款移动单机游戏的总体样本，精品游戏产出率仅为0.4%。

中小游戏厂商CP缺乏进行产品营销的资金，上线后续收入也缺乏固定的流水，无法满足产品的更新迭代，从而无法提升用户黏性，该厂商在长期内也无法获取可持续的收益。杭州哲信通过构建开放型的"移动互联网综合运营平台"，一方面向上游开发商寻找优质的互联网产品，以版权支付金或买断形式同开发商签订代理协议；另一方面，依托自身移动互联网文化内容制作、分发与运营优势，合理选择优质渠道服务商。杭州哲信作为移动应用发行商，不仅能为开发商提供渠道资源，还能通过自身大数据平台分析产品的运营和付费情况，进而为产品的更新迭代提供数据支持。互联网游戏企业

主要盈利模式及推广模式如表 7-1 所示。

表 7-1 移动游戏主要盈利模式及推广模式 [1]

模式类型		简 介
盈利模式	下载付费	下载收费是单机游戏主要的收费模式，按下载游戏的数量收费，月底运营商与手机游戏厂商分成
	购买游戏时间（点卡）	通常是以包月的形式进行，用户购买游戏时间，或者购买虚拟点卡为游戏进行充值
	游戏内付费	游戏运营商对用户免费开放游戏，不再以卡点为收入来源，而销售虚拟道具的运营模式
推广模式	内置广告	目前内置广告主要的方式出现在免费游戏上，厂商通过在游戏中内置广告向广告主收取费用或换取在对方产品中推广自己产品的广告位置
	自主平台推广	游戏厂商在自有平台上或者其他应用平台如 AppStore 等进行新品推荐
	付费广告推广	以游戏站点、论坛及社交网站等浏览量较大的站点为主，主要付费模式有 PPI 或者 PPC[2]
	内置广告及交叉推广	App 之间的互相推荐曝光，通过流量互换的方式来获取更多的自己产品平时无法触及的独立用户
	应用商店限免推广	厂商在 App Store 等应用商店里通过限时免费的方式吸引用户下载安装应用

四、"大型企业 + 中小型游戏企业"信用分享

　　游戏厂商巨头以重度游戏开发占据主要市场，而渠道资源和持续经营能力欠缺的中小型游戏厂商抢占后长尾市场。大型游戏厂商主要提供明星游戏产品，并以技术研发能力不断创新明星游戏产品以及保障其更迭换代。虽这类游戏厂商提供的重度游戏产品已满足大众休闲娱乐需求，但无法覆盖所有游戏品类。因而，对无法完全覆盖的游戏品类市场空间而言具有长尾效应，则互联网中小游戏企业可参与对长尾市场的竞争。同时，研发能力不足的中小型游戏厂商，必须依赖大型游戏厂商渠道销售才能保持其经营收入的可持续性。在长尾市场中，大量中小型游戏厂商开发的多样性轻度游戏产品，如果缺乏足够的销售渠道，随着游戏产品的更迭换代，其将缺少产品上线后的持续性收入，进而

---

[1] 资料来源：文瑞研究、中银证券。

[2] App 广告主要有 PPC 广告和 PPI 广告两种。前者按用户点击次数来收费，如 Admob、iAD；后者指每安装一个 App 软件记一次费用，如 Tapjoy。

中小型游戏厂商将陷入"上线—掉榜—埋没"的死循环。游戏产业链如图 7-1 所示。

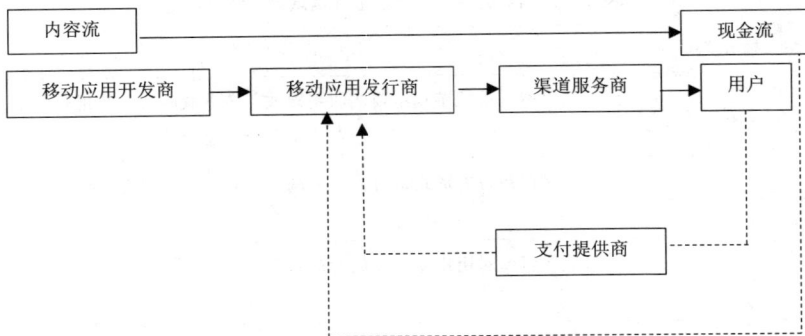

图 7-1　游戏产业链

　　互联网中小游戏企业经营业务创新模式也决定了互联网游戏产业融资模式，其可采取"大型互联网游戏企业＋互联网中小游戏企业信用分享"的信贷配给模式。具体地讲，互联网游戏企业巨头占据市场的主要份额，后进互联网中小游戏企业除了占有传统互联网游戏巨头的市场缝隙，还可通过产品差异化和极致效率提升策略参与对长尾市场的竞争。换言之，几家头部企业占据市场的主要份额，后进者以独到的商业模式和较强的产品创新能力嵌入移动互联网游戏市场，进而形成后发优势。为了保持在互联网游戏产业链中的竞争力，互联网游戏巨头企业及后进互联网中小游戏企业，尤其初具规模和已形成竞争力的互联网中小游戏企业，可通过整合产业链上游的资源、技术、人才和渠道等途径，以构建"大型互联网游戏企业＋互联网中小游戏企业信用分享型"的信贷模式，从而解决互联网中小游戏企业的融资困境。同时，可从大型互联网游戏企业角度进行分析。大型互联网游戏企业可通过构建大数据平台整合产业链上下游的资源，为大量的中小型移动应用开发商提供渠道，并及时分析产品运营、付费情况及为产品更新换代提供数据支持，从而激活闲置流量，提升产业链上下游议价能力。因此，互联网中小游戏企业的融资困境的解决，可依据移动应用发行商的大数据平台或者因渠道资源供需联系而构建的"大型互联网游戏企业＋互联网中小游戏企业信用分享"的信贷模式。

　　大型互联网游戏企业参与中小型互联网文化长尾市场的竞争方式主要为产业链帮持模式，具体的帮持模式为充当大量中小型互联网中小游戏企业的发行商，为中小型互联网中小游戏企业提供渠道资源。因而，互联网中小游戏企业需要变相向大型互联网中小游戏企业进行融资，如向大型发行商质押版权、技术等无形资产，并获取后期发行商保证收入的分成。因而，该类信用分享模式值得借鉴。同时，政府为繁荣互联网文化市场，应对长尾市场中规范经营、创意能力强的互联网中小游戏企业进行政策扶持，并引导文化金融专门机构提高游戏产业扶持的针对性。大型互联网游戏企业与互联网中小游戏企业对比如表7-2所示。

表7-2　大型互联网游戏企业与互联网中小游戏企业对比

类　型	特　征	产业定位	产　品	市场地位
大型互联网游戏企业	规模大、自研能力强	主要的大型发行商	几款重度产品	占据市场主要份额
互联网中小游戏企业	规模小、分布不集中、研发能力弱	主要的研发商	多样性的轻度产品，满足市场多元化需求	长尾市场竞争

大型互联网游戏企业的信用实现目标与互联网中小游戏企业的信用实现存在不同，大型互联网游戏企业信用实现追求的目标为规模扩大、市场拓展与技术进步，尤其为以技术更新获得市场势力的目标。大型互联网游戏企业的信用实现已涉及文化产业层面，易受到政府信用影响，且政府信用更偏向大型互联网游戏企业。而互联网中小游戏企业的信用实现目标为规模扩大与技术进步，对市场势力的追求受限于大型互联网游戏企业市场垄断地位。因而，互联网中小游戏企业信用实现瓶颈为政府信用偏向效应与大型互联网游戏企业信用挤出效应。但是，互联网中小游戏企业信用实现如果仅靠自有资金与部分外源性融资，将无法支撑其规模与结构的演进，所以应探索出信用实现的特殊路径。互联网中小游戏企业资产结构以轻资产为主，具有不少的知识产权等无形资产。若政府与大型互联网游戏企业能够识别该类特殊的资产，并对其价值进行较好的评估，进而构建起良好的信用关系，则有助于实现互联网中小游戏企业、大型互联网游戏企业和政府的信用目标。因而，可根据互联网中小游戏企业的无形资产类信用信息设计信用分享机制以尝试解决其融资瓶颈问题，其包括"信用分享型"企业集群知识产权证券化和"信用共享性"产业集群知识产权证券化等方式（汪海粟、曾维新，2018）。相较于传统解决互联网中小游戏企业融资问题的抵押担保、股权融资和知识产权证券化等方式，通过对企业信用信息与信用能力等识别与甄别后构建的信用分享机制显著增加了互联网中小游戏企业的信贷供给（刘春志等，2016）。

互联网中小游戏企业与核心企业或大型互联网游戏企业可通过内部沟通机制及第三方信用评价报告等分享各自的信用信息，如互联网中小游戏企业的版权、专利、作品著作权等无形资产信息和核心企业（大型互联网游戏企业）的品牌信用能力等信息，并在此分享的信用信息基础上构建能够为双方带来经济利益的信用关系，且该信用关系具有互补性。因而，对该信用关系可构建信用分享机制，但该机制的实施须签订契约以明确双方的权益与责任，进而对相关信用主体的风险进行隔离（见图7-2）。该特定契约为知识产权集合收费契约，其可以互联网中小游戏企业的版权、专利等无形资产为支撑获取核心企业或大型互联网游戏企业的信用背书而形成一份未来收益权（汪海粟、冯晶，2018）。该收益权通过特殊目的载体（SPV）平台进行担保、重新包装、信用评级及信用增级，形成市场上可流通的证券，进而缓解互联网中小游戏企业的融资困境。

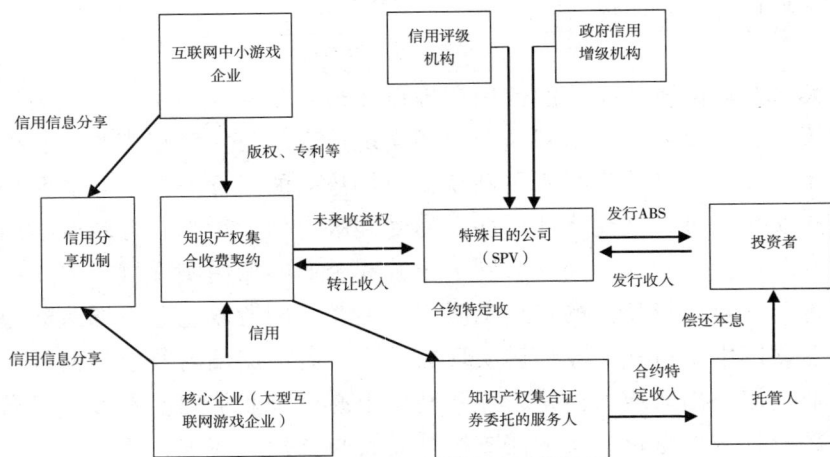

图7-2　大型互联网游戏企业与互联网中小游戏企业信用分享机制示意图

五、以政府信用支持企业经营与融资创新

在新冠疫情期间，由于互联网中小游戏企业轻资产、员工少、人力资本型等特点，以及在物理距离割裂的情形下，企业受到缺乏竞争意识、自我驱动意识及企业规则条例规制的影响，导致企业经营缺乏统一规划、统一经营，并产生了经营不济的情况。但是，可汲取经验教训，进而创新互联网中小游戏企业线上经营模式，如线上打卡、线上监督及在线上规定时间内提交工作报告制度

等，再结合外部政府临时性帮扶如税优减免、借贷展期和专项文化金融扶持等，从企业经营模式稳定转变上，获取相对稳定的融资渠道。这样就可以应对外部风险对互联网中小游戏企业脆弱的经营系统的冲击了。

互联网中小游戏企业产品特点决定了无形资产、版权及品牌价值均具有数据化特征，所以缺乏有形资产的互联网中小游戏企业在新技术促进下，对数据使用和开发高度重视，如游戏开发商认为对游戏产业消费者消费场景、消费习惯数据的二次开发具有重要意义。进而，数据节点、数据开发、数据使用等使数据成为互联网中小游戏企业的无形资产。这些数据的有效使用，可为互联网中小游戏企业提供融资或者稳定现金流。因此，在基于数据安全使用的基础上，可构建互联网中小游戏企业大数据中心平台以降低融资信息的不对称，并完善互联网文化产业链，进而促进互联网中小游戏企业的发展，以满足文化市场的多样性需求。

另外，互联网中小游戏企业存在纯粹资本逐利的共同特征，如一些热衷游戏买量公司（三七互娱、贪玩和产品研发公司完美世界）。资本逐利的特性使不少互联网中小游戏企业开始选择更佳的资本投资洼地——海外，其主要原因如下：第一，游戏版号限制导致互联网中小游戏企业出海。第二是出海渠道较为健全；第三，海外发行成本较低。比如，游戏企业在越南的获客成本只有0.3元人民币，并且存在便捷的游戏产品验证。因而，已有信用实现路径并不能改变游戏版号限制及市场已被圈定的现状，在国内互联网中小游戏企业初期较难生存的现实情况下，互联网中小游戏企业将出海视为比较好的选择。

六、公司化国家中小企业发展基金

截至2020年6月底，我国政府引导基金自身规模已超过2.1万亿，基金总体规模趋稳，并进入存量优化调整阶段。其中，对于中小企业的发展，国家级政府引导基金起到越来越重要的作用。国家级中小企业发展基金的发展进程如图7-3所示。

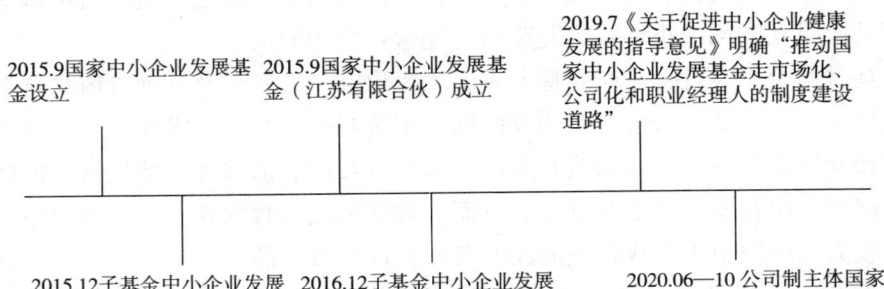

图 7-3　国家中小企业发展基金的发展进程

引导基金情况及投资情况如表 7-3 所示。国家中小企业发展基金的出资主体为国家中小企业发展基金有限公司（亦为基金管理人），其注册资本为 357.5 亿元。营业期限为 2020 年 6 月 22 日至 2030 年 6 月 21 日。其主要投资方向为种子期、初创期成长型中小企业，且投资方式为 80% 参股子基金 +20% 项目跟投。该引导基金注册地址位于上海市浦东新区。并对其子基金设立提出要求，该要求如下：一是设立规模。即每支子基金认缴总规模不低于 15 亿元，引导基金出资不超过 30%。二是存续期限。即原则上不超过 8 年，其中投资期 3 年。三是收益分配。即门槛收益率税前 8%，管理机构超额业绩奖励不超过 20%。四是投资方向。即投向种子期、初创期成长型中小企业金额比例不低于 60%，同时满足营业收入不大于 2 亿元，总资产不大于 2 亿元，员工人数不大于 500 人。五是退出机制。该退出机制主要为同股同权到期清算。

表 7-3　引导基金情况及投资情况 [①]

国家中小企业发展基金子基金	子基金管理机构	财政出资（亿元）	子基金规模（亿元）	投资项目数量（个）	总投资金额（亿元）	部分明星项目
深圳有限合伙	深圳国中创业投资管理有限公司	15	60	142	50.018 8	迈瑞、斗鱼
江苏有限合伙	江苏毅达股权投资基金管理有限公司	11	45	83	25.95	国联股份、华声

① 资料来源：投中信息网。

续 表

国家中小企业发展基金子基金	子基金管理机构	财政出资（亿元）	子基金规模（亿元）	投资项目数量（个）	总投资金额（亿元）	部分明星项目
江苏南通有限合伙	清控银杏创业投资管理（北京）有限公司	11	45	68	18.115	天眼查、臻和、摩尔精英、华勤通讯
深圳南山有限合伙	深圳市富海中小企业发展基金股权投资管理有限公司	11	45	39	12.222 6	百望云、能链集团
合计		48	195	332	106.306 4	

国家中小企业发展基金在促进其实现公司制前的出资结构如图6-4所示。国家中小企业发展基金设立了基金理事会，理事会由财政部、工信部、科技部、发改委、工商总局五部委组成，理事会办公室设在工信部中小企业局，负责理事会日常工作。其中，工信部中小企业局主要负责子基金的设立审核、项目的投前审查及投后管理工作。合伙协议条款谈判、权益设计、协议签署用印及出资主要由财政部经济建设司负责。

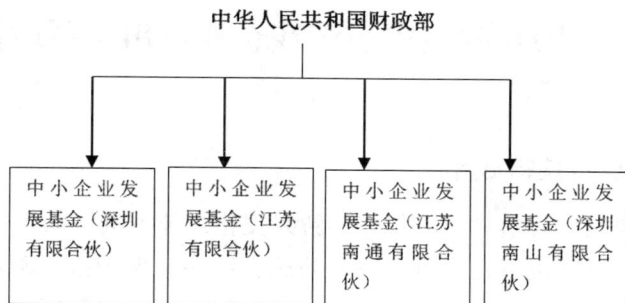

中华人民共和国财政部

中小企业发展基金（深圳有限合伙）

中小企业发展基金（江苏有限合伙）

中小企业发展基金（江苏南通有限合伙）

中小企业发展基金（深圳南山有限合伙）

图7-4 国家中小企业发展基金公司制前出资结构

图7-5为调整结构后的决策流程和出资结构，为了促进中小企业创新发展，国家中小企业发展基金从其信贷主体的体制机制改革入手。第一，采取投资决策流程化和实施公司制。第二，对出资结构采取股权分配方式以成立不同形式的中小企业发展基金，从而为中小企业创新发展提供资金。该改革性措施改善了中小企业创新发展获取外部资金的路径，这也应是未来互联网中小游戏

企业技术创新研发资金来源的主要渠道之一。

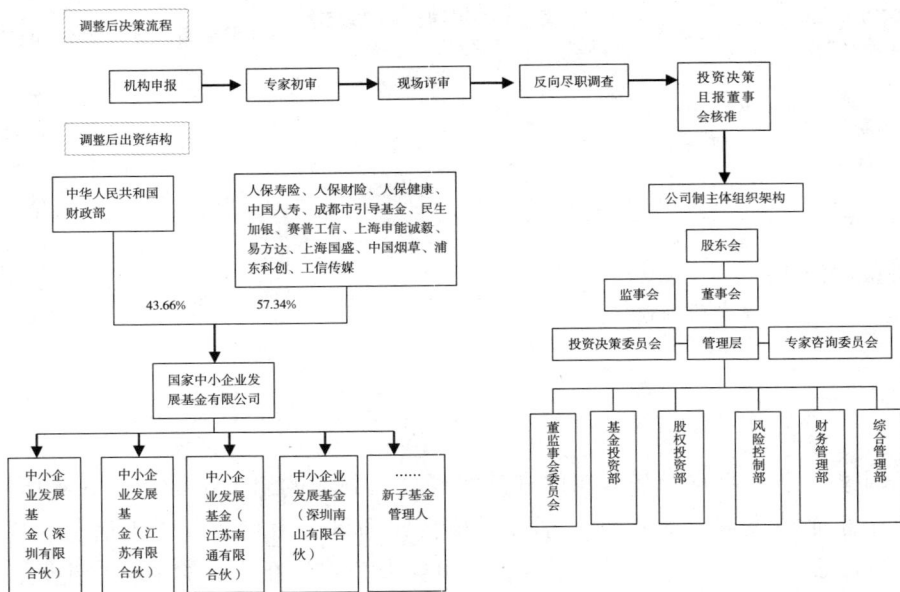

图 7-5 调整结构后的决策流程和出资结构

第二节 中国互联网中小游戏企业信用实现政策建议

一、加强政府扶持政策

因地制宜地制定促进"互联网+"新兴文化产业发展的政策。国家对游戏产业的政策支持应在以下几个方面进行明确：第一，保护市场游戏企业主体和青少年消费者，如保护游戏企业的知识产权和引导青少年健康成长。第二，将游戏产业与体育产业融合发展，不仅将电子竞技列入重点运动项目，还将"电子竞技运动与管理"纳入普通高等学校高等职业教育（专科）专业目录。第三，注重对游戏市场的培育、推动游戏产业升级及游戏产业新业态发展。同时，要加强地方政府的政策支持。地方政府结合各自地方发展特色，对游戏产业的政策定位具有一定的差异性。发达地区政府将游戏产业作为文化创意产业创新发展的一部分，加强游戏原创内容创作及游戏产业国际化的程度。其他游戏产业较为发达的地区可立足国内，将游戏产业作为文化产业发展的重要内容进行扶持，如打造游戏产业中心、促进游戏产业的多产业融合发展、加强对游戏企业人才培训和塑造游戏品牌等。政策制定的初衷为促进文化内容的原创性制作，并强调文化创意设计，即强化了游戏产业的文化功能。

加强游戏市场信用制度的配套设施建设。我国互联网中小游戏企业的科技创新贡献突出，为消费者提供了不少多元化休闲娱乐产品和服务。但大量的互联网中小游戏企业的创新研发能力不仅受限于自身技术水平，还受限于外部资金供给的多少。因而，政府在积极培育文化市场主体的同时，还应该重视培育文化市场主体可持续发展的配套制度环境，如打造完善的信用制度环境。该信用制度环境，不仅需要政府参与扶持，还需要引导相关信用中介的发展。互联网中小游戏企业在政府信用分配畸形的情况下，应得到诸如第三方金融机构、资产评估机构、信用担保机构、知识产权服务中介机构等的信用评估支持。因而，政府在进行政策配给时，还应考虑这些配套措施的供给。进而，构建起信贷供给方与融资需求方共赢的信用分享机制，从而解决互联网中小游戏企业融资的困境问题。

二、优化市场引导政策

政府产业基金引导政策在促进互联网中小游戏企业发展方面具备资本的引导效应和创新的指导效应。传统文化产业基金通过非结构化的资金配置无法完全实现当地产业集聚和产业创新的目标，这种传统的文化产业基金功能只促进了互联网中小游戏企业的短期投机行为，而非长期的产业培育。因而，政府产业引导基金通过股权化改变了过去传统文化产业基金的决策过程与出资结构。具体来说，先采取投资决策流程化与实施公司化，然后对出资结构实施股权分配以成立不同形式的中小企业发展基金，从而为中小企业创新发展提供资金。

政府对不同规模的游戏企业进行合理规制。互联网游戏产业作为文化产业中创意设计产业，具有文化属性与市场经济属性。互联网中小游戏企业的生存空间与市场结构、产业属性等高度相关，因而，政府在规制市场竞争性方面，如对大型互联网游戏企业的规制，具有较好的引导市场规范发展的作用。对于互联网中小游戏企业本身的规制，政府更多从规范经营等方面有效引导该类企业披露其真实的经营信息。从更加宏观的视角来看，政府规制还体现在对文化价值的规范方面。因而，政府引导互联网游戏产业的健康发展，不仅有利于市场经济的繁荣，更有利于社会主流价值观的塑造与国家文化软实力的输出，进而提升国内凝聚力与国际文化软实力。

三、完善资本市场信用制度

发挥资本市场信用配置的基础功能作用，资本市场除促进企业上市以吸引外部投资者进行投资并扩大自身经营规模外，还应建立完善的企业信息披露机制，从而改进我国的资本市场，尤其新三板对企业单一财务信息披露的基本要求，对披露企业无形资产信用信息或者反映企业内在信用能力的其他信用信息，应建立统一的披露标准。相较于欧美国家，我国资本市场信用风险控制能力还存在不足，导致资本市场以企业主要财务指标来甄别企业可持续经营能力的方法存在缺陷，进而无法促进相关产业的发展与技术创新。所以，应加强资本市场的风险管控能力，如做到事前、事中、事后的有效管控，进而保障上市企业的有效进入与退出。通过构建多层级资本市场，以促进不同信用能力的企业进入，并加强多层级资本市场配套的基础设施建设，以保障企业与行业信息的合理流动，进而提升企业信用信息的透明度。

四、升级互联网中小游戏企业的信用能力

互联网中小游戏企业信用能力的提升需注重其文化内容价值的再造升级。从广义上讲，文化是指精神元素和社会文明的总和（赵蓉，2018）。《2009 年联合国教科文组织文化统计框架》将文化领域归为以下几类：文化和自然遗产；表演和庆祝活动；视觉艺术和手工艺；书籍和报刊；音像和交互媒体；设计和创意服务；非物质文化遗产。优秀的传统文化，也是现代新兴文化产业精品化的重要来源，如游戏产业的创新内容设计大多以中国传统文化要素——人物、服饰、道具、场景、故事等为主，这些被人们所熟知的文化传统要素加上现代元素，成为处于不同年龄阶段的群体都可接受的文化精神消费产品。但是，这些优秀的创意设计元素离不开基础设施、技术架构、人力资源等对传统文化元素的整合创新。互联网技术、大数据技术、云技术、5G 技术和多媒体传播技术等为传统文化升级为新兴文化产业提供了极大的操作空间。在技术构建的娱乐消费空间基础上，大量的消费者成了新兴文化的生产者，从而有效地发挥传统文化的价值增值效用。总之，在满足不同消费群体的不同层次消费需求方面，大数据分析、互联网、云平台等新技术为文化内容创新提供了可研究、可改造、可开发的应用场景，为传统文化生产体系的解构与重构提供了文化内容创新的新空间，为消费者的反馈及消费者参与文化产品的生产提供了文化内容创新的新动能。这种从产业链全局优化互联网中小游戏企业内在信用能力的举措，更加有利于建立信用分享机制，并促进资源、技术、人才、品牌等

的分享，进而实现收益分享。而被优化后的游戏产业链，其创新动能也将被加强，进而实现互联网中小游戏企业信用能力培养的良性循环。

五、补充性建议

互联网中小游戏企业资本逐利的特征使游戏"出海"成为一项当下具有比较优势的选择，但是为鼓励国内游戏市场技术创新及繁荣文化消费市场，国家需制定一项适合游戏产业长期发展的战略。事实上，互联网游戏产业已由前期端游向 PC 端发展，游戏娱乐的方式也由固定的场所向移动方式转变，移动智能端是这种移动娱乐方式的重要载体。随着未来智能技术的不断发展，将产生丰富多样的移动智能端，其也将更多元素与多场景进行结合形成娱乐的比较优势。比如，万物互联使 VR 技术为游戏消费者带来更多真实的感官体验。因而，互联网中小游戏存续的场景将发生质的变化，数字化时代的技术也将改变传统互联网中小游戏企业信用实现的路径。所以，有必要关注数字化技术对相关产业经济的促进功能，并构建大数据信用共享平台，为互联网中小游戏企业的可持续经营提供一种新的思路。

虽然银行仍为重要的信用主体，但是资本市场的逐渐完善与市场金融等专职机构的建立，将补齐多层次市场信贷供给短板。例如，中小金融机构对接互联网中小游戏企业、大型互联网游戏企业或者大型非互联网游戏企业业务置入互联网游戏产业与互联网中小游戏企业构建信用分享机制、专业投资机构并购互联网中小游戏企业及构建互联网中小游戏企业联盟等。尤其大数据技术、互联网技术等更加有利于抓取互联网中小游戏企业的信息并进行有效识别，从而降低对有形抵押品的需求。同时，数据生态体系的构建模糊了传统意义上游戏内容生产者与消费者的边界，在新文化生产流程中构建循环的闭环的文化生产供应链，从而保障了互联网中小游戏企业参与信用分享的能力与机会。

（一）数字化技术升级游戏产业价值链

1. 数字经济驱动

据预测，2025 年全球数据量将从 2018 年的 33 兆字节增加到 175 兆字节。其中，数据处理和分析将发生重大变化，80% 的数据处理和分析发生在数据中心和集中式计算设施；20% 在智能连接设备，如汽车、家用电器、工业机器人和边缘计算设备。因而，数据将对经济和社会发展起到重要的促进作用。一方面，数据将改变生产、消费和生活方式，如产品、食物和原材料的可追溯性、能源消耗、生活方式和医疗保健等。数据为新产品和服务提供基础条件，推动生产、消费部门生产和能源效率提升，提供个性化产品与服务，升级政府服务能力。另一方面，真实的数据使产品和服务通过模式识别和决策生成的人工智能系统提供复杂的预测技术，数据也会推动变革性实践广泛实施，如制造业中的数字孪生技术，从而提升相关组织体的决策与预测能力。

2. 丰富的文化素材库

文化产业领域中构建大数据体系基础条件主要分为两个组成部分：一是传统文化产业升级为互联网新兴文化产业，二是新时期产生的文化产业。我国传统文化品类丰富，但是与新技术、新产业、新消费结合不够。比如，影视文化行业对文化遗产中的传统文化题材和核心人物的价值挖掘不够，这种文化内容制作研发能力的不足将导致文化供给无法满足文化消费。文化传承还具有重大战略意义，如提升人民群众文化素养、维护国家文化安全、增强国家文化软实力并推进国家治理体系与治理能力的现代化等。因而，应加大传统文化遗产的保存与开发利用，并利用互联网技术、大数据技术和工业物联网等重构文化的传统生产方式。数字化文化生产体系是一种较好的选择，该体系包含互联网文化产业海量的需求侧大数据和供给侧大数据，需求侧大数据包括对书报、电影电视和艺术鉴赏等文化消费产生的大数据。而供给侧大数据包括三类：第一类为公共文化机构如图书馆、文化馆、博物馆、美术馆、纪念馆和档案馆等。第二类为高校科研机构，如服装学院、美术学院、艺术研究所和考古研究所等。第三类为文化生产机构，如广播电台、电视台、文艺院团、出版社、电影制片厂和唱片公司等。丰富的文化素材库不仅提供了社会主义主流文化价值，还为互联网游戏产业的发展方向与社会主要价值观提供了优秀的 IP 资源。杜绝多元价值观引发的社会管理问题及社会凝聚力不足的现象。

3. 数字化技术提供重构架构

利用互联网技术推动文化资源数字化，分门别类地对全国公共文化机构、高等科研机构和文化生产机构各类藏品数据标识出中华民族文化基因，建设物理分散、逻辑集中、政企互通、事企互联、数据共享、安全可信的文化大数据体系。将中华文化元素和标识融入内容创作生产、创意设计及城乡规划建设、生态文明建设、制造强国、互联网强国和数字中国建设。与此同时，还需重构5G 时代数字化文化产业生产体系，利用 5G 基站重点投资及我国文化资源物理分散的特征事实，对我国文化产业生产体系进行解构重构。例如，将文化教育机构的藏品数据进行清理、梳理和标注存入本根服务器，构建文化教育机构的数据中心。其中，国家文化大数据体系的前端为分散各地的文化教育机构数据中心，通过泛在、智慧、安全和高效的有线电视互联网将前端的藏品数据信息汇集到云端（国家文化大数据云服务平台），实现与有线电视互联网得前端、云端和终端实现了高效互联互通，从而构建智能化的文化生产闭环系统。在此文化生产的闭环系统中，游戏产品的消费者不再仅仅是消费者，还将成为游戏创意设计及产品开发的生产参与者。因此以此途径能部分解决分布在全国各地的大量互联网中小游戏企业因信用缺乏引致的游戏产品研发投入不足和企业生存问题。

（二）规划大数据信用共享平台建设

为满足消费者更高层次的消费需求及经济的高质量发展要求，应加大对传统文化开发升级力度和促进新兴文化业态发展。我国现有两大类型文化，第一类为传统文化，包括物质文化遗产和非物质文化遗产；第二类为"互联网+"的新兴文化业态。对于传统文化传递社会价值功能部分，可采用增强现实技术、虚拟现实技术、互联网技术和数字化技术等，增强消费者与文化遗产的互动性，通过数字化匹配消费者的消费需求与文化遗产供给，实时分析消费者的文化消费结构、消费层次和消费特征，并根据消费者消费信息调整文化遗产的供给形式、供给结构和供给功能。在功能和结构上，降低文化公共部分对政府投资的依赖，如降低政府对文化产业基金参与度，使政府主要行使监督管理职能。这种模式的改变，将激发传统文化部门的创新能力，如创新文化遗产保存方式和激发文化遗产的再造功能等，从而为消费者提供更加符合需求的文化产品。而新兴文化产业发展的主要约束在于融资难、融资贵和融资慢，其本质在于信贷供给方与信贷需求方之间的信息不对称。而互联网平台、文化企业、文化服务机构/单位、文化投资机构、政府、商业银行、保险企业、评估机构、信用评级机构、管理咨询机构、担保及再担保机构、法律服务机构、金融服务机构、文化版权运营机构和专家资源等可共同构建文化大数据体系平台，并在该平台上实现资源、要素和信息的共享，预防文化产业基金、"互联网+"融资、保险业、文化担保和其他文化产业融资模式等涉及信息不对称引致的信用风险（见图7-6）。

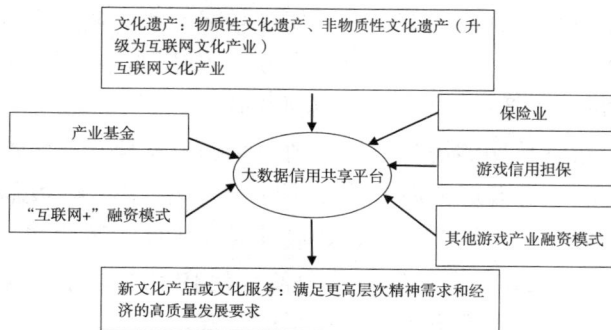

图 7-6 大数据信用平台建设流程

（三）慎重使用数字化信用体系的问题

数据作为文化企业重要财务报表外指标，其本身使用也存在以下风险问题，因而在甄别互联网中小游戏企业信用时，还需重视其数据资产质量及潜在风险：一是数据的可用性。数据的价值在于使用与再使用过程，而现有数据无法提供创新性的再利用。可对数据的持有者和使用者进行划分，以及根据相关数据性质划分为个人数据类、非个人数据类、两者兼而有之的混合型数据。公共利益数据的可用性包括企业对公有信息使用即政府对企业数据共享、公司之间共享和使用私有数据即企业对企业的数据共享、政府对私有数据的使用即企业对政府的数据共享、公共部门之间的数据共享，所有板块均涉及敏感性数据、信任缺乏、监督监管和行政负担等问题，这些问题制约着数据的可用性。二是市场力量不均衡。前期"数据优势"企业通过市场支配权力制定行业规则与数据使用权限，限制中小企业对数据的使用。三是数据的互操作和质量。数据价值实现在于数据的结构、真实性和完整性，而在数据使用者和生产者之间存在互操作性问题，该类问题将阻碍不同部门之间数据来源的整合。四是数据治理。数据的运行机制在于良好的组织操作及相关法律的制定与实施。五是数据基础设施和技术。数据处理提升的关键在于云基础设施和云服务建设。六是允许个人行使相关权利。消费者在使用物联网设备和接受数字服务时将产生大量的数据，但会受到歧视和"锁定效应"的不公平对待。七是技能水平和数据素养。在劳动力市场上，缺乏数据技术专家及具备数据素养的数据劳动者，这些将会影响经济和社会的发展。八是互联网安全。更少的数据存储在数据中心，更多的数据遍布在边缘的用户端，在数据交换的过程中，将会为数据安全带来威胁。因而，文化产业融资模式数字化构建还应综合考虑这些问题。

（四）大数据平台促进文化公益与经济功能

文化不仅包含文化遗产传承的民族精神，还有与时俱进的创新发展。所以，文化对特定对象具有特定的属性，如互联网游戏产业，不仅是新技术和新基建的促生产物，也是重塑游戏产业生产方式的过程。新冠疫情对互联网游戏企业的冲击可能是短期的，但是基于互联网技术和大数据技术等技术的促进作用，可改变消费者长期的消费习惯和消费结构及文化产品生产方式。知识密集型、轻质资产属性的互联网游戏产品不同于其他有形产业发展，如新开发游戏产品收益的不确定性、游戏产品创意设计的随机性、游戏产品生产的短视性（游戏内容创作缺乏长期打磨的坚持，致使文化IP孵化功能不足和文化价值不高）等使互联网游戏企业在再生产过程中信贷资金受限。虽存在诸如文化产业基金、"互联网＋"融资、保险业和担保业等融资模式，但需对每种模式的产品风险构建如风险资金池、多方风险分担和担保再担保等机制，这些都增加了游戏产业发展的过程复杂性与实践可操作性，此外每种模式还要面临失败的风险。为了降低每种融资模式的风险，政府作为主要参与主体，不仅提供财政补贴，还可能承担全部风险。例如，海南省政府资金支持爱奇艺知识产权证券化海南试点的首单成功，与政府的推动高度关联。科学技术进步已为游戏产业提供了转型升级平台，结合新文化消费结构和新文化消费习惯等，以文化融资模式数字化体系匹配需求和供给，并将游戏产品生产、销售等相关参与主体纳入统一的大数据平台，实现各方主体的资源、信息和要素的共享，以降低参与方的信息不对称，从而为互联网中小游戏企业的发展提供更加完善的融资体系。但是，这样的平台建设，还需要相关配套法律政策保障实施，如规定参与主体的权力和责任、明确相关合同协议的有效性、界定政府权力和责任的具体边界及数据使用问题，从而发挥文化公益功能和经济功能。

本章小结

我国现存的科技创新型企业信用配置方式有协议保证收入分享内容流量资源模式、产品差异化定位实现跨越式发展模式、"大型研发商＋中小游戏企业"资源共享模式、"大型企业＋中小型游戏企业"信用分享模式、以政府信用支持企业经营与融资创新模式、公司化国家中小企业发展基金模式等，这些模式存在一些特质：一是企业以自有优势资源（这些资源有很大部分属于无形资产）对价资金；二是为了克服信息不对称及突发事件的影响，促进互联网中小游戏企业经营线上化与数字化。此外，为了改善传统文化产业基金缺乏针对性和无效性，对传统文化产业基金进行结构调整与出资结构调整，从而发挥产业基金的引导与示范效应。这里的调整主要为使中小企业的信贷来源主体——文化产业基金实现市场化的运作，进而改善中小企业资金配置的无效性。

本章通过对国内信用实现路径的梳理发现，我国初期的互联网中小游戏企业信用实现路径受到政治体制的束缚，如政府产业基金受到政府资本一家独大的制约，进而难以发挥政府资本的引导与示范效应，更遑论产业基金构建信用分享的良性平台。同时，大多政府产业基金不适用于中小微企业。其他信用实现路径如内外部信贷不足促生互联网融资、化解文创融资风险的保险与担保模式适用于中小微企业，但缺乏第三方管理咨询、无形资产价值评估等专业人才及平台监管机制，也缺乏版权价值评估研究与版权质押研究、版权质押政策与版权质押变现机制。甚至在应对突发性资金枯竭的状况时，我国政府存在信用缺失问题。因而，本书提出了与信用分享有关的协议保证收入分享内容流量资源模式、产品差异化定位实现跨越式发展模式、"大型研发商＋中小游戏企业"资源共享模式、"大型企业＋中小型游戏企业"信用分享模式、以政府信用支持企业经营与融资创新模式、公司化国家中小企业发展基金模式等融资模式。这些融资模式可实施的前提条件为企业之间资源、信息、技术、平台等共享，因而，本书强调企业的信用信息包括无形资产信用信息作用及信用的评价体系功能。尤其是在构建信用实现路径时，大多路径采用了信用分享模式思路，其中已经蕴含了以企业无形资产价值对价信贷供给方的信贷资金。因而，无形资产的相关价值有助于信用分享机制的构建，同时政府信用或政府规制应有助于培育信用分享模式形成的基础，如提升了互联网中小游戏企业在专利、技术、商标等无形资产方面的创新能力。

此外，在探索互联网中小游戏企业信用实现路径后，本章还提出了促进互联网中小游戏企业信用实现的相关政策建议，这些政策建议有外生性政策建议，也有内生性政策建议，外生性政策建议包括加强政府扶持政策、优化市场引导政策、完善资本市场信用制度，内生性政策建议主要为升级互联网中小游戏企业的信用能力。同时，因本书主要讲信用信息对信用实现的重要性，而信用信息很大一部分为数据信息，如企业无形资产等非财务数据信息和财务数据信息。这些数据可以成为资产，其价值经过相关评级机构评价以后可以进行分享，并且可以成为信用实现路径探索中契约签订的有效判定依据。对于本书研究对象的性质而言，这些特殊的数据信息既是信用信息也是互联网游戏企业重要的核心数据资产。所以，围绕着数据资产构建信用分享型的信用关系，已得到较多学者的认可。

结束语

  本书为研究互联网中小游戏企业信用实现的问题，首先对信用相关的概念如信用信息、信用甄别、信用实现与信用分享等进行界定，并从融资需求方信息传递角度和信贷供给方主动式甄别角度构建了信用甄别机制，研究了我国信用实现的理论问题。通过融资需求方与信贷供给方的动态博弈仿真理论阐述，认为应在两者之间构建基于互联网中小游戏的无形资产信用信息分享关系。换言之，通过构建一种信用分享机制以实现收入共享。这种信用分享理论与目前我国互联网中小游戏企业的主要信用实现路径相符合。

  资本市场只是将互联网中小游戏企业的财务指标作为上市的基本规范要求，并未对企业有价值的信用信息进行规范披露。本书也将主要财务指标与非财务指标进行结合，分析了影响互联网中小游戏企业信用能力的信用信息。首先，本书重点关注了无形资产商标、作品著作权、软件著作权、资质和专利与互联网中小游戏企业主要财务指标的关联性，并发现无形资产指标显著影响互联网中小游戏企业的信用能力。同时，比较了不同资本市场上互联网游戏企业财务指标与非财务指标的差异，并考察了政府补助与地方政府财政科学技术支出的影响。总之，本书认为信贷供给方甄别融资需求方的信用信息除资本市场披露的企业财务信息和行业信息外，还应包括商标、作品著作权、软件著作权、资质、专利、团队领导管理能力、品牌等重要的无形资产指标。然后，基于这些有效的信用信息构建信贷供给方与融资需求方的信用分享机制，进而实现融资需求方如互联网中小游戏企业的资金需求问题，并满足信贷供给方的价值增值需求。

  其次，通过对比国外互联网中小游戏企业信用实现路径及中国互联网中小游戏企业的信用实现路径发现，我国游戏产业已进入精品化的消费时期及数字化技术促进阶段，即互联网游戏企业由盲目投资向理性投资阶段回归。我国互联网中小游戏企业的信用实现问题也将出现新的解决方式，如行业内信用认证、行业内信用共享及收入共享等，该信用认证与信用分享的前提在于行业内、少部分外部投资者和第三方中介服务垫资者对互联网中小游戏企业的无形资产价值的认可，如团队、品牌、商标、游戏版号和软件著作权等指标越来越被行业内、外部投资者，第三方中介方垫资者所重视，其中投资者尤其重视互联网中小游戏企业的管理者能力。

最后，本书从互联网中小游戏企业存在的信用制度环境的现状出发，分析了国内外政府信用、市场信用、税收优惠等信用制度对互联网中小游戏企业的创新促进效应。在对比国外及我国信用制度环境时发现，国内外政府对互联网中小游戏企业均持有重点扶持的态度，但我国政府在政策扶持方面相比于国外游戏产业发达国家还有很大的提升空间，如美国预付版权税比例设置倾向提高研发商的创新能力；而我国政府更多地将互联网中小游戏企业作为重要的纳税主体，并且对其制定了较高的税收税额，即使政府对互联网中小游戏企业进行一定的补助，但是对于互联网中小游戏企业较高的税收成本而言，政府补助尚不构成互联网中小游戏企业进行持续研发投入的主要成本，且政府补助不具备针对性。因而，国外政府扶持游戏企业的相对成功的经验是值得我国政府借鉴的。

参考文献

[1] 白石. 中小企业融资问题讨论综述 [J]. 经济理论与经济管理, 2004(9):75–79.

[2] 常永胜. 信用互助和团队重复博弈——中小企业融资的出路 [J]. 经济理论与经济管理, 2004(7): 45–48.

[3] 陈建南. 以博弈论分析我国银行业存在的"惜贷"现象 [J]. 当代财经, 2003(6): 52–56.

[4] 陈其安, 肖映红, 程玲. 中小企业融资的三方信贷担保模型研究 [J]. 中国管理科学, 2008, 16(S1):210–214.

[5] 陈伟. 信用信息的分类与控制 [J]. 中国计算机用户, 2004, 5(24):18.

[6] 陈晓红, 刘剑. 基于银行贷款下的中小企业信用行为的博弈分析 [J]. 管理学报, 2004(2): 173–177.

[7] 陈孝明, 田丰. 融资约束、投资契合与文化产业基金发展模式 [J]. 金融经济学研究, 2013(1): 39–49.

[8] 陈孝明, 田丰. 金融排斥、产融结合与文化产业融资机制创新研究 [J]. 学术论坛, 2015, 38(3): 136–141.

[9] 陈燕, 李晏墅, 李勇. 声誉机制与金融信用缺失的治理 [J]. 中国工业经济, 2005(8): 73–80.

[10] 陈元. 信用与资本——开发性金融研究 [J]. 金融研究, 2020(4): 1–10.

[11] 崔晓玲, 钟田丽. 基于价值和费率的信用担保融资契约模型 [J]. 管理学报, 2010, 7(5): 755–759.

[12] 翟姗姗, 张纯, 许鑫. 文化遗产数字化长期保存策略研究——以"威尼斯时光机"项目为例 [J]. 图书情报工作, 2019, 63(11): 140–148.

[13] 丁美东. 政府规制失效及其优化 [J]. 当代财经, 2001(8): 17–20.

[14] 杜金岷, 林永亮, 朱小明. 社会信用的经济学分析 [J]. 学术研究, 2001(9): 56–60.

[15] 范玉刚. 文化产业的风险特征与完善投融资体系研究 [J]. 学习与探索, 2014(6): 79–85.

[16] 方匡南, 陈子岚. 基于半监督广义可加 Logistic 回归的信用评分方法 [J]. 系

统工程理论与实践, 2020, 40(2): 392–402.

[17] 方晓霞. 中国企业融资：制度变迁与行为分析 [M], 北京：北京大学出版社, 1999: 29–31.

[18] 封福育, 李娟. 文化资本积累与经济增长的多重均衡：理论与中国经验 [J]. 统计与信息论坛, 2020, 35(2): 32–37.

[19] 冯雪峰. 文化研究再定义：从再现范式到非再现范式 [J]. 文艺争鸣, 2019(7): 103–111.

[20] 傅瑜, 隋广军, 赵子乐. 单寡头竞争性垄断：新型市场结构理论构建——基于互联网平台企业的考察 [J]. 中国工业经济, 2014(1): 140–152.

[21] 高英彤, 李东阳, 田立加. 俄罗斯网络游戏规制存在的问题及启示 [J]. 社会科学研究, 2017(6): 74–79.

[22] 宫倩, 高英彤, 王家曦. 美国网络游戏规制体系析论 [J]. 中国青年研究, 2015(2): 113–119.

[23] 顾海峰. 中小企业信用担保风险形成的内在机制研究 [J]. 财经理论与实践, 2007(3): 8–11.

[24] 郭斌, 刘曼路. 民间金融与中小企业发展：对温州的实证分析 [J]. 经济研究, 2002(10):40–46,95.

[25] 郭娜. 政府？市场？谁更有效——中小企业融资难解决机制有效性研究 [J]. 金融研究, 2013(3): 194–206.

[26] 韩凤芹, 赵伟. 中小企业融资困境：基于风险治理的解释与应对 [J]. 宏观经济研究, 2020(8): 15–23.

[27] 郝蕾, 郭曦. 卖方垄断市场中不同担保模式对企业融资的影响——基于信息经济学的模型分析 [J]. 经济研究, 2005(9): 58–65.

[28] 郝挺雷. 产业链视域下数字文化产业高质量发展路径研究 [J]. 理论月刊, 2020(4): 111–119.

[29] 何重达, 尹训东, 李阳. 信息共享、债权人保护与银行贷款：来自中国境外贷款的实证研究 [J]. 中央财经大学学报, 2019(8): 43–53.

[30] 洪玫. 我国转型社会"信用困境"的根源——基于博弈论模型的分析 [J]. 当代财经, 2010(9): 5–13.

[31] 侯昊鹏. 国内外企业信用评级指标体系研究的新关注 [J]. 经济学家, 2012(5): 88–97.

[32] 花建, 陈清荷. 沉浸式体验：文化与科技融合的新业态 [J]. 上海财经大学学报（哲学社会科学版）, 2019, 21(5): 18–32.

[33] 黄少安，张帅，谢志平. 企业风险识别机制：抵押品信号传递模型 [J]. 财经问题研究，2015(7): 107-113.

[34] 黄永林，谈国新. 中国非物质文化遗产数字化保护与开发研究 [J]. 华中师范大学学报 (人文社会科学版)，2012, 51(2): 49-55.

[35] 黄子健，王龑. 大数据、互联网金融与信用能力：破解小微企业融资悖论 [J]. 金融经济学研究，2015, 30(1): 55-67.

[36] 蒋海. 不对称信息、不完全契约与中国的信用制度建设 [J]. 财经研究，2002(2): 26-29.

[37] 靳涛，林海燕. 文化资本与经济增长：中国经验 [J]. 经济学动态，2018(1): 69-85.

[38] 李苍舒，沈艳. 数字经济时代下新金融业态风险的识别、测度及防控 [J]. 管理世界，2019, 35(12): 53-69.

[39] 李霖魁，张成虎. P2P 网络借贷中的借款人社会资本、风险甄别与市场均衡实现 [J]. 当代财经，2017(10): 46-57.

[40] 李晓磊. 共享经济背景下"互联网 + 小微企业"融合测度及竞争力提升研究 [J]. 山东社会科学，2019(1): 165-170.

[41] 廖进球，刘志华. 中国企业信用缺失的经济学分析 [J]. 当代财经，2005(5): 11-14.

[42] 林江鹏，石涛，吴少新，等. 信用认知、信用制度和借贷行为——对温州等三地 450 个中小企业的实证分析 [J]. 财贸经济，2013(2): 49-58.

[43] 林毅夫，李永军. 中小企业金融机构发展与中小企业融资 [J]. 经济研究，2001(1): 10-18,53.

[44] 刘春志，张雪兰，陈亚男. 信用信息分享、银行集中度与信贷供给——来自 165 个国家和地区（2004—2013）的经验证据 [J]. 国际金融研究，2016(12): 43-53.

[45] 刘光明. 政府产业投资基金：组织形式、作用机制与发展绩效 [J]. 财政研究，2019(7): 71-76.

[46] 刘骅. 地方政府融资平台信用风险集成评价研究——基于长三角高新技术开发区融资平台的调研 [J]. 经济问题，2015(2): 58-62.

[47] 刘美杏，徐芳. 古道线性文化遗产信息资源关联数据模型构建及其实证研究 [J]. 图书馆学研究，2019(14): 40-50.

[48] 刘胜枝，张小凡. 网络游戏产业发展中政府管理的路径分析 [J]. 编辑之友，2015(5): 24-27.

[49] 刘素华 . 文化产业本质的再研究：基于"结构化"理论的视角 [J]. 福建论坛 (人文社会科学版), 2019(10): 73–83.

[50] 刘小清 . 论无形资产信用信息的有效披露 [J]. 中央财经大学学报 , 2003(3): 65–67.

[51] 孟广均 , 霍国庆 , 罗曼 . 信息资源管理导论 [M]. 北京：科学出版社 , 2003: 4.

[52] 闵祥鹏 . 文化遗产数字化及其产业价值分析——基于新媒介载体下出版模式的思考 [J]. 中国出版 , 2015(11): 30–33.

[53] 倪楠 . 以信用为基础的新型市场监管模式：动因、框架与构建路径 [J]. 江海学刊 , 2020(5): 237–241.

[54] 潘玉香 , 孟晓咪 , 赵梦琳 . 文化创意企业融资约束对投资效率影响的研究 [J]. 中国软科学 , 2016(8): 127–136.

[55] 彭江波 . 以互助联保为基础构建中小企业信用担保体系 [J]. 金融研究 , 2008(2): 75–82.

[56] 曲玥 , 张群 . 信用制度的博弈分析 [J]. 山西财经大学学报 , 2006(6): 117–122.

[57] 山口広文 . コンテンツ産業振興の政策動向と課題 [J]. レファレンス , 2008, 58(5): 67–87.

[58] 宋泓明 . 文化创意产业集群发展研究——以北京市朝阳区为例的分析 [J]. 上海经济研究 , 2007(12): 118–122.

[59] 孙育红 . 对我国企业信用缺失的几点思考 [J]. 当代经济研究 , 2002(5): 50–53.

[60] 唐莹 , 邓超 . 银行信任视角下我国小微企业的信贷约束研究——基于问卷调查的实证分析 [J]. 经济理论与经济管理 , 2018(12): 47–56.

[61] 田侃 , 崔萌萌 . 信用的博弈分析及信用缺失治理 [J]. 财贸经济 , 2007(9): 63–67.

[62] 汪海波 , 郭会娟 , 李林森 . 供给侧改革背景下的文化遗产数字化传播研究 [J]. 艺术百家 , 2017(1): 105–109,161.

[63] 汪海粟 , 曾维新 . 科技型中小企业的知识产权证券化融资模式 [J]. 改革 , 2018(4): 120–129.

[64] 汪海粟 , 冯晶 . 以信用分享替代信用挤占——解决企业间信用不平衡问题的几点思考 [J]. 学习与实践 , 2018(1): 45–55.

[65] 王健 . 信息经济学 [M]. 北京：中国农业出版社 , 2008.

[66] 王良洪 . 国外的微型企业及其作用 [J]. 经济管理 , 2006(1): 87–91.

[67] 王龙 . "互联网 +"时代非物质文化遗产的数字化 [J]. 求索 , 2017 (8): 193–197.

[68] 王卫星，张佳佳.管理者背景特征对中小企业信用风险的影响研究 [J]. 南京审计大学学报，2018, 15(3): 33–44.

[69] 王性玉，张征争.中小企业融资困境的博弈论研究 [J]. 管理世界，2005(4): 149–150.

[70] 吴汉洪.互联网经济的理论与反垄断政策探讨 [J]. 财经问题研究，2018(9): 3–18.

[71] 吴庆田.信用信息共享下农村金融供求均衡与帕累托最优配置的实现机制 [J]. 管理世界，2012(1): 174–175.

[72] 谢平，邹传伟.互联网金融模式研究 [J]. 金融研究，2012(12): 11–12.

[73] 徐丽芳，陈铭.5G 时代的虚拟现实出版 [J]. 中国出版，2019(18): 3–9.

[74] 徐细雄，李万利.儒家传统与企业创新：文化的力量 [J]. 金融研究，2019(9): 112–140.

[75] 阳镇，许英杰.共享经济背景下的可持续性消费：范式变迁与推进路径 [J]. 社会科学，2019(7): 43–54.

[76] 杨丰梅，王安瑛，吴军，等.基于博弈论的 C2B2C 模式下电商信用监管机制研究 [J]. 系统工程理论与实践，2017, 37(8): 2102–2110.

[77] 杨立，赵翠翠，陈晓红.基于社交网络的 P2P 借贷信用风险缓释机制研究 [J]. 中国管理科学，2018, 26(1): 47–56.

[78] 杨秀云，李忠平，李敏，等.融资约束对文化创意企业技术效率及其稳定性的影响 [J]. 当代经济科学，2019, 41(4): 48–61.

[79] 杨楹源，王都富，李旻，等.我国中小企业金融服务问题研究 [J]. 改革，2000(3): 87–92.

[80] 叶文辉.文化产业发展中的政府管理创新研究 [J]. 管理世界，2016(2): 178–179.

[81] 殷宝庆.企业信用缺失的经济学分析 [J]. 社会科学家，2003(6):82–85.

[82] 于成杰，程文艳，张军亮.国外文化遗产数字化建设发展趋势研究 [J]. 图书馆学研究，2015(9): 35–38

[83] 余晖，朱彤.互联网企业的梯度竞争优势——联众网络游戏成功的理论解释 [J]. 管理世界，2003(6): 119–127.

[84] 余吉安，徐琳，殷凯.传统文化产品的智能化：文化与现代科技的融合 [J]. 中国科技论坛，2020(2): 54–61.

[85] 占济舟，许甜甜.面向竞争型零售商的商业信用融资决策研究 [J]. 管理工程学报，2020, 34(4): 52–59.

[86] 张曾芳,张龙平.文章化产业及其运作规律 [J].中国社会科学,2002(2): 98–106.

[87] 张杰,尚长风.资本结构、融资渠道与中小企业融资困境——来自中国江苏的实证分析 [J].经济科学,2006(3):35–46.

[88] 张捷,王霄.中小企业金融成长周期与融资结构变化 [J].世界经济,2002(9)63–70.

[89] 张路.区块链技术应用对产业链协同创新的作用机理 [J].学习与实践,2019(4): 16–23.

[90] 张维迎.信息、信任与法律 [M].北京:生活·读书·新知三联书店,2003.

[91] 张新,张玉明,孙永坤.共享金融模式下信用数据共享的演化博弈分析 [J].东北师大学报 (哲学社会科学版),2020(2): 119–127.

[92] 张铮,熊澄宇.小微文化企业对我国文化产业发展作用及其培育环境的再认识 [J].同济大学学报 (社会科学版),2016,27(1): 50–58.

[93] 赵沛,叶方冰.平台信用认证能够降低违约风险吗?——基于 P2P 认证信息的实证研究 [J].浙江学刊,2019(2): 123–140.

[94] 赵倩,杨秀云,雷原.文化创意产业政府规制与企业创新行为的演化路径 [J].西安交通大学学报 (社会科学版),2014,34(3): 50–56.

[95] 赵蓉.文化产权交易规范研究——兼论国务院文件的禁止性规定和合规设计 [J].社会科学家,2018(8): 114–118.

[96] 赵雪峰,吴伟伟,时辉凝.基于自然语言处理与深度学习的信用贷款评估模型 [J].系统管理学报,2020,29(4): 629–638.

[97] 赵岳,谭之博.电子商务、银行信贷与中小企业融资——一个基于信息经济学的理论模型 [J].经济研究,2012(7): 99–112.

[98] 甄烨,王文利,薛耀文.基于保险的文化创意企业融资风险管理研究 [J].经济问题,2018(3): 41–46.

[99] 周江涛,吴旺延.商业银行法人客户信用风险甄别的定量研究 [J].统计与信息论坛,2009,24(11): 83–86.

[100] 周锦,水心勇.文化艺术品市场与股票市场的联动性分析——基于 DCC—GARCH 模型的研究 [J].艺术百家,2016 (5): 129–134.

[101] 周耀林,刘晗.数据 3.0 思维下的文化大数据应用研究 [J].学习与实践,2019(9): 118–127.

[102] 朱宗元,苏为华,王秋霞.新三板融资环境下中小企业信用风险评估 [J].统计与信息论坛,2018,33(10): 107–113.

[103] 庄雷 . 金融科技创新下数字信用共治模式研究 [J]. 社会科学 , 2019(2): 48–57.

[104] AKERLOF G A. The market for "lemons": quality uncertainty and the market mechanism [J]. The Quarterly Journal of Econamics,1970,84(3):488–500.

[105] HAUSMANN A. Visitor orientation and its impact on the financial situation of cultural institutions in Germany [J]. International Journal of Nonprofit and Voluntary Sector Marketing,2007,12(3):205–215.

[106] ARROW K J. The economics implications of learning by doing[J]. The Review of Economic Studies,1971,29(3):155–173.

[107] BANERJEE A V, DUFLO E. Do firms want to borrow more? testing credit constraints using a directed lending program[J]. Review of Economic Studies,2004,81(2):572–607.

[108] BANERJEE A V, BESLEY,T, GUINNANE, T W. The neighbor's keeper: The design of a credit cooperative with theory and a test[J]. The Quarterly Journal of Economics,1994,109(2):925–954.

[109] BECK T., DEMIRGUC–KUNT A. Small and medium–size enterprises: access to finance as a growth constraint[J]. Journal of Banking and Finance,2006,30(11):31–43.

[110] BERGER A N, SAUNDERS A, SCALISE J M, et al. The effects of bank mergers and acquisitions on small business lending[J]. Journal of Financial Economics,1998,50(2):187–229

[111] BESANKO D, THALO A V. Collateral and rationing: sorting equilibria in monopolistic and competitive credit markets[J]. International Economic Review,1987,28(3):671–689.

[112] BESTER H. Screening versus rationing in credit markets with imperfect information[J]. The American Economic Review,1985,75(4):850–855.

[113] BIANCHI P, LABORY S. Intangible assets in the European health industry: The case of the pharmaceutical sector[M]//DI TOMMASO M R, SCHWEITZER S O. Health policy and high–tech industrial development, Cheltenham: Edward Elgar Pulishing, 2005.

[114] BRANDER J.A, DU Q, HELLMANN T. The effects of government–sponsored venture capital: international evidence[J]. Review of Finance,2015,19(2):571–618.

[115] BUINSKIEN, RITA. Determination of the value of intangible assets in the companies of lithuania[J]. Economics & Culture,2017,14(2):55–68.

[116] CABRAL L, WOROCH G A, SALANT D J.Monopoly pricing with network externalities[J]. International Journal of Industrial organization,1999(17):199–214.

[117] CAMERER CF, VEPSALAINEN A. The economic efficiency of corporate culture[J]. strategic management journal,1988,9(1):115–126.

[118] CITF. Creative industries mapping documents[R].Lon–don: UK Government Creative Industry Task Force, 1998.

[119] CLARYSSE B, KNOCKAERT M, WRIGHT M. Benchmarking UK venture capital to the US and Israel: What lessons can be learned? [R]. Report Prepared for the British Private Equity and Venture Capital Association,2009

[120] CUMMING D J. Government policy towards entrepreneurial finance: Innovation investment funds[J]. Journal of Business Venturing, 2007,22(2):193–235.

[121] CUOMO S, COLECCHIA G, COLA V S D, et al. A virtual assistant in cultural heritage scenarios[J]. Concurrency and Computation–Practice & Experience,2019(2): 31–53.

[122] DAL YONG JIN. Political Economy of the Online Game Industry[C], Cambridge: MIT Press,2010.

[123] DAVID HESMONDHALGH. The cultural industries[M]. London: Sage Publications,2013.

[124] DURST, SUSANNE. The relevance of intangible assets in German SMEs[J]. Journal of Intellectual Capital,2008,9(3):410–432.

[125] Eliot T S. Notes towards the definition of culture/by T.S. Eliot[J]. Ethics,1962, 60 (2):120–140.

[126] FARRELL J, SALONER G. Standardization, compatibility, and innovation[J]. Rand Journal of Economics,1985,16(1):70–83.

[127] FISHER F M. Antitrust and innovative industries[J]. Antitrust Law Journal,2000,68(2):559.

[128] FUDENBERG D, TIROLE J. Pricing a network good to deter entry[J]. The Journal of Industrial Economics,2000,48(4):373–390.

[129] FUKUYAMA F. Trust: social virtues and the creation of prosperity / Francis Fukuyama. [J]. Orbis, 1996, 40(2):333.

[130] TRUPIANO G. Financing the culture in Italy[J]. Journal of Cultural Heritage, 2005,6(4):337–343.

[131] STIGLER G J. The theory of economic regulation[J]. The Bell Journal of Economics and Management Science,1971,2(1):3–21.

[132] GEORGIEV G N. Digitalization of bulgarian cultural heritage[J]. Journal of Economic Development Environment & People,2019,8(1):6–17.

[133] HECHT M L. Redefining culture: perspectives across the disciplines[M]. Mahwah: Lawrence Erlbaum Assoc Inc.,2006.

[134] HOFBAUERA J, SANDHOLMB W H. Evolution in games with randomly disturb payoffs[J]. Journal of Economic Theory,2007,132:47–69.

[135] HU NI. Competitiveness factors for China's online game industry based on diamond model[J]. Science Journal of Business & Management,2016,3(6):293–301.

[136] BALDWIN J R, SANDRA L, FAULKNER, M L, et al. Redefining Culture[M]. New York: Routledge,2006.

[137] NARANJO J M, ÁNGELES, BLASCO J. Geometric characterization and interactive 3D visualization of historical and cultural heritage in the province of Cáceres (Spain)[J]. Virtual Archaeology Review,2018(9):1–11.

[138] LERNER J, WATSONB The public venture capital challenge: the Australian case[J]. Venture Capital, 2008, 10(1):1–20.

[139] JEAN TIROLE. Market Power and Regulation[J]. Nobel Prize in Economics Documents, 2014.

[140] KATZ M L, SHELANSKI H A. Schumpeterian competition and antitrust policy in high–tech markets[J]. Competition,2005 (14):1–20.

[141] KROEBER A L, KLUCKHOHN. Culture: a critical review of concepts and definitions[J]. American Journal of Sociology,1952,47(1):35–39.

[142] LAMBERTINI L, ORSINI R. Network Externalities and the overprovision of quality by a monopolist[J]. Southern Economic Journal,2001,67(4):969.

[143] LAFFONT J, TIROLE J. Using cost observation to regulate Firms[J]. Journal of Political Economy, 1986,94(3):614–641.

[144] MACMILLAN. Report of the committee on finance and industry[J]. Cmnd,1931:38–97.

[145] MAYER R C, DAVIS J H, SCHOORMAN F D. An integrative model of organizational trust[J].Academy of Management Review,1995(20) :709–734.

[146] NASSARI Y P, NASAB S A M. Analysis of the effects of intangible assets on corporate financial value[J]. International Journal of Learning & Intellectual Capital,2014,11(4):273.

[147] NELSON R R, WINTER S G. An evolutionary theory of economic Change[M]. Cambridge, Mass: Belknap Press,1982.

[148] NIEBEL T, O'MAHONY M , SAAM M . The contribution of intangible assets to sectoral productivity growth in the EU[J]. Review of Income and Wealth, 2016, 63:13–62.

[149] NOT E, CAVADA D, MAULE S, et al. Digital augmentation of historical objects through tangible interaction[J]. Journal on Computing and Cultural Heritage,2019,12(3):1–19.

[150] POSNER R A. Theories of Economic Regulation[J]. The Bell Journal of Economics and Management Science,1974,5(2):335–358.

[151] NELSON R R. Technology and global industry: Companies and nations in the world economy: Bruce R. Guile and Harvey Brooks (Eds.), (National Academy Press, Washington, D.C, 1987) [J].1989,18(2):114–115.

[152] SHERIF M, CANTRIL H. The Psychology of Ego Involvement[J]. New York: Wiley,1947:527.

[153] SORENSON O, STUART T E. Syndication networks and the spatial distribution of venture capital investment[J]. American Journal of Sociology,2001,106(6):1546–1588.

[154] SPENCE M. Job market signaling[J]. The Quarterly Journal of Economics,1973,87(3):355–374.

[155] STIGLITZ, WEISS. Credit rationing in markets with imperfect information[J]. American Economic Review,1981,71(3):393–410.

[156] STIGLITZ, WEISS A M. Incentive effects of terminations: applications to credit and labor markets[J]. American Economic Review, 1983,73(3):912 – 927.

[157] SUNDARARAJAN A. Network effects, nonlinear pricing and entry Deterrence[OL]. （2003–02–26）. http://dx.doi.org/10.2139/ssrn.382962.

[158] TIROLE J. Hierarchies and bureaucracies[J]. Journal of Law, Economics, and Organization 1986(2):181–214.

[159] TED HAGELIN. A new method to value intellectual property[J]. American Intellectual Property Law Association Quarterly Journal, 2002,30:353–385.

[160] DAVID THROSBY. Economics and culture[J]. Cambridge: Cambridge University Press, 2000.

[161] TSAI C F, LU Y H, YEN D C . Determinants of intangible assets value: the data mining approach[J]. Knowledge-Based Systems,2012,31:67-77.

[162] TYRONE W, GRANDISON A. Trust management for internet applications: Ph.D. Thesis[D]. London: University of London,2003:5-9.

[163] WILLIAMSON O E. Asset specificity and economic organization[J] International Journal of Industrial Organization,1985,3(4):365-378.

[164] WEN Z Z, SHUI N W. The economic function of culture in the context of knowledge-based economy[J]. commercial research,2004,15(299):21-22.

[165] XIE X, XIE X, MARTINEZ-CLIMENT C. Identifying the factors determining the entrepreneurial ecosystem of internet cultural industries in emerging economies[J]. International entrepreneurship and management journal,2019,15(2):503-522.

[166] XIE J, SIRBU M. Price competition and compatibility in the presence of positive demand externalities[J]. Management Science,1995,41(5):909-926.

[167] YAN A, HUBNER G, LOBET F. How does governmental versus private venture capital backing affect a firm's efficiency? evidence from belgium[J]. Journal of Business Venturing,2015,30(4):508-525.

[168] YANG Y N. Essays on network effects[C]. Logan: Utah State University Press,1997:96-114.

[169] YING L, PENG D. Research on the innovation of protecting intangible cultural heritage in the "internet plus" era[J]. Procedia Computer Science,2019,154:20-25.